民國歷史與文化研究

初 編

第 22 冊

中國八年抗戰參戰各軍傳略（下）

張在廬 主編／張良策、李戍聲、張依馨 編著

花木蘭文化出版社

國家圖書館出版品預行編目資料

中國八年抗戰參戰各軍傳略（下）／張在廬 主編 張良策、李
戍聲、張依磬 編著 — 初版 — 新北市：花木蘭文化出版社，
2015〔民 104〕
目 8+176 面；19×26 公分
（民國歷史與文化研究 初編；第 22 冊）
ISBN 978-986-404-158-9（精裝）
1. 中日戰爭 2. 軍隊
628.08   103027671

ISBN-978-986-404-158-9

9 789864 041589

民國歷史與文化研究
初　編　第二二冊   ISBN：978-986-404-158-9

中國八年抗戰參戰各軍傳略（下）

作　　者　張在廬 主編／張良策、李戍聲、張依磬 編著
總 編 輯　杜潔祥
副總編輯　楊嘉樂
編　　輯　許郁翎
出　　版　花木蘭文化出版社
社　　長　高小娟
聯絡地址　235 新北市中和區中安街七二號十三樓
　　　　　電話：02-2923-1455／傳眞：02-2923-1452
網　　址　http://www.huamulan.tw 信箱 hml810518@gmail.com
印　　刷　普羅文化出版廣告事業
初　　版　2015 年 3 月
定　　價　初編 32 冊（精裝）台幣 56,000 元

中國八年抗戰參戰各軍傳略（下）

張在廬　主編／張良策、李成聲、張依馨　編著

目

次

第四篇 抗戰期間擴編的 各常規編制陸軍

第七十一軍 德式建制部隊 富金山之戰獲華胄榮譽勳章

中央軍系統。該軍的基礎是第 5 軍的 87 師，轄 259 旅（旅長劉安琪）和 261 旅（旅長陳頤鼎）。1937 年參加淞滬保衛戰時，是身穿便裝最早進入上海的部隊之一。在戰鬥中組建 71 軍，王敬久為軍長，沈發藻為 87 師師長（當時只轄一個師）。11 月中撤退到南京孝陵衛一帶，參加南京保衛戰。在反擊光華門戰鬥中，259 旅新任旅長易安華在戰鬥中陣亡。後少數部隊撤到江北，輾轉到了河南進行休整。王敬久改任 25 軍軍長，宋希濂任 71 軍軍長，下轄 87 師、88 師，後 36 師由陳瑞河帶領亦由萍鄉運抵河南入列 71 軍，共轄三個師。1938 年 5 月參加豫東戰役。該軍戰鬥在蘭考一帶，堵截日軍土肥原賢二集團。因桂永清等指揮官「指揮無方，行動慄懦」而失敗。88 師師長龍慕韓因擅自退出蘭考被處決。該師師長由鍾彬繼任。6 月武漢會戰開始，該軍在固始一帶長江以北阻截日軍。

第 36 師是參加南京保衛戰的德式師中唯一建制完整的部隊，但也因傷亡過重而調江西萍鄉進行三個多月的休整補充。1938 年 5 月豫東作戰開始後即奉命參戰，在開封地區作戰中斃敵千餘。1938 年 8 月武漢會戰中，36 師終於不負厚望，創下了整個抗戰期間最為輝煌的戰功。9 月 1 日，36 師在富金山及 800 高地展開，與第 3 兵團其它各部一起構成戰線，阻擊由合肥迂迴武漢的日軍第 2 軍。9 月 3 日，日軍第 13 師團在飛機、坦克和炮兵掩護下突破了 71 軍在新集子與石門口的警戒陣地後直撲由 36 師堅守主陣地富金山。71 軍

軍長宋希濂原是 36 師的老師長，他深知富金山一線是整個戰線的關鍵所在，一旦失守日軍將長驅直入，直入武漢城下。36 師在富金山每堅持一天甚至一小時都是寶貴的。當天上午 10 時，日軍投入第 26 旅團主力，在 24 架飛機和全師團炮火支持下，向富金山猛攻不迭，均被憑險固守的 36 師擊退。日軍攻擊富金山的兵力從最初的一個聯隊逐次增加到整整一個旅團又四個大隊，在飛機重炮的陸空一體火力掩護下，連日猛攻。36 師利用富金山有利地形拼死堅守，與日軍反覆拼殺，予敵重大殺傷，未失寸土。9 月 7 日，日軍第 10 師團攻佔固始，並以一個聯隊的兵力南下攻擊富金山以西的武廟集，嚴重威脅富金山陣地側後。宋希濂立即將預備隊 88 師 523 團緊急調到日軍南下必經之路的坳口塘設伏，予來犯之敵重創，迫其退回固始。而在富金山正面，日軍後續部隊第 16 師團已進至六安以西，第 13 師團解除了後顧之憂全力猛攻。36 師浴血苦戰，將日軍的進攻盡數粉碎。日軍第 13 師團從 11 日凌晨起，傾全力猛攻。戰至 9 時許，從富金山與石門口的戰線結合部突入，36 師在師長陳瑞河的指揮下，抱必死之心進行逆襲，官兵奮勇拼殺，前赴後繼，與日軍白刃搏殺，戰況殊為慘烈。36 師迭經多日血戰，雖得到 88 師一個團的增援，但在此死傷甚重的時候不過是杯水車薪，難以擊退人數火力均佔優勢日軍的如潮擁進。至下午 16 時，36 師除富金山主峰制高點外，其餘陣地全告失守。就在這樣的緊急時刻，陳瑞河師長還是組織全師殘部實施了最後一次強力反擊，雖予日軍極大殺傷，但 36 師所餘兵員已不足千人，難以再戰。因此宋希濂以 61 師從富金山右翼發起反擊，搶佔 800 高地至廟高寺一線，以掩護 36 師後撤，富金山至此方告易手。36 師堅守富金山九天九夜，以堅韌頑強的防禦遲滯日軍第 2 軍的攻擊，斃傷日軍第 13 師團逾萬人（其中第 26 旅團長沼田德重少將重傷，其所屬四個聯隊長亡二傷二），為國軍贏得了調整部署的寶貴時間，徹底粉碎了日軍越過大別山迂迴武漢的戰役企圖。因此 9 月 14 日蔣介石通電全國全軍嘉獎：「……是則宋軍陳師之壯績，已獲得超出之代價，尤其精神上足使敵確認我愈戰愈強，抗戰精神，歷久彌增，令其氣短。……」並號召全軍學習 36 師的精神。宋希濂與陳瑞河雙雙獲得華胄榮譽勳章。而德式師碩果僅存的 36 師，此役從萬餘人銳減到 800 人，幾乎損失殆盡，為德式師寫下了最後的輝煌與榮光。36 師裏那些熬過了淞滬血戰與南京保衛戰的百戰雄兵基本在富金山拼光了，裝備精良訓練有素，堪稱中國歷史上最接近現代化的德式師是如此的悲壯與輝煌。

1942 年宋希濂升任十一集團軍總司令，鍾彬為 71 軍軍長，陳明仁任副軍長，軍隊調入雲南。指揮所部進駐雲南保山，建立江防陣地，與日軍隔江對峙。1944 年參加滇緬抗戰，入列遠征軍，堅守怒江，攻克龍陵、畹町，屢立戰功。

作為滇西反攻左翼的第 11 集團軍於 5 月 29 日分別從攀枝花渡、畢寨渡各渡口渡江後分南北兩路攻擊龍陵、松山。松山位於怒江惠通橋西北約 6 公里處，海拔 2260 米。滇緬公路由惠通橋向西，環松山過臘猛街，經狹長起伏的岡嶺滾龍坡而至龍陵。日軍以兩年時間在松山臘猛構築大堡壘群 16 座，小堡壘群 5 座，各堡壘間均有隧道直通，還有儲備充足的糧服彈藥倉庫，其工事至為堅固。完整堅固的松山據點與騰沖、龍陵鼎足而立，是日軍必守之地。遠征軍攻擊松山是由 6 月 2 日怒江東岸的炮擊開始的。6 月 4 日，第 71 軍第 28 師的主力開始向上松林陣地攻擊，翌日即佔領臘猛及竹子坡，同時切斷臘猛與龍陵間的滇緬公路。至此松山守敵與其師團主力之間只能依靠無線電進行聯絡，此後 3 個月松山守敵一直處於四面被圍的境地。松山之敵憑藉堅固的工事頑強抵抗，雖重炮連續命中亦歸然不動。至 6 月 20 日，遠征軍第 71 軍已傷亡 1600 多人。司令長官部急遣總預備隊第 8 軍的精銳榮譽第 1 師赴松山戰場，與新編第 28 師交替。第 71 軍軍長鍾彬親自坐陣督戰。松山的克復為遠征軍向龍陵、芒市、畹町的推進鋪平了道路。

龍陵是滇西日軍的最後一個重要的堡壘，龍陵古名黑水籠，東漢永平十二年（公元 69 年）為哀牢縣。東距松山 70 公里，北距騰沖約 100 公里，沿途山巒起伏地勢險要。扼滇緬路要衝，其戰略地位頗為重要。為日軍在滇西與緬北的六大守備據點之一。一旦失去龍陵，日軍在滇西事實上已無險可踞了。因而日軍在龍陵周圍的高地構築了大量永久性堅固堡壘網群，在城內每一幢房屋都築有堡壘，每堵磚牆上都有槍眼。龍陵之戰前後出現三次反覆。第一次攻擊於 6 月 5 日開始。第 11 集團軍第 71 軍第 87、第 88 師向龍陵發起攻擊，第 2 軍第 76 師向平達進攻，直逼日軍第 56 師團駐地芒市。6 月 10 日，遠征軍先後攻克了鎮安街、黃草壩、騰龍橋等，從而切斷了龍陵與芒市、松山、騰沖的公路，並一度攻入縣城，城內日軍僅 300 餘人固守 3 個據點待援。時連降大雨，空中補給及老百姓的騾馬運輸都很困難。遠征軍渡江以來所消耗的彈藥未能及時補充，彈藥已不足以作戰。糧食也幾乎告罄，士兵便以芭蕉根、山芋充饑。龍陵日軍趁機反攻，集團軍總司令宋希濂下令第 88 師放棄

龍陵附近的陣地向東北撤退 12 公里到第 87 師的陣地上，第一次攻佔龍陵失利了。日軍第 56 師團長迅速抽調騰沖兵力 2000 餘人，芒市 1000 餘人火速馳援龍陵。雙方在黃墈、香菇嶺等地激戰，及至遠征軍第 8 軍榮譽第 1 師及新編第 39 師趕到，才轉入反擊。此後遠征軍各部向前推進，7 月 25 日基本佔領龍陵附近各日軍據點。

第二次攻擊龍陵是 8 月 14 日，遠征軍在 34 架飛機和炮兵配合下對龍陵進行猛烈攻擊。日軍荻尾少佐在轟炸中斃命。在此次進攻中尤以龍陵縣城東南的老東坡戰事最為激烈，日軍在老東坡有 20 多個堡壘，其構築十分堅固。日軍使用爆炸性、燃燒性和糜爛性的十多種近距離攻擊武器反擊。經 6 個日夜的惡戰，16 次衝鋒，於 8 月 19 日將老東坡日軍消滅。遠征軍新 28 師約有 800 名官兵陣亡。在遠征軍攻佔的日軍陣地裏有日軍遺屍 400 多具。9 月初，日軍 2000 餘人從芒市出發向龍陵撲來，各據點又先後淪入敵手。遠征軍急調後援部隊緊急增援龍陵，穩定戰場形勢。此後在大壩子坡、南廠又遭到 1000 餘日軍的進攻，兩地相繼失守。9 月上旬，遠征軍第 5 軍第 200 師從昆明來援，第 54 軍第 36 師由騰沖南下龍陵，經 3 天 3 夜血戰才將原有陣地一一奪回。

當日軍第 33 軍向遠征軍大舉進攻時，松山和騰沖兩戰略要地已被克復，日軍預定的對緬北採取守勢，對滇西採取攻勢的「斷作戰」行動計劃已經失去意義，日軍第 33 軍司令官本多政材中將含淚終止「斷作戰」方案，下令各部停止進攻。10 月 29 日，中國遠征軍各部在炮兵、空軍協同配合下向龍陵守敵發起第三次總攻，11 月 1 日，遠征軍各攻擊部隊向中央合圍，在 300 門大炮和美國空軍協同下一舉攻佔日軍在城中的核心據點觀音寺。次日佔據城西制高點，日軍殘部在遠征軍三面合圍下於 11 月 2 日晚沿滇緬路向芒市潰逃。1944 年 11 月 3 日晨遠征軍收復龍陵。

1945 年鍾彬調為國府參軍，陳明仁副軍長升任軍長。後內戰時在四平街與解放軍激戰。陳明仁去職後，由向鳳武繼任。該軍在遼瀋戰場被擊潰。重建 71 軍熊新民為軍長，由廣西隨黃杰逃越南。

第七十二軍　八百壯士守四行倉庫　八十八師熱血灑都城

該軍的基本隊伍 88 師原為中央警備師。淞滬會戰是由孫元良師長帶領最早進入上海，最晚退出上海的部隊。八一三事變當日，兩軍就在八字橋一帶開火。次日該師 264 旅旅長黃梅興在進攻虹口日寇時犧牲。在戰役的最後階段的 10 月 26 日晚，守衛大場防線第 88 師第 524 團第 2 營 400 餘人（報

界宣傳稱「八百壯士」），在副團長謝晉元、營長楊瑞符的指揮下，奉命據守蘇州河北岸的四行倉庫，掩護主力部隊連夜西撤。在日軍的重重包圍下，守衛四行倉庫的中國軍隊孤軍奮戰，誓死不退，堅持戰鬥 4 晝夜，擊退了敵人在飛機、坦克、大炮掩護下的數十次進攻。與此同時，上海人民也以極大的愛國熱情支持和鼓勵著壯士。人們冒著生命危險，把慰問品、藥品源源不斷地送入了四行倉庫，支持壯士們抗擊日軍。戰至 30 日，守軍接到了撤退命令，中國守軍衝出重圍，退入英租界。這次英勇作戰，中國軍隊以寡敵眾，共斃日軍 200 餘名，被國際社會贊爲奇跡。當時 88 師擴建爲 72 軍，另轄 21 獨立旅，孫元良爲軍長，受第九集團軍指揮。自日軍在金山衛登陸後，奉命到南京整補。尚未待整補，日軍即尾追而來，馬上投入南京保衛戰。該師此時只有兩個殘旅，264 旅防守雨花臺，262 旅防守中華門至光華門一線城垣，戰鬥十分激烈。12 月 12 日 262 旅與日寇激戰經日，旅長朱赤以下全體官兵全體犧牲戰場。同日 264 旅旅長高致嵩以下官兵，在敵人的飛機、大炮的轟擊下陣地全毀，亦大部犧牲。後繼任的 264 旅旅長廖齡奇率領不到二千人的殘兵繞城而走，乘木船到了江北脫險。後 88 師劃歸 71 軍宋希濂部，鍾彬爲師長。

　　孫元良出身於黃埔軍校第一期，又與川軍有密切關係，川軍的重要將領孫震是其親叔。72 軍番號給了川軍。王陵基爲 30 集團軍總司令自兼 72 軍軍長，副軍長爲韓全樸。轄新編 13 師，師長劉若弼。新編 14 師，師長范楠煊，1938 年報 6 月出川抗日到達漢口。8 月中旬參加南潯會戰，守備瑞昌、武寧一線陣地。日軍第九師團突然襲擊，因力量薄弱，川軍連失鯉魚山、筆架山新塘鋪等要地，軍事受挫。經 52 軍來援才扭轉局面。後王陵基不再兼任軍長，韓全樸升爲軍長。9 月參加第一次長沙會戰，在修水予敵以重創，得到中央嘉獎。1940 年 4 月 9 日，組織 20 個師發起夏季攻勢，至 6 月 27 日攻克奉新、靖安、西山萬壽宮等重要據點，擊斃敵混成第 16 旅團長藤堂高英少將，有力地配合了第五、六戰區同期進行的棗宜會戰。在戰區主力冬季攻勢遭受慘重損失之後，還能取得如此戰績，實屬不易。

　　1941 年 2 月支持上高戰役，取得戰果。這次會戰開始於 3 月 15 日。華中日軍爲了確保其南昌佔領區的安全，打擊國民黨第九戰區防守贛北的第 19 集團軍，集中 4 萬餘人，在空軍的配合下，於 4 月 9 日拂曉發動進攻，由南昌、安義等地兵分三路合擊上高。日軍第 33 師團爲北路兵團，在飛機和重炮的配

合下，於 15 日攻陷奉新，17 日推進到高安，但在第 72 軍的逐次抵抗下，傷亡慘重，不得不放棄合擊上高的計劃，於 19 日向安義北撤。

該軍戰鬥力在戰爭中不斷提高。第二次長沙會戰在長沙外圍通山城、平江一帶阻截敵軍，使其向岳陽方面潰退。第三次長沙會戰其間與兄弟部隊 78 軍戰鬥在長沙以東瀏陽一帶。戰後按照集團軍總司令王陵基意見，78 軍、72 軍均只有兩個師，兵力單薄。兩軍合併，72 軍改為甲種軍，以集中力量。1943 年由傅翼主軍，下轄新 13 師師長唐郇伯，新 14 師師長江濤，34 師師長祝順錕。12 月參加常德會戰，由修水出發肅清沅江右岸之敵。後會同 58 軍秘密渡河，收復常德城。夏參加長衡會戰，在湘南醴陵、萍鄉一帶阻擊敵軍，並攻入醴陵與敵人展開巷戰。

日本投降後開到山東整編。改為整編 72 師。由中央系統的楊文泉為師長，已經不算川軍系統。解放戰爭駐守泰安、兗州。後余錦源為軍長，參加淮海大戰，在永城地區投誠。郭汝瑰又在四川組建 72 軍，在宜賓起義。

1949 年 12 月 10 日駐宜賓國民黨 72 軍在軍長郭汝瑰率領下通電宣佈起義。其時，所部 233 師 697、698 團——駐守柏樹溪至安邊一帶江防。22 日淩晨，698 團 2 營營長陳超糾集 697 團 1 營營長莫宗漢、副營長徐雲等反動軍官頑固堅持叛逃，叫囂「願以身殉國民黨，誓與共產黨周旋到底」，裹脅該營和他營官兵 900 餘人逃往龍華寺被殲滅。

第七十三軍　湘軍主力　常德會戰彭將軍殉國

抗戰軍興由湘軍第 15 師、77 師擴編而成第 73 軍。王東原任軍長，第 15 師師長汪之斌，77 師師長彭位仁。該軍九月上旬到上海參加淞滬抗戰，因損失慘重，陣地由川軍 6 師接防，退到南昌整補。1939 年 77 師在江西流泗橋阻擊日軍成功，記大功一次，又與日軍稻葉師團戰於寧武以北，猛攻日軍，取得勝利，再記大功一次，得到蔣介石的親筆嘉獎。後彭位仁升任軍長，王東原遷升中央訓練團教育長。

1939 年 12 月參加冬季鄂南會戰。12 月 21 日晚間薛岳見大沙坪戰況不利，電諭彭位仁將第 77 師抽出加入第 15 師在桂口市方面的索敵攻勢，減輕壓力。於是第 77 師再開桂口市，掩護第 15 師側翼。第 15 師在桂口市方面的索敵攻擊，逐屋逐據點而戰，異常慘烈。第 77 師全力出擊，與日軍爭奪據點工事，將徘徊於桂口市與大沙坪之間的第 23 聯隊節節擊退。第 230 團李國重營長親自督促部隊猛攻，身負重傷。日軍集中火炮全力炮轟第 15 師與第 77 師，山

嶺間的茅草被引燃，烈焰衝天，第 73 軍仍奮勇推進，不稍停顧。薛長官在得到第 73 軍戰報之後，悲慟犧牲之慘烈，再度電令彭軍長不要在大沙坪、桂口市正面打硬仗，要爭取機動殲滅。彭軍長奉到命令之後即停止攻擊，在桂口市與大沙坪之間選定制高點佔領陣地。日軍第 23 聯隊以半個大隊約 700 人在炮兵掩護下逆襲第 230 團，被我軍擊退。彭軍長以第 229 團突前截擊。23 日夜間日軍退走，殘留一個中隊 200 餘人被第 43 團與第 229 團三面合圍掃射，完全殲滅。大沙坪方面的第 45 聯隊也以兩個中隊約 500 人進攻第 231 團，亦遭擊退。彭位仁軍長奉命指揮大沙坪圍攻戰之後，秋又參加長沙第一次會戰，促成大捷。1940 年防守長江南岸公安、松滋、宜都、枝江一帶，使日軍不得南犯一年餘，被敵視為勁旅。1941 年秋日軍再犯長沙，該軍猛攻宜昌，助解長沙之圍。同年冬日軍第三次進犯長沙。該軍自鄂西馳援，協助第 10 軍固守長沙，並擊破漢家山敵軍。

　　1942 年彭位仁升為 24 集團軍副總司令，汪之斌為軍長，已經是領三個師的甲種軍。15 師師長梁祗六，77 師師長韓濬，暫 5 師師長彭士量。1944 年由湘西調入湘鄉，策應常德會戰，阻敵渡澧水。11 月 14 日，日軍對石門發動總攻，除正面強攻外，並以一部經原第 44 軍原防線越過澧水，抄絕第 73 軍退路，石門右翼被突破，戰況危急。此時軍委會慌了手腳，不思調集援軍，軍令部次長劉斐反而越過第六戰區，電告王瓚緒總司令，准許第 73 軍突圍。而第六戰區此時仍相信第 29 集團軍可以在石門頂上一陣子。汪之斌軍長深知石門必不能守，在接到軍委會准許後撤的電令後，即召集所屬師長，表示將放棄石門。但部隊正與日軍激戰中，轉進不易。暫 5 師師長彭士量少將挺身而出，自告奮勇接下掩護全軍撤退的任務。14 日晚間，汪之斌軍長率部開始渡過澧水撤出石門，留下暫 5 師死據石門，掩護全軍渡河，但此時日軍已經繞攻到石門後方，所以第 73 軍在涉水突圍時遭到日軍截擊，軍與各師的聯絡均告中斷。第 77 師先頭團渡河後遭日軍包夾，第 231 團損失慘重，李鎮亞團長重傷；第 229 團為斷後部隊，大部犧牲。第 73 軍在渡河中一片混亂，建制全散，兩個師均失去掌握，各自奪路突圍。汪軍長率軍部退往慈利，收容部隊。15 日黃昏，暫編第 5 師最後撤出石門，日軍已在澧水對岸嚴陣以待。暫 5 師在渡河時立遭圍攻，師部被截擊，部隊大亂，彭士量師長親自指揮殘部，奮力衝突，在南岩門口被敵機掃射命中，壯烈殉職。暫 5 師在撤退中傷亡殆盡。在常德會戰之後，第 73 軍軍長汪之斌中將被撤職，此後即調任地方行政職位。

另一位被撤職的軍長是方先覺將軍。這位長沙會戰的英雄，在會戰結束後仍難脫保存實力的大罪，與第 190 師朱岳師長同時被撤職。方軍長被撤職後，繼任軍長陳素農將軍始終未到差，方將軍也就未離職。

1943 年 4 月，與歐洲戰場盟軍對德意法西斯軍隊的反攻相呼應，美軍在西南太平洋向日軍發動了反攻。日本大本營爲擺脫困境，意欲從陷於泥沼中的中國大陸戰場抽出兵力，轉用於太平洋戰場對付盟軍，於是，便加緊對中國軍隊的攻勢。是年初夏，侵華華中日軍第 11 軍糾集第 3、第 13、第 39 師團、獨立混成第 17 旅團以及配屬的第 34、第 40、第 56、第 68 師團各一部，總兵力約 10 萬人，戰機 100 餘架，發動了「江南作戰」即鄂西會戰，對陳兵於長江南岸我第六戰區之第 29、第 10 集團軍和江防軍大舉進攻，企圖消滅我江南野戰軍，奪取川江第一門戶——石牌要塞，以威逼重慶。

5 月 4 日晚 8 時，鄂西會戰的序幕就此拉開。5 日凌晨，各路日軍在大批飛機支持下，分向萬林河口互碑灣我第 29 集團軍之 73 軍暫編第 5 師、第 15 師以及第 87 軍之新編 23 師陣地全線進攻。我軍頑強抵抗，日軍承認「戰鬥一開始即十分苦」。敵戶田支隊第二大隊大隊長安村修三在第一天戰鬥中，即被我迫擊炮打中，腳部重傷。爲阻止日軍深入，奪回長嶺咀、紫金渡等處陣地，我第 73 軍將東進接替暫編第 5 師防務的第 77 師星夜調回，協同第 15 師開始反攻。6 日晨，在梅田湖、芝麻坪、黃石咀、八股頭等地，與日軍反覆爭奪，鏖戰竟日。強渡九都河南犯之日軍小柴支隊，遭我第 15 師主力阻擊，戰況激烈。在梅田湖及荷花市一帶的戰鬥中，敵小柴支隊之步兵第 234 聯隊第 3 大隊各中隊長全部被我擊斃或擊傷，部卒陳屍遍野。在黃石咀爭奪戰中，日軍獨立混成第 17 旅團獨立第 90 大隊大隊長舛尾芳治中佐頭部中彈死亡。這是戰役伊始被我軍擊斃的日軍第一個校級指揮官。然而，我第 15 師、第 77 師亦損失嚴重。

歷時一個多月、戰況空前的鄂西會戰，我軍戰果輝煌，斃傷日軍官兵達 25700 餘人，其中斃敵校級指揮官 5 名，即獨立步兵第九十大隊大隊長舛尾芳治中佐，獨立步兵第八十七大隊長淺沼吉太郎中佐，獨立步兵第八十八大隊長小野寺實中佐，步兵第 104 聯隊第二大隊長皆家中佐，步兵第二一七聯隊第一大隊長廣瀨義福少佐，爲侵華日軍在鄂西地區作戰以來被我擊斃的指揮官最多的一次。同時，斃傷日軍軍馬 2000 餘匹，擊毀日機 15 架，船舶 122 隻，並俘獲人馬、繳獲械彈無數。尤其是曾經在中國戰場東奔西突、往來征

戰，參加南京大屠殺的日軍甲種精銳師團——第13師團，原定調往太平洋戰場對付美軍，經過鄂西會戰元氣大傷，不再具備機動作戰能力。

後韓濬任軍長，77師長由唐生海擔任。另加93師加入該軍，蕭重光爲師長。該軍已經爲美械裝備，改成嫡系部隊。曾參加雪峰山戰役，痛擊日寇，敵116師團幾乎被全殲。

內戰中在山東萊蕪被殲。後守衛福州平潭島，戰敗逃臺。

第七十四軍　爲國干城　日軍聞風喪膽

陸軍第74軍爲中央軍系統，爲抗日軍隊的五大主力之一，該軍屢立戰功，具有較強的攻擊力。第74軍是在1937年9月1日在浙江組建，由王耀武第51師（轄周志道151旅、李天霞153旅）和俞濟時第58師（轄吳繼光174旅、邱維達172旅）合編的，俞濟時兼任軍長。全軍共8個團，2.1萬人。其中第58師炮兵營有6門105毫米榴彈炮，在當時是具有威力的重炮，曾在淞滬會戰大顯神威。俞濟時是黃埔1期畢業，浙江奉化人，與蔣家爲世交，是標準的嫡系。任南京國民政府警衛司令兼警衛1旅旅長。後警衛1旅擴編爲第58師。而74軍的骨幹就是58師。

74軍成軍不久就參加了淞滬會戰。參加淞滬戰爭時，51師駐羅店，58師駐蘊藻濱，都是戰線的關鍵之所。尤其是51師無論在陣地防禦，還是在撤退中，均表現非常出色。當時有名的《申報》和《大公報》都曾報導過51師的英勇作戰。11月11日負責掩護全軍退出上海戰場，撤到南京牛首山。74軍還來不及補充休整就投入南京保衛戰，在湖熟鎮、湯山鎮、叢化鎮等地與日軍展開激戰，多次擊退日軍進攻。後51師轉移到南京水西門至中華門一線，與日軍激戰中損失慘重。南京淪陷後51師奉命突圍，全師撤至浦口僅有4000人退到江北。第74軍被調至湖北沙市休整，補充兵員。

1938年參加豫東會戰，74軍經過補充先後參加徐州、蘭封會戰，在蘭封會戰中74軍重創日軍第2師團。後由俞的姻兄馮聖法接任58師師長到湖南整休，開始裝備蘇聯重式武器，又經蘇式訓練，戰鬥力大大增強。

同年6月參加武漢會戰，日軍第106師團主力孤軍深入到了萬家嶺地區。當發現日軍第106師團孤軍深入之後，第1兵團司令長官薛岳認爲機會難得，隨即給武漢軍委會和9戰區司令部發電請示，擬抽調大軍，殲滅突入該敵。蔣介石迅速回電同意，並表示再調遣部隊支持薛岳。決心既下，薛岳乃從德

星路、南潯路、瑞武路三個方面抽調第 66 軍、第 74 軍、第 187 師、第 139 師的一個旅、第 91 師、新編第 13 師、新編第 15 師的一個旅、第 142 師、第 60 師、預備第 6 師、第 19 師，會同負責正面阻擊 106 師團的第 4 軍，四面包圍，全力出擊。10 餘萬軍隊開始在崇山峻嶺中運動。10 月 1 日至 3 日間，第 4 軍部第 58 師向已佔領萬家嶺、嗶嘰街一帶的日軍連續攻擊。日軍在飛機掩護下拼死反擊，雙方傷亡均重。直到 4 日，雙方在小金山、萬家嶺、張古山、箭爐蘇一帶連續激戰，陣地幾度易手。74 軍第 51 師接替據守岷山陣地的川軍，奉命疾駛堵住缺口，浴血激戰 7 晝夜，使飛機大炮助戰的日軍不得前進半步。該師奉命攻佔張古山，王耀武觀察地形發現，該山易守難攻，卻是整個戰役的關鍵，必須奪占，但勢必傷亡巨大。第 305 團團長張靈甫提議出奇兵從山後絕壁攀援突襲，配合正面進攻。於是親自帶領精兵上陣，果然靈驗，很快佔領該山。張靈甫率部死戰，腿部負傷，仍不下火線。74 軍攻佔張古山，爲突破日軍 106 師團防線立下頭功。此時，薛岳調遣的各部隊已陸續靠攏，對 106 師團已形成合圍之勢。身在九江的岡村寧次從空軍偵察中發現薛岳給他的 106 師團伏下了一個口袋陣，立即命令 106 師團向北轉進，向第 27 師團靠攏，同時命令 27 師團警戒 106 師團右翼，企圖把 106 師團接出重圍。日軍第 106 師團師團長松浦淳六郎中將接到岡村命令，急忙行動，但緊要關頭，松浦淳六郎和他的參謀發現難於識別地圖。這次武漢會戰中，日軍所使用的五萬分之一比例的軍事地圖，正是 1926 年岡村從孫傳芳那裡竊取來後，由參謀本部印刷發至各部隊的，裏面多有不準確之處，無法比照參照物予以糾正。他們試圖借助指南針標定方向，可當地又有磁鐵礦藏，指南針失靈。如無頭蒼蠅般在山中衝撞一兩日，處處遭到中國軍隊阻擊，也未找到一條生路，106 師團注定了在劫難逃。10 月 5、6 兩日，第 1 兵團主力第 74 軍等部在長嶺、背溪街、張古山、獅子岩等處與日軍第 106 師團激戰。6 日，薛岳認爲殲滅當面日軍的時機已到，下達了對敵第 106 師團展開總攻擊的作戰命令。當天下午，總攻擊開始打響，全殲日軍第 106 師團，稱爲萬家嶺大捷。據戰役結束後一名日俘供認：「幾次攻至師團部附近，司令部勤務人員都全部出動參加戰鬥，師團長手中也持槍了。如果你們堅決前進 100 米，師團長就被俘或者切腹了。」未能生擒松浦淳六郎，成爲此次會戰中最大的遺憾。戰後田漢作詞、任光譜曲，創作了《74 軍軍歌》：「起來，弟兄們，是時候了，我們向日本強盜反攻。他，強佔我們國土，殘殺婦女兒童。我們保衛過京滬，大戰過開封，南潯線，

顯精忠，張古山，血染紅。我們是人民的武力，抗日的先鋒；人民的武力，抗日的先鋒！」

1939 年 6 月俞濟時升任第 10 集團軍副司令兼 86 軍軍長，51 師師長王耀武升任軍長，並將原屬第 2 軍的 57 師劃歸 74 軍，成為甲種軍。74 軍下轄 51 師（李天霞）、57 師（余程萬）和 58 師（廖齡奇）。

1941 年 3 月，74 軍參加上高會戰，上高位於江西錦江上游，俯瞰贛東平原。日軍佔領上高，既可相機扴長沙之背，又可得到進攻贛南的前進基地。日軍採取分進合擊戰術，兵分三路，企圖合圍主力於高安、上高地區。但南北兩路進攻均被擊退，中路日軍孤軍深入，又遭到 74 軍堅強抵抗。3 月 22 日，日軍集中萬餘兵力在數十架飛機掩護下猛攻 74 軍雲頭山、白茅山陣地，74 軍與日軍反覆爭奪，先後 7 次與日軍白刃肉搏，為友軍贏得了集結的寶貴時間。因此中路日軍不得不於 3 月 24 日黃昏在北路第 215 聯隊掩護下開始突圍，但 25 日夜又將突圍與增援之敵再次包圍，終將其大部殲滅。在全線出擊中 74 軍又作為先鋒，乘勝追擊，收復官橋，擊斃日軍第 34 師團長岩永少將。整個上高會戰，日軍第 33 師團遭到重創，第 34 師團及獨立第 20 混成旅團傷亡更是高達 70%以上，共斃傷日軍 1.5 萬，被何應欽譽為「開戰以來最精彩之作戰。」74 軍戰功顯赫，榮獲國民政府第一號武功狀和最高榮譽「飛虎旗」，被譽為抗日鐵軍。日軍 34 師團，因為縱兵輕進，遭到中國軍隊巧妙的戰術合擊，損失慘重。日本 11 軍司令官園部，急調 33 師團救援，但是同樣遭到重創，特別是王耀武的 74 軍，更是一戰成名。日軍檢討作戰失利原因，認為 11 軍司令官園部和一郎中將，應該負起主要的指揮責任，加以撤換。

1941 年 9 月，日軍發動第二次長沙會戰，目標之一就是尋殲 74 軍。戰役開始後 74 軍奉命由江西上高開赴沙市街增援，結果被日軍情報機關偵悉。當阿南發現中國第 74 軍趕到湘東，更是仇人見面分外眼紅，他決定要為日軍在江西上高之戰報仇，所以立刻決定調整作戰方向，調日軍主力 6 師團掉頭去捕捉 74 軍，集中兩個師團夾擊。運動中的 74 軍猝不及防與日軍激戰兩日，58 師在蕉溪嶺戰鬥中傷亡過半，遭到了巨大損失，軍隊散失，58 師師長廖齡奇逃到祁陽。74 軍軍部也受到攻擊，王耀武趁天黑僥倖逃脫。儘管此戰 74 軍失利，但在與日軍遭遇之初，74 軍在華春山一線仍頗有斬獲，並以凌厲攻勢一度迫使日軍第 3 師團後退，也顯示了中國王牌軍的威風。在日軍逼近長沙時，薛岳決心聚重兵於主戰場與敵決戰，遂命第 74 軍與第 72 軍迅速西移，

準備決戰。第 79 軍與暫編第 2 軍亦經軍委會命令集中長沙。當 79 軍趙季平暫編第 6 師進了長沙，日軍被迫全面撤退。戰後追究 74 軍西進時遭到了巨大損失責任，58 師師長廖齡奇被處決，張靈甫任 58 師師長。廖齡奇原爲 88 師 264 旅旅長，南京保衛戰時，率領不到二千人的殘兵繞城而走，乘木船到了江北脫險，有過戰功。卻因偶然失誤被處決，實在過於嚴酷。

1942 年 5 月浙贛會戰軍事行動即將開始。5 月上旬已獲知敵軍兵力部署概況，敵軍總兵力約十萬餘人，編爲第 13 軍，直轄五個師團、三個混成旅團，由敵酋澤田茂指揮，並在 5 月 14 日以前分別完成一切作戰準備。中國方面第 10 集團軍王敬久守金華，並派出有力部隊支授第 88 軍，努力阻擊敵人，消耗敵人有生力量。第 74 軍王耀武部三個師控制龍遊地區，爲衢州外圍堅強據點，配合暫編第 9 軍夾擊進出龍遊之敵，重創其有生力量。第 100 軍劉廣濟部兩個師及預備第 5 師擔任撫河東岸、臨川的防務，警備南昌和撫河西岸的日軍。八月底，敵第 13 軍各部退縮金華、蘭溪一角之地；敵第 11 軍放棄臨川，退過撫河，據守西岸及南潯路之線。浙贛戰役至此結束。

1943 年夏，日本侵略軍糾集近 10 個師團 10 萬餘人的精銳部隊，向鄂西發起強大攻勢。74 軍奉命由衡陽株州駐地星夜疾馳湘西北，輾轉於澧水地區，對敵人進行側擊。自 6 月 6 日以來，日軍爲策應宜都之敵突圍，松滋方面之敵先後由千人增至 3000 人，借空軍掩護，在街河市、西齋、寶塔寺附近地區與第 74 軍之 51 師、58 師激戰三晝夜，雙方傷亡均重，我軍擊落敵機 1 架。日軍不甘心失敗，經短期修整後，當年 11 月進攻我洞庭湖西岸地區，重點是常德，稱爲常德會戰。

常德會戰時，先期外圍作戰的有六戰區 73 軍、44 軍、66 軍、79 軍、100 軍。74 軍守戰爭核心地常德，軍長王耀武，轄周至道 51 師，余程萬 57 師，張靈甫 58 師，日軍稱爲「三五軍」，很是懼怕。由 57 師據守常德城內，軍部及 51 師、58 師兩個師部署在常德外圍桃源、河洑、石板灘一帶。11 月 22 日，日軍第 11 軍主力在常德城郊集結完畢，開始向常德發起總攻，意圖以壓倒性兵力在短時間內一舉掠取常德。原本布置用以攻城的主力第 116 師團在會戰前期盡量避戰，用以攻城。於漢壽登陸的第 68 師團負責在第 116 師團攻城時掩護左翼，抵禦來自第九戰區的援軍。第 3 師團與第 13 師團在慈利，桃源方面截阻王耀武集團第二線兵團。第 39 師團，獨 17 旅團與第 58 團一部則在後方抵擋第 10 集團軍攻勢，並掩護第 11 軍退路。日軍第一階段之戰略企圖已經完

成，中國軍隊兩線兵團處於分散狀態，常德危急。雖然此時日軍已佔優勢，但敵橫山勇司令官鑒於第 57 師威名素著，恐不能如期攻陷，乃親赴常德城郊督戰。

24 日，第 116 師團集結完畢，對常德城防展開主攻。山本三男師團長初期仍以傳統步炮協同攻城，以大隊級炮兵密接支持聯隊級混成步兵正面進攻，並派中隊至大隊級的敢死隊集中突破。城廂陣地中的 74 軍 57 師，多與攻入之日軍在陣地中白刃肉搏。第 116 師團以強大的炮兵轟毀第 57 師據點工事，步兵隨後突入。第 57 師各團營長則親率所部衝鋒逆襲，在城巷以手榴彈與火攻遏阻來敵，並以近戰搏殺將侵入的日軍步兵敢死隊截斷殲滅。敵第 234 聯隊由南岸憑藉炮火毒氣之轟擊與煙幕掩護，偷襲強渡。第 171 團第 7 連守軍擊沉敵船六隻，難耐炮火猛烈，江岸陣地全毀。竄入之敵與我張照普第 3 營發生巷戰，戰況猛烈，情況萬分緊張。杜鼎團長乃親率第 2 連宋家和連長在大南門城樓前指揮，從水星樓西南側實行勇敢逆襲，堵截突破口，反覆衝殺十餘次。第 170 團遭第 116 師團第 120 聯隊猛攻，突入多處，孫進賢團長親自率部猛烈逆襲，反覆衝殺。第 170 團營長張挺林率部在陣地中奮勇衝擊，負傷達七次之多，壯烈殉國。彭幼威營長見戰局險惡，攘臂大呼殺敵，與突入城內的日軍白刃近戰，逐退來敵。第 116 師團第 109 聯隊則猛攻第 169 團陣地。柴意新團長奮勇迎戰。日軍為求速進，除集中炮火轟擊外，並大量施放催淚瓦斯，而後 109 聯隊整齊衝鋒，柴團長冷靜指揮所部憑險據守，以準確火力殺傷日軍，第 109 聯隊在第 169 團精準的火網下損失慘重，代理第 109 聯隊聯隊長的作戰參謀鈴木立遭擊斃，第 3 大隊大隊長馬村也被亂槍打死。該聯隊在衝鋒中損失逾半，連城垣都沒摸到。116 師團 109 聯隊長布上照一，第 3 師團第 6 聯隊長中佃護一被擊斃。日軍連續損失了兩名聯隊長，陣腳大亂，狼狽撤回。

此後，日軍繼續增加兵力，在常德被完全包圍之後，第一線被突破，防守地區日益縮小，展開激烈的巷戰。74 軍 57 師 8000 人堅守常德城 16 天，頑強抗擊了日軍陸、空、坦克的協同攻擊，在日軍猛烈炮火甚至釋放毒氣情況下仍死戰不退。日軍不得不圍三闕一，放 57 師一條生路。此時全師不足 600 人，師長余程萬率 180 人突圍，其餘官兵與突入城內的日軍逐屋爭奪，許多人壯烈殉國。第 10 集團軍，第 29 集團軍以及王耀武集團所轄的軍，均與全力阻擊的日軍外圍掩護部隊膠著，一時之間難直趨常德解圍。此時第九戰區

的及時應援成爲常德解圍的關鍵，第 10 軍、58 軍、72 軍、暫 2 軍、99 軍應援部隊，則布置口袋，圍剿日軍第 68 師團與第 40 師團，日軍慘敗。第五戰區派出第 30 集團軍三個挺進縱隊擾亂敵後。6 天後余程萬就隨第 58 軍反擊部隊又殺回常德，收復失地。此役共殺傷日軍二萬餘人。會戰其間正逢美、中、英開羅首腦會議，羅斯福總統聽取了蔣介石的戰況介紹，特意將余師長的名字記在備忘錄上。著名作家張恨水就根據常德之戰寫出一部名叫《虎賁英雄》的小說。常德人民爲紀念 74 軍爲國捐軀的犧牲將士，自發募捐，於 1944 年 3 月在市青年路東側修建佔地達 30000 平方米的陣亡將士墓地，作爲永遠的紀念。常德會戰中的主角第 57 師，雖因師長率部突圍時城內尚有 300 名戰士未撤出，而被視爲軍德不足。蔣介石在戰後檢討會上，揚言「余程萬師長必交軍法審判，其它同時退卻的官長一律都要按革命軍連坐法處置，決不寬貸」。但在戰後真正遭到懲處的僅余程萬將軍一人。但是社會輿論讚揚余程萬領導 57 師守城功勞卓著，余程萬獲判軍役後不久即調任第 74 軍特別副軍長。

1944 年王耀武升任 24 集團軍總司令，74 軍軍長由 100 軍長施中誠調任（注：其爲刺殺軍閥孫傳芳的施劍翹堂兄），張靈甫升任副軍長。58 師師長由副職蔡文杰提升接任。5 月長衡會戰開始，當衡陽守軍第 10 軍告急時，74 軍奉命解圍，晝夜兼程在金蘭市集結，連克雞窩山等要地。給予圍攻衡陽的日軍以沉重打擊。

1945 年夏湘西會戰是給日軍的最後一擊。此次會戰 74 軍亦爲主力，挫敗日軍四個師團的進攻。在雪峰山阻截上月良夫第 20 軍，稱爲湘西大捷。侵華日軍此戰目的是爭奪芷江空軍基地，故又稱「芷江作戰」。戰爭起於 1945 年 4 月 9 日，止於 6 月 7 日。雙方參戰總兵力 28 萬餘人，戰線長達 200 餘公里。湘西會戰最後一仗主戰場爲雪峰山東麓的洞口縣的高沙、江口、青岩、鐵山一帶。當時，日軍以第 6 方面軍第 20 軍阪西一郎部及第 11 軍之 34 師團爲主攻部隊，共 5 個師團，另配屬 3 個獨立混成旅團，總兵力約 8 萬餘眾。中國軍隊以何應欽爲總指揮，參戰陸軍 20 個師，空軍有第 5、2、3 等 4 個大隊各一部，美國第 14 航空隊一部，參戰飛機 400 餘架，總兵力 20 餘萬人。日軍所至，殺人放火，姦淫擄掠，罪行累累。人民流離失所，經濟損失難以計數。

從 5 月 1 日到 7 日，中國軍隊和日軍在江口、青岩一帶激烈交戰，連續 7 天 7 夜都是戰火紛飛，炮聲隆隆，空氣中都是硝煙的味道。當地老百姓都自發上前線，主動爲中國軍隊搬運炮彈、裝備。湘西會戰進行到 1945 年 4 月底，

沿邵榆公路西犯的日軍130聯隊、133聯隊及116師團本部已推進到雪峰山中段主峰下的江口、青岩、鐵山一帶。其右翼 109 聯隊則已越過雪峰山主峰進至龍潭司附近。中國軍隊防守江口正面的部隊是 74 軍 57 師。湘西會戰歷時兩月，最終以日軍徹底潰敗而告終。74 軍再次顯示出抗日鐵軍的雄風，給予日軍以重創，獲得兩面「飛虎旗」。這次會戰各軍總共擊斃日軍12498人，傷23307人，7737名中國軍人為取得會戰勝利付出了寶貴的生命。

　　八年抗戰中，74 軍幾乎參加了所有正面戰場上的重大戰役，尤其是在萬家嶺、上高、長沙、常德、雪峰山諸戰役中表現最為突出，以其英勇頑強的戰鬥意志，被譽為抗日鐵軍，連美軍顧問團曾有過「中國只有 74 軍能打」的讚譽。1945 年 8 月，日本投降，副軍長張靈甫升任 74 軍軍長，施中誠他調。74 軍空運南京受降，並擔任南京守備，因此被稱為「御林軍」。

　　1946 年解放戰爭整編期間，74 軍改為整編 74 師，張靈甫為整編 74 師師長。在孟良崮被解放軍殲滅，張靈甫戰死。正是：「瓦罐不離井邊破，大將難免陣前亡」。當年守常德的第 57 師已為整編旅。這支抗日雄師，都隨著整編74 師於孟良崮覆沒，陳噓雲旅長兵敗被俘，副旅長明燦與張靈甫同時戰死。74 軍的不敗的光榮戰史，在孟良崮畫上休止符。在孟良崮指揮戰鬥的解放軍指揮員是陶勇將軍。當聽到張靈甫戰死時，威風凜凜的陶司令將手中的半截煙掐滅，操著濃重的安徽霍丘口音粗聲粗氣命令激動的喊：「警衛員，備馬！去 600 高地，尋找張靈甫屍體！」警衛班長一個立正行了個軍禮。瞬間，警衛班 20 多人齊刷刷地立成一隊。陶勇騎一匹棗紅馬走在隊伍中間，他的前後是全副武裝的警衛戰士，左右是兩名隨身警衛。最終確認了張靈甫戰死。命運總是與人開玩笑，沒想到馳騁疆場「百萬軍中取上將首級」的陶勇將軍，在二十年後文革時卻栽在紅衛兵手上。一個人民解放軍海軍東海艦隊司令員又居然死在一個水坑中。真是「經過大風大浪，卻在陰溝裏翻船」，這對一個海軍軍人來講真是莫大的諷刺，為之一歎！正是「強中自有強中手，能人背後有能人」。

　　孟良崮戰後重建的 74 軍邱維達為軍長，又在淮海戰役被殲。

第七十五軍　善人柳軍長　軍中出木蘭

　　抗日期間周岩率領第 6 師參加過淞滬會戰，升格為 75 軍並任軍長，受左翼軍團薛岳指揮，防守蘊藻浜一線。後又增轄甘麗初 93 師。臺兒莊會戰後期奉令趕來支持會戰，與日軍激戰於獐山，抗擊由臨沂來援的阪本支隊。4 月 2

日第 5 戰區司令部給各參戰軍團下達任務：第 20 軍團（含第 75 軍）以一部消滅洪山鎮北方之敵，以主力於 3 日保持東南正面，向臺兒莊附近之左側背攻擊，逐次向左迂迴，務在臺兒莊左側地區，將敵捕捉殲滅之。因戰況進展，須隨時遮斷敵自嶧縣之退路，並對向城方向增援之敵嚴密警戒。4 月 3 日，李宗仁下達總攻擊令。第 52 軍、第 85 軍、第 75 軍在臺兒莊附近向敵展開猛烈攻勢。日軍拼力爭奪，佔領市街大部。總攻開始以後，日軍頑強抵抗，但失敗已成定局。

臺兒莊大捷後改爲機動防禦，除以一部分軍隊和敵保持接觸外，主力應集結於機動有利的地位。臨沂方面，令張自忠指揮李仙洲軍在臨沂東南地區牽制該方面之敵；龐炳勳部則調到郯城地區整補，並掩護鐵道（隴海東段）安全；孫連仲部主力附張軫部和周岩的 75 軍，在北面的高皇廟之線佔領縱深據點陣地；控置有力的預備隊於南、北洛附近，並應有一部加強臺兒莊附近的陣地；原在魯西的部隊由孫桐萱、商震指揮，遲滯該方面南下敵之前進，以掩護魯西兵團之集中和展開李品仙爲淮南兵團總指揮官。經七天七夜才到達阜陽，李宗仁在這裡設指揮所，收容整頓所部。22 集團軍、75 軍、51 軍等部，則在孫率領下改向東面突圍，經靈壁到泗縣集結。其它各部後來經五河、定遠向六安、潢川西進，各歸定的整補位置。徐州撤退到此告一段落。

參加武漢會戰的江南區指揮官爲周岩第 75 軍。轄第 6 師師長張琪，第 13 師師長方靖，第 50 師師長成光耀。後施北衡、柳際明先後主軍。在駐防宜昌長江沿岸的 75 軍，有一個名叫王宗秀女戰士，因胞兄爲獨子而代兄應徵入伍。其置身軍中以怕癢爲由獨宿，以避免被人識破。她對軍事學科術科都好，曾斷橋阻敵進犯，或焚草大敗敵人毒氣戰，而迭立戰功。後因軍中體格普查，才不得已自陳身份而揭開眞面目，一時全軍傳爲佳話，譽爲「新花木蘭」。軍長柳際明欣然召見嘉勉，提升爲政工隊副隊長，並作「喜傳本軍之有花木蘭」紀事詩。二十六集團軍軍法處長夏明翼，爲撰「新木蘭詞」長詩，作更詳細的敍述。勝利後，她榮歸故里，與同軍某少校結爲夫婦，自總司令至中級官長，均致贈賀禮。柳軍長的賀聯是：眉嫵喜逢京兆筆；木蘭不用尚書郎。柳軍長治軍待人寬厚，故人譽爲柳善人。

第 75 軍後又參加隨棗會戰、棗宜會戰、鄂西會戰等。軍部駐興山縣馬糧坪，所轄第 6 師、第 13 師、預備第 4 師，主要兵力佈防於宜昌縣北部，與宜昌城區日軍長期對峙並多次惡戰。第 75 軍在柳際明軍長領導下進行一連串精

彩別致的攻勢防禦，拘束宜昌正面日軍，有效阻遏日軍攻勢，1943 年 5 月，日軍以林本次郎大佐指揮一個混成加強聯隊進攻興山縣，意圖鑽隙攻掠巴東，被第 6 師第 16 團團長朱元琮上校誘敵深入，消滅了進犯敵人。

　　解放戰爭時由上海逃往舟山。柳際明在岱山組織指揮所，準備固守舟山，與解放軍在舟山群島死戰。規模宏大的舟山群島海陸空三軍協同登陸作戰，雖然未能投入實戰，但是對國民黨軍造成了重大威脅，促使其未開戰就從島上溜走，粉碎了蔣介石依託舟山反攻大陸的企圖。

第七十六軍　且看秦月漢關血　至今猶染中條山

　　原湘軍毛炳文 37 軍參加內戰是調到陝西圍攻紅軍。1937 年「七七」蘆溝橋事變爆發時，升任 11 軍團軍團長，率領陶峙岳第 8 師從陝西經河南，抵達上海參加淞滬抗戰，受胡宗南指揮。陶峙岳第 8 師作戰極為英勇，經 20 餘日連續激戰損失慘重，當撤出戰鬥時，其部隊戰鬥人員僅剩 700 多人。陶峙岳領有 76 軍軍長名義，在陝西整補而脫離毛炳文 37 軍。淞滬戰役後陶峙嶽調任國民黨軍胡宗南部第 1 軍軍長，經其精心整訓，該軍成為一支抗戰勁旅。後受胡宗南排擠被剝奪兵權，先後充任第 34 集團軍中將副總司令等閒職，調往酒泉充任只轄一個特務營的河西警備總司令。

　　1938 年 8 月第 1 軍第 1 師師長李鐵軍升任 78 軍軍長，駐軍西北。

　　1941 年春。華北日軍在對太行山的八路軍根據地進行了瘋狂掃蕩之後，迅速回過頭來、集中了七個師團的兵力，向中國軍隊在黃河以北的最後地盤——中條山進攻。

　　中條山背臨黃河，橫亙於山西南部，東接莽莽太行山脈，西連巍巍稷山，長三百餘里，寬一百餘里，為屏障豫、陝，保障西北的戰略要地。衛立煌督率全軍二十六萬人馬，依著中條山山勢構築堅固陣地，把諾大個中條山變成一座堅固的城堡。在 1938 年至 1941 年初的四年中，日軍曾先後八次大舉進攻中條山，企圖打開這道黃河北岸的防線，向黃河以南進犯。日軍的八次進攻都碰了個鼻青臉腫，慘敗而回。衛立煌曾自豪地把中條山稱為中國的「馬奇諾防線」。

　　日軍卻認為，中條山衛立煌指揮的約二十六個師的中國軍隊，成為擾亂華北，尤其是山西的主要根源，是華北日軍腹中的「盲腸炎症」。5 月 5 日。日軍決心要割掉這段「盲腸」，以七個師團的兵力，分九路從東、西、北三面向中條山進攻，來勢異常兇猛。敵機一群群地飛臨中條山上空投彈。日軍地

面部隊在大批坦克、戰車和騎兵的支持下，潮水般地朝守軍陣地撲來，很快突破了前沿陣地，將守軍分割包圍。一路日軍遷回中條山側後黃河岸邊，佔領了平陸等處的黃河渡口，切斷了中條山守軍的退路。中條山守軍同敵人展開了空前悲壯的殊死搏鬥。許多山頭陣地被敵機轟炸削平。三百里中條山上，每一寸土地都在燃燒，都在怒吼，都在淌血！血戰一星期，中國軍隊死傷竟達數萬人之多！各集團軍總司令以下各級將官，都持槍在第一線戰壕工事裏同敵血戰。

　　1941 年 5 月下旬。日軍攻佔夏縣、聞喜等地後，又兵分三路向南橫掃，直逼黃河岸邊，企圖強渡黃河，攻佔漏池，截斷隴海路，威脅洛陽、潼關。蔣介石急令第一戰區、第二戰區發起反攻，阻敵南下。第二戰區以第 13 軍、第 40 軍爲主力，向敵後夏縣、聞喜發起強攻，迫使日軍向後龜縮。第一戰區長官部令馮欽哉第 98 軍爲左翼，李興中第 96 軍爲右翼，向敵之兩側出擊；又令李鐵軍第 76 軍從洛陽渡過黃河，擔任正面阻敵任務。第 76 軍以第 196 師之 587 團爲前鋒，跨過黃河，向張茅大道急進，在廟凹以東不幸誤入敵人伏擊圈。全團一千多名將士，正行進在一條狹窄的凹地裏，突遭敵強大火力襲擊，團長李南平身上中彈三十多處，壯烈犧牲。全團一千三百餘名官兵，全部戰死疆場，無一生還。

　　1948 年李日基爲軍長。解放戰爭中在澄城被殲，李日基亦被俘獲。後許良玉爲軍長，在裴昌會的勒令下，在成都三臺地區放下武器。

第七十七軍　蘆溝橋反擊日寇打出第一槍

　　爲宋哲元 29 軍在七七事變後擴編的三個軍之一，由 37 師擴編的。該軍番號是明七七，另 59 軍、68 軍是暗七七，也算巧合，影射七七事變，他們打了抗日第一槍。

　　蘆溝橋事變前夕，西起豐臺，東至山海關鐵路沿線，有日本入侵華北的駐軍 5000 餘人；北平以東，有日本卵翼下的「冀東防共自治政府」的敵僞軍 1.7 萬人；北面和西北面，有日本豢養的察北的僞蒙軍約 4 萬人。中國只有北平的西南面尙爲中國駐軍宋哲元指揮下的第 29 軍一部防守。因此，位於北平西南 10 餘公里處平漢鐵路線上的蘆溝橋，就成了北平通往南方的唯一門戶。從 1937 年 6 月起，駐豐臺的日軍連續舉行挑釁性的軍事演習。1937 年 7 月 7 日晚 11 時左右，在北平（現北京）西南蘆溝橋一帶進行挑釁性軍事演習的日軍以一名士兵失蹤爲藉口，要求進入宛平縣城搜查，被中國駐軍拒絕，日軍

隨即炮轟宛平城並向盧溝橋一側的中國守軍發動進攻。中國駐軍第 29 軍 37 師（馮治安師）吉星文團，在營長金振中率領下，奮起還擊，從此揭開了中國人民抗日戰爭的序幕。

7 月 30 日，宋哲元在保定致電蔣介石，託病請假，並薦馮治安代理第 29 軍軍長，旋即獲准。馮即率 29 軍開往唐官屯、馬廠一帶集結，軍部移駐河間，擔任津浦線上的防務。8 月中旬，第 29 軍擴編為第一集團軍，轄 59、68、77 三個軍，宋哲元任總司令，第 29 軍番號撤消。37 師為基礎擴編為第 77 軍，軍長馮治安，轄劉自珍 37 師、王長海 132 師、何基灃 179 師。

9 月初，日本侵略軍向津浦北段發動進攻，第 77 軍在馮治安的直接指揮下，以陣地戰配合游擊戰打擊敵人。37 師的第 25 旅，在靜海縣周圍阻擊日軍，其中第 657 團與日軍激戰 5 晝夜，在爭奪陣地中四出四進，全團 2400 多人只剩下 700 多人退到縣城以南，利用青紗帳作掩護，開展游擊戰爭。第 111 旅向閘口和流河鎮的敵軍發動猛烈進攻，奪取了日軍兩個重要陣地，痛擊日本侵略軍。第 132 師的官兵組織大刀隊，夜襲日本侵略軍。9 月中旬宋哲元請假赴泰山休養，由馮治安代理第一集團軍總司令，指揮部隊與日軍苦戰約 1 個月，以重大的犧牲阻止日軍南進。10 月中旬，第一集團軍總司令部撤至大名，馮治安被任命為第 19 軍團軍團長。

10 月下旬，宋哲元回到大名總司令部，調動主力部隊進攻邢臺，馮治安對宋的指揮不滿，憤而託病請假前往開封療養。直到 1938 年 3 月，宋調任第一戰區副總司令長官，第一集團軍的番號撤銷，馮才回部隊，率第 19 軍團在黃河北岸開展抗日戰爭。

在北平失守後，承擔黃河北的守備。豫北中國守軍為宋哲元第一集團軍，其任務是利用豫北堅固的國防工事，阻止日軍南下。土肥原師團於 1938 年 2 月初發動了對豫北的攻勢。2 月 7 日，日軍第 27 旅團長率 5 個步兵大隊、3 個炮兵大隊從大名出發，向南樂、清豐、濮陽一線推進。濮陽乃戰略重地，程潛急令第 77 軍副軍長張凌雲指揮 3 個旅以及張德順騎兵師由東明、道口向濮陽反擊，因其行動遲緩，畏敵不前，又遭失敗。何基灃主軍後參加武漢會戰、隨棗會戰、棗宜會戰、鄂西會戰。

1938 年 8 月間進行武漢會戰，我第 77 軍第 37 師進駐潢川以南地區，並在潢川以東地區構築工事，以確保霍山和金家寨之線，嚴防日軍由六安向西南進犯。當時進犯我金家寨、霍山之線的是日軍第九師團，由於敵之坦克在

山地無法利用，戰鬥二三日後，被我擊退。此時，77 軍按上級命令轉商城與金家寨以南山區，佔領大、小界線各制高點構築工事。這裡因山地松柏較多，偽裝條件很好，易於防守。旅部駐小界線沖內約八里許的山坡上，師部駐福田河，軍部駐麻城以北約十里附近地區。敵人先以飛機沿大別山山頂東西線巡視。二日後，敵派飛機、大炮配合步兵向我陣地猛攻。我軍伏於壕底掩蔽，見敵步兵接近，即猛烈投擲手榴彈，並跳出戰壕以刺刀和大刀與之肉搏，敵傷亡很大。其步兵退到山麓整補後又反衝，每日兩次，有時多至三次。我軍固守陣地，敵進攻無效，竟改用毒氣彈由飛機投擲，或由其曲射炮射來，呈深藍色，使人頭昏。為了對付毒氣彈，我軍每連發鐵筒數個，每班一個，每人發日光皂若干塊、白毛巾一條，把皂沫泡出，用毛巾吸取，圍在脖子和口鼻上，以避免中毒。日軍飛機每日每組八、九架不等，輪番投彈射擊，我軍避於壕內，對衝上來的敵兵急速投彈，與之混戰。敵我雙方用刺刀、大刀展開白刃戰，敵機無法掃射。我居高臨下，很是得手，每次敵人傷亡均很重。歷二十餘天，敵無法得逞。

以後，敵第 19 師團和第 16 師團與劉桂堂土匪漢奸部隊配合進攻武勝關。胡宗南擅自率八個軍撤到南陽地區，致使雞公山、武勝關防守兵力單薄。日軍在武勝關以西、與桐柏山交界線突破，衝到大別山左側地區，佔領武勝關。

敵占武勝關後，沿京漢鐵路與鐵路平行的幾條公路向武漢突進，在飛機、坦克、炮兵等掩護下，佔領花園王家店車站。集中船隻在三皮港河東岸，並出動坦克、裝甲車沿公路東向進擊我軍，使我大別山守軍不得不進行突圍，轉移到西荊門、當陽一帶整補。

駐桐柏縣的第 77 軍愛國將領何基灃，於 1938 年 9 月在桐柏成立 77 軍桐柏山區工作團，由共產黨員朱大鵬任團長，在共產黨的領導下，深入發動各階層民眾，組織和擴大抗日武裝力量。該團也由成立時的 250 人擴大到 1250 餘人，後成為新 4 軍 5 師的重要組成部分。省委和南陽黨組織還正確引導唐河、方城、泌陽邊界地區農民開展的抗糧鬥爭，打擊了頑固勢力。方城、泌陽邊界地區農民開展的抗糧鬥爭，打擊了頑固勢力。

1939 年 4 月武漢地區的日軍為了消除長江北面湖北北部、河南南部方向中國軍隊對武漢的威脅，向隨縣、棗陽地區發動進攻，企圖消滅中國第 5 戰區的主力。中國軍隊與之展開為期 20 餘天的會戰，粉碎了日軍的企圖，稱為隨棗戰役。77 軍在 33 集團軍指揮下擔任大洪山南麓，京鍾公路和襄河兩岸的

防務。隨棗會戰前後不及 3 周。日軍使用主力突破漢水東岸中國守軍陣地，突進至預定目標完成一翼包圍，但其它兩路日軍則在隨縣及其北側地區遭受有力抗擊，未有進展。第 5 戰區鑒於戰場形勢，決定轉移戰術，由主力逸出敵之包圍圈，轉移至外線作戰，利用有利的地形條件打擊敵人，命令轉守為攻。日軍由於合圍計劃失敗且面臨中國軍隊的反擊，不敢久留，遂行撤退。中國軍隊尾追不捨。至 24 日，中國軍隊先後收復棗陽、桐柏等地，日軍除佔領隨縣縣城外均退回至原地區，大體恢復戰前態勢，會戰結束。這次會戰，中國軍隊雖然也受到了較大損失，但徹底擊敗了日軍圍殲中國軍隊的企圖，並使之付出慘重代價。斃傷日軍 1.3 萬餘人，日軍遺屍 5000 餘具。第 5 戰區進退主動，適時轉移外線，立於有利地位，日軍撤退時，追擊、阻擊得力，取得較大戰果。

　　1940 年 5 月至 6 月，在抗日戰爭中，中國第 5 戰區部隊在湖北省棗陽、宜昌地區對日軍華中派遣軍第 11 軍進行防禦戰役。戰區右集團軍方面：5 月 1 日拂曉，日軍第 13 和第 16 師團各一部在優勢的炮火和空中支持下向右集團軍 37 師（吉星文部），180 師（劉振三部）和 112 師（王志遠部）於襄河右岸陶家廟，楊家崗，溫家廟一線陣地猛烈進攻。雙方激戰至 4 日，中國軍隊第 77 軍及江防軍一部在荊門西側至江陵之線竭力抵抗。日軍逐步突破國軍防線，國軍 37 師向襄河左岸轉移，180 和 112 師逐次向北退守，國軍駐襄河西岸部隊分別多次渡河側擊，予日軍甚有損傷；但日軍堅持北進，於 8 日攻取棗陽。

　　日軍 39 師團，231 聯隊長名叫橫山武彥。因為中國人憤恨其在棗宜之戰中殺害了張自忠將軍，而傳說何基灃得到新 4 軍 5 師絕密情報，在當陽西北部的觀音寺伏擊將其擊斃。實際是個誤會。1943 年 8 月 2 日橫山武彥晉升少將，任 70 師團 62 旅團長，於 1944 年 6 月 11 日參與第 2 次浙贛戰役龍遊作戰時，在高地指揮戰鬥被第 49 軍王克俊 26 師發現，集中火力予以擊斃。結果相同，而地點不同，殺害張自忠將軍的仇總是報了。

　　鄂西會戰，是中國八年抗日戰爭中發生在湖北境內的四大會戰之一，也是抗戰期間全國 40 多個著名戰役之一。此次會戰從 5 月 4 日開始，6 月 14 日結束，歷時一個多月。戰線東起湘北濱湖之華容，西止長江西陵峽口之石牌，綿亙千里。我三軍將士同仇敵愾，浴血奮戰，使不可一世的侵華日軍遭到空前慘敗。前方消息很快傳到恩施六戰區長官部，代理司令長官孫連仲及高參

們意識到日軍此舉非同尋常，定有西犯之企圖。於是迅速作出反映，作戰部署如次：以王纘緒第 29 集團軍固守安鄉至公安之線，以王敬久第 10 集團軍固守公安至枝江之線，以吳奇偉江防軍固守宜都互石牌之間陣地，以周岩第 26 集團軍之 75 軍和馮治安第 33 集團軍之 77 軍、59 軍固守三遊洞互轉鬥灣之間陣地，並令各部隊以堅強之抵抗予敵不斷消耗，然後轉移攻勢，壓迫敵人於長江西岸而聚殲之。日寇投降消息傳來，第 33 集團軍總司令馮治安將軍，掛上一面小皮鼓，帶頭離開了自己的指揮所，衝上街頭，與千千萬萬的軍民一起遊行歡呼。艱難的歷程和勝利的衝動，使這位將軍完全忘記了自己顯赫的身份，竟像孩子似地在人流中，一邊打鼓扭秧歌，一邊號陶痛哭。八年中打得太慘啦！無數將士爲之捐軀，甚至前任總司令張自忠上將也戰死疆場，以身殉國。撫今思昔，他無法控制自己的感情。

解放戰爭中，1948 年 11 月 8 日，第 3 綏靖區副司令張克俠、軍長何基灃率三個半師起義，我山東兵團順利地南渡運河，越過該部防區，直插徐州以東地區。第 77 軍殘部由吉星文任軍長，守備長江。後逃金門，吉星文在兩岸炮戰中戰死。

第七十八軍　四川健兒　湘贛立功

川軍系統。與 72 軍同屬王陵基 30 集團軍。1938 年與 72 軍同時出川，而且經常在一個戰場戰鬥，堪稱兄弟部隊。原軍長張再始終未到位，由夏首勳代理，後夏首勳正式任命爲軍長。轄新編 5 師，師長鄧國璋；新編 16 師，師長陳良基。

1939 年 3 月至 4 月，日軍爲切斷浙贛鐵路（杭州至株洲），調集第 6、第 101、第 106、第 116 師團，在海軍和航空隊一部配合下（兵力共計 12 萬人），由第 11 軍司令官岡村寧次指揮，以一部牽制中國鄂南、湘北部隊，主力於 3 月向南昌進攻。中國第 9 戰區代司令長官薛岳指揮所屬部隊 10 個軍 33 個師計 20 萬人展開防禦作戰。

3 月 30 日，中國軍隊第 1 集團軍到來，與第 74 軍、第 49 軍一部在錦江南岸一起阻擊日軍形成相持。在武寧方面，20 日晨，日軍第 6 師團主力由箬溪向武寧東北進犯中國守軍第 73、第 8 軍陣地；21 日，日軍以一部由津口南渡修水，攻擊第 78 軍陣地。中國守軍頑強抗擊，與日軍激戰至 27 日；中國軍隊第 30 集團軍令第 8 軍向南潯線日軍後背瑞昌、德安等處攻擊，策應南昌作戰；第 73 軍因傷亡過重，由第 72 軍接替該軍防地。日軍乘交防之機向第

72 軍、第 78 軍猛攻，突破守軍陣地，迫使守軍後撤。78 軍防守寧武日軍稻葉師團的進攻，29 日，武寧失陷。因此新 15 師一個團長被處決。第 30 集團軍撤至武寧以西地區與日軍對峙。日軍攻佔南昌後，以第 101 師團留守南昌，以第 106 師團置於南昌以西，並以一部沿湘贛公路西進追擊，於 4 月 2 日攻陷重鎮高安。至此南昌會戰即告結束。

　　1941 年 78 軍參加第二次長沙會戰。薛岳令第 74 軍、第 99 軍分途向永安市、朗木梨市及石子鋪猛攻。第 37 軍、第 10 軍由瀏陽河南岸攻敵側背，合圍聚殲頑敵：並命第 26 軍、第 72 軍、第 4 軍、新 3 軍等，向豺狗壟、路口余田、上杉市、麻林市、萬家鋪、新安鋪之線急進，以防敵突圍回竄。當敵第 4 師團攻擊我長沙城郊時，其第 3、第 6、第 33、第 40 師團借大量飛機掩護，企圖渡過瀏陽河。我第 74 軍、第 37 軍、第 10 軍早已轉移於洞陽市、子埠港，沿瀏陽河南岸渡頭市、楓樹河之線攻擊敵人。29 日中午，敵大部被我包圍於梅花、田心附近，惡戰至晚 7 時許，雙方傷亡慘重。30 日晨，我軍再次猛攻，敵漸潰。中午，敵飛機 10 餘架，輪番轟炸我陣地，掩護其主力北退。這時，長沙城郊之敵，經我第 78 軍兩個師在撈刀河及城東郊內外夾擊，逐漸支持不住，加以後援斷絕，便於 10 月 1 日午後，在我軍再次攻擊下，無力抵抗，狼狽北遁。

　　第三次長沙會戰距第二次長沙會戰僅兩個多月。第 30 集團軍的 72 軍、78 軍以一部守澧溪方面原陣地，主力向社港市、相公市以東地區前進。又由撈刀河、瀏陽河間向長沙東面攻擊，爾後沿青山市、長樂街、楊林街及其以東地區，向北跟蹤追擊。於瀏陽以北發起攻勢，第一日沿途驅逐了日軍的小部隊，第二日在黃花及朗木梨方面遇到日軍頑強的抵抗。追到汨羅江南岸停止。第三次長沙戰役，日軍陷入了重圍，傷亡慘重。會戰結束後第 30 集團軍仍回贛北原防。

　　1942 年 9 月沈久成繼任軍長，夏首勳離軍還鄉，不再復出。78 軍後曾參加南昌防守和反攻。後因王陵基感到軍力單薄，主持與 72 軍合併。該軍番號歸湯恩伯重建，1944 年賴汝雄任軍長。在河南與日軍作戰失敗，隨王仲廉退走陝豫邊區。1945 年該軍番號撤消。

第七十九軍　上海抗戰英雄營殉國　衡陽解圍王軍長犧牲

　　中央軍系統。夏楚中原為國防師 98 師師長。淞滬會戰該師守衛寶山聞名於世，其姚子青營為抗戰英雄群體。9 月 1 日，日軍 1000 餘人圍攻獅子林炮

臺，第 98 師一部與敵反覆白刃搏鬥，多數犧牲。9 月 5 日，日軍集中 30 餘艘軍艦，掩護陸軍向寶山發起猛攻，於 9 月 5 日，日軍以 30 餘輛戰車爲先導，，撲周壘師陣地。周師傷亡過半，旅長翁國華自戕，被迫後撤，獅子林、吳淞間聯絡被敵打通。9 月 5 日，日軍藤田師團在艦炮和飛機的配合下，以坦克 10 餘輛向城門猛衝，守衛寶山的第 98 師（當時該師受 18 軍指揮）第 583 團第 3 營營長姚子青率守城健兒與敵死拼，並屢次發電請援，而援軍不至。姚子青營擊退日軍多次進攻，頑強堅守至 7 日，日軍以戰車堵擊城門，集中海陸空火力轟擊，全城燃起烈火。姚遂率殘部與突入日軍進行巷戰，雙方逐屋爭奪，戰至 6 日上午 10 時城陷，全營 500 餘人全部英勇犧牲。今上海寶山仍有「姚子青營殉國紀念處」。

1938 年以 98 師（師長王甲本）爲基礎，併入 76 師（師長王凌雲）118 師（師長王嚴新）組成 79 軍，夏楚中爲軍長。1939 年初南昌會戰開始。該軍防守修水河一線。後防線被攻破，南昌失守。中央又令收復南昌城。70 軍、79 軍合攻南昌，因兵力不濟未果。

第 79 軍的第 98 師係中央軍國防師，南昌會戰之後調來湘北。79 軍在湘北時進行了調整，王凌雲 76 師調往第 2 軍，118 師調往 87 軍。重新編入兩支貴州部隊第 82 師與第 140 師。第 82 師原爲羅啓疆獨立 34 旅在淞滬抗戰時傷亡殆盡，殘部改編的預 13 師，屬黔軍中戰力中等的部隊，旋改稱第 82 師，在第一次長沙會戰時側擊日軍立下戰功，獲薛岳長官褒獎。李棠第 140 師爲原貴州實力派領袖王家烈的教導師，戰力向佳。薛岳於貴州整軍時以其粵軍舊屬出掌該師要職而將第 140 師中央化。

1939 年 9 月 79 軍參加第一次長沙會戰。日軍爲鞏固武漢佔領區，消滅中國第九戰區部隊主力，由第 11 集團軍司令官岡村寧次指揮 4 個師團、2 個支隊及海軍、航空兵各一部，共 10 萬餘人，以分進合擊戰法，從湘北、贛北、鄂南三個方向進攻長沙。中國第九戰區代司令長官薛岳指揮 15 個軍、1 個挺進軍共 20 餘萬人，利用山岳江河有利地形組織防禦，以逐次抗擊、側擊戰法消耗日軍，誘敵至長沙附近包圍殲滅。日軍動用 10 萬兵力，卻在第九戰區第 15 集團軍所轄 52 軍、37 軍、79 軍的抵抗下損失慘重。日軍承認「在部分戰場上，部分戰況之激烈超過了諾門坎」。在中國軍隊反擊下，日軍傷亡達 2 萬人，被迫撤退，中國軍隊傷亡 3 萬多人。79 軍與日軍激戰於汨羅江南岸，引敵與洞庭湖三角形地帶殲敵甚眾。

　　1939 年 12 月進行冬季攻勢之鄂南戰役，薛岳上將頒佈作戰計劃，第 15 集團軍以第 79 軍挺進兵團，使第 6 師團不能相互支持。其餘為警戒兵團，牽制敵軍之轉用，由佯攻獲得有利態勢之後各部即轉為真面目攻擊，相機掠取通城、大沙坪。第 52 軍為預備兵團，作為第 79 軍的後續。第 27 集團軍以第 8 軍與第 20 軍為挺進兵團，分別攻擊通山、咸寧、崇陽、蒲圻，進出長江。第 73 軍控制於修水為警戒兵團。兩個集團軍在達成攻掠要地的目標之後，應兩翼包挾，圍殲第 6 師團。雖然第九戰區在戰前作戰計劃中對破壞與游擊亦有指示，但是在戰區的具體規劃上，顯然以攻城作為主要戰略目標，而視敵後游擊為攻城之輔助戰鬥。12 月 23 日晨 8 時，第 23 聯隊先遣大隊在楊家鋪與第 294 團接戰，困守大沙坪的第 45 聯隊也大舉出擊，意圖兩面包抄。夏楚中軍長沉穩應戰，以先擊破進援之敵為目的，使用第 294 團與第 292 團主動逆襲，第 98 師補充團掩護逆襲部隊側翼，第 293 團面對大沙坪警戒，嚴防第 45 聯隊進犯。日軍第 23 聯隊在第 98 師及第 77 師堵擊下部隊無法一舉突入大沙坪，而第 45 聯隊因中國軍隊在丘陵間憑險據守而無從整然推進，兩個聯隊只能各以零散之中隊級突進兵力在山區四處亂鑽。24 日拂曉第 23 聯隊 1 個大隊乘晨霧彌漫之際鑽隙衝進大沙坪。夏楚中軍長見日軍合流已難阻遏，只好放棄突出據點，將第 98 師主力抽出，調到賽公橋整理。

　　1941 年夏第二次長沙會戰時 79 軍又進行了調整。第 140 師調回 32 軍，第 82 師師長由歐百川擔任，調入趙季平暫編第 6 師，仍轄三個師。薛岳以第 79 軍防守長沙市，由於日軍的主力部隊，一直分散在外圍，進行追逐與圍殲中國軍隊的作戰，因此沒有集結更足夠的優勢兵力，一舉攻下長沙省城。雖然日軍的第 4 師團，一度攻入長沙市區，同時日軍的第 3 師團更衝到株州，但是守衛長沙的中國第 79 軍猛烈反擊，日軍因為兵力不夠集中，無法完全地把長沙攻下。阿南此時還認為，先擴大日軍在長沙外圍的戰線，可以多捉到一些中國的援軍，而攻下長沙只是遲早的問題而已。當日軍正攻擊長沙城時，9 月 29 日子夜第 79 軍趙季平師從常德趕到嶽麓山，清晨 5 時許，即渡湘江進入長沙城，日軍狼狽逃竄。

　　1943 年夏楚中升任為第 10 集團軍副總司令，98 師師長王甲本繼任 79 軍軍長，向敏思為 98 師師長。調出 82 師，調入龔傳文 194 師，仍保持三個師。該軍裝備較好，每個步兵連裝備輕機槍六至九挺，迫擊炮三門，及衝鋒槍、步槍等。每營還設有重機槍連。當年 5、6 月，79 軍參加鄂西戰役。日軍第十

三師團主力及獨立混成第十七旅團，遭我重兵包圍。對此，中央社 6 月 3 日電稱：「宜都方面潰敗之敵，船隻多被我空軍炸沉，敵兵渡運遲緩，附近尚有4000 餘人搶渡不及，被我包圍，刻正在猛殲中」。這時，宜都西方有我第 79軍 98 師，第 87 軍 118 師；聶家河附近有第 79 軍暫編第 6 師；枝江附近有該軍第 194 師，正把日軍圍困於宜都城郊之狹小地區。日酋橫山勇哀歎：「該部隊處境危急」。6 月 4 日起，我 79 軍向宜都之敵發動正面攻擊。該軍以第 194師爲右翼攻擊部隊，展開於宜都以東江邊某高地亙白塔山以南至三里店南端之線；以第 98 師爲左翼隊，展開於三里店南端亙五里店以南至長陽河右岸之線，向敵攻擊前進。日軍困獸猶鬥，我軍與敵激戰半日，反覆衝殺 3 次，其中白塔山之爭奪戰尤爲激烈。我第 194 師 528 團第 3 營營長林玉豪在第三次反擊中不幸陣亡，全營傷亡慘重。已退過白洋之日軍吉武部隊又回頭，長野部隊、獨立混成第 17 旅團趕來增援，在蕭家岩、濫泥沖、獅子山之線展開，對我採取包圍態勢。宜都被困之敵也向我軍反撲，施行內外夾攻。同時出動 5架飛機向我陣地投彈轟炸。這時，79 軍軍部情況十分危急。有幸我後續部隊暫編第 6 師於 6 月 6 日趕到，立即向蕭家岩之敵攻擊前進。我在空軍支持下，戰鬥不到 3 小時，便突破了缺口。於是，我軍 3 個師即向敵包圍過來，戰至午夜，日軍獨立混成第 17 旅團被我擊潰，敵第 87 大隊大隊長淺沼吉太郎中佐、第 88 大隊大隊長小野寺實中佐接連被我擊斃，殘部向原路逃竄。由於援兵被我擊潰，日軍第 13 師團被迫向我軍正面突圍，一部分退過白洋，主力沿宜都江邊向枝江方面潰逃。7 日晚，我暫編第 6 師襲擊日軍第 13 師團戰鬥司令部，師團長赤鹿理寅連夜逃走，9 日竄回沙市老巢。接著，我各路大軍乘勝揮師東進。6 月 8 日至 13 日，連克宜都、枝江、洋溪、松滋、磨盤洲、申津渡等重要城鎮。14 日晚，克公安縣城。至此，鄂西會戰勝利結束，我軍完全恢復戰前態勢。

當年又參加常德會戰。11 月 3 日在松滋一帶進入陣地，與敵交鋒，阻擋敵人前進。當常德解圍後，敵軍回竄，79 軍在臨澧、五通橋、白鶴山一帶阻截敗軍，當場擊斃敵人千餘名。一直追擊到澧水。此戰 79 軍屢立戰功，損失較小，保存了實力。

1944 年夏參加衡陽解圍戰役，8 月中衡陽城陷落。79 軍在祁陽洪橋接防62 軍，隨即與日軍展開戰鬥。祁陽龍王廟狙擊戰以後，第 79 軍軍長王甲本率軍部指揮所和手槍排人員，從祁陽迂迴東安往廣西佈防。部隊行至東安山口

鋪大樹腳玉七亭時，與僞裝成中國軍隊的日軍遭遇。日軍先發制人，王甲本當即受傷。軍部人員倉促應戰，手搶排殊死抵抗。副官吳鎮科奮力衝殺，失去左臂。王甲本被包圍，衝殺中擊斃 3 名日軍，最後壯烈犧牲。除作戰參謀潘茂、李印兩人突圍外，其餘官兵全部爲國捐軀。參加戰鬥的 98 師和 94 師兩位師長，經研究決定突圍。一夜之間兩個師協同作戰突出重圍，到達冷水灘山丘安全地帶。

後方靖爲軍長。該軍內戰時龔傳文爲軍長，在荊門及宜沙戰役被殲。

第八十軍　中條山血雨腥風　黃河水戰士殉國

中央軍系統。孔令恂爲軍長，屬於第 8 戰區。原駐防陝西。轄韓錫侯 97 師、王治歧 165 師、何文鼎新編 26 師。後入列第一戰區駐防中條山，轄王治歧 165 師、王竣新編 27 師。何文鼎新編 26 師調到傅作義綏西兵團，韓錫侯 97 師調到第 1 軍。

中條山背臨黃河，橫亙於山西南部，東接莽莽太行山脈，西連巍巍稷山，長三百餘里，寬一百餘里，爲屏障豫、陝，保障西北的戰略要地。1938 年冀察戰區總司令衛立煌將軍率部進入山中，將該山分爲東西中三段，分別由所部三個集團軍把守。西段平陸一帶爲孫蔚如第四集團軍；中段聞喜、夏縣爲曾萬鍾第五集團軍駐守，轄第 80 軍；東段絳縣至橫嶺關爲劉茂恩第 14 集團軍。幾年間，日軍曾八攻中條，戰鬥十分激烈。1941 年 5 月 5 日，日軍決心要割掉這抗日根據地，以七個師團的兵力，分九路從東、西、北三面向中條山進攻，來勢異常兇猛。5 月 7 日，中條山中段聞喜、夏縣、泗交河、張店鎮等地的守軍已被日軍分割包圍，呈孤軍奮戰狀態。日軍第 36、第 37 師團和獨立第 16 旅團等部，向張店鎮以東猛攻，突破第 3 軍與第 80 軍的銜接處，該兩軍被迫轉移到泗交河至望原一線抵抗。5 月 9 日，第 80 軍第 27 師師長王竣將軍和參謀長陳文杞，率部已在張店鎮與強敵激戰了兩天。敵集中炮火向守軍陣地猛轟，數十架敵機輪番投彈轟炸，並施放毒氣。王師長、陳參謀長及以下官兵全部戰死。同日，第 27 師副師長梁希賢率領的部隊，在臺紫村與日軍苦戰，官兵陣亡殆盡。日軍蜂湧而來，梁希賢縱身投進洶湧咆哮的黃河。殘部退入陝西。

黃河段的新安境內南岸有個鹽東村，其對岸爲濟源的竹峪村。兩岸爲懸崖峭壁，深山峽谷。因地勢所至，黃河經此，在河床上沖成一個大旋窩。窩面約十畝，漲水時至二十畝大。每每由上游沖下來的水面漂浮的物品，在水

面上轉動，久久不能流出。自三門峽以下掉入黃河的物品，人們常常到此處等候打撈，故自古即稱爲「打撈窩」。1941 年 5 月上旬劉茂恩十四集團軍和第 5 集團軍一樣苦戰半月，彈盡糧絕，奉命向黃河南岸撤退。日軍跟蹤而至，劉部陷入重圍。是夜風勢大作，天昏地暗，劉部由濟源龍岩一帶，強渡黃河，突圍脫險，到達南岸孟津文公村。後命防守黃河南岸新安、孟津段。司令部駐新安古村。1941 年 5 月 25 日劉部巡邏隊，發現打撈窩漂滿中國軍人屍體，開始發現約四五百具，並時有由水口流走者。駐軍向劉茂恩報告後，當即組織軍民百餘人打撈屍體。因北岸日軍不斷向南岸射擊，打撈只能在夜間進行。共打撈七天，得屍千餘具。分四個坑就地埋葬。而流走及沉於河下者，占大半。這些犧牲的戰士是那一部分？如何殉國？據當時戰場情況分析，應爲第 80 軍孔令恂部。該軍 1940 年秋由陝西調中條山平陸一帶拒敵，接替 38 軍趙壽山部。1941 年 5 月敵進攻中條山，80 軍會同第 3 軍與敵激戰後，奉命退向黃河南岸。在山西平陸以東南溝（對面南岸爲白浪渡口屬河南澠池）、槐壩等渡口過黃河。與 80 軍同時撤退的還有受其指揮的河北民軍喬明禮部。在日軍追殺中，至死不降，跳入黃河，以身殉國者甚眾。中國軍隊渡河的白浪渡口，距下游新安打撈窩，約計河道七十公里長。屍體漂浮十餘日才流到打撈窩。一部分將士過河脫險，繼續抗敵。足見當時戰爭殘烈。此事距今已有六十餘年了，滄桑往事，僅以爲志。投入黃河殉國的將士們，雖死尤榮，名垂青史。蒼天可鑒，中國人民會永誌不忘。

戰後追究責任，孔令恂被撤職。王文彥爲軍長，轄原來的兩個師，隸屬 34 集團軍。1944 年王文彥陞遷，袁樸任軍長。內戰時在陝西被擊敗。

第八十一軍　寧夏軍隊出戰綏西

西北寧夏馬鴻賓爲軍長。抗戰期間曾擊敗日軍於綏西。轉戰內蒙伊克昭一帶，打擊日軍與僞蒙軍。1937 年「七·七事變」後，馬家軍參加了抗日戰爭。馬鴻逵、馬鴻賓兩部合編爲第 17 集團軍，馬鴻逵爲總司令，馬鴻賓爲副總司令兼第 81 軍軍長。第 81 軍下轄馬騰蛟第 35 師、馬獻文獨立第 35 旅及馬培清騎兵團。1938 年 5 月，馬鴻賓兼任綏西防守司令，率部在狼山、烏拉山一帶與敵軍激戰。1939 年至 1941 年，馬鴻賓部駐防在伊克昭盟北部達拉特旗、黃河南岸灘地及沙窩地帶、新民堡等地，與日寇進行大大小小無數戰鬥，給日寇及僞蒙軍沉重的打擊。1942 年，蔣介石任命傅作義爲綏西防守總司令，馬鴻賓被任爲副總司令，駐防在包頭之南。1943 年，馬鴻賓率部撤回寧夏休整。

　　抗日戰爭期間，馬鴻逵雖出任第八戰副司令長官兼第 17 集團軍總司令。然而，整個八年抗戰期間，馬鴻逵直接掌握的部隊並未進入對日寇作戰的戰場，他除了鞏固寧夏地盤，就是對付陝甘寧邊區的共產黨、八路軍。馬鴻逵將寧夏省政府和第 17 集團軍總司令合在一起辦公，其屬下每天早上依次向他問安、彙報請示，馬鴻逵則高坐在太師椅上，他的辦公桌旁不另設椅凳，召入者只能站著說話。馬鴻逵因事外出，軍政事務則由其次子馬敦靜代行。抗戰八年，國民黨將領或多或少都參與了戰鬥，但馬鴻逵卻掛著個戰區副司令長官兼集團軍總司令的空名，過了八年土皇帝的生活。

　　解放戰爭時，馬鴻賓之子馬敦靖為軍長，在寧夏起義，改編為解放軍。

第八十二軍　青海兵　抗日未上陣

　　西北青海馬步芳、馬繼援父子相繼長 82 軍。抗日戰爭期間，青海省遠離戰地，成為「世外桃源」。馬步芳對抗日採取消極、觀望的態度，卻集中精力鞏固和發展自己在青海的統治力量。抗戰初期，蔣介石令馬步芳派出一個騎兵師上前線，馬步芳不動用自己的隊伍，卻從馬步青騎 5 軍中，要了一個旅再加一團人馬，補充一些民團，組成一個八千人的騎兵師派往前線應付。馬步青、馬呈祥先後為軍長。駐青海，未與日軍對陣。

　　直到 1943 年 7 月，第 82 軍與騎 5 軍合編為第 40 集團軍，馬步芳、馬步青分任正副總司令。1944 年春，馬步芳把 82 軍長一職交給兒子馬繼援接任，乘機勸說馬步青把騎五軍軍長一職交給外甥馬呈祥。馬步青不知是計，表示同意。但馬步青交權後，逐漸受到馬步芳的冷落，成了個光杆副司令。最後，馬步青只好以養軍鴿為消遣，不久，帶了一營老弱殘兵去察漢烏蘇開墾。轉而到重慶向蔣介石投狀「控訴」馬步芳，但已無濟於事，只掛了個國民政府蒙藏委員會委員的空銜。這樣，馬步芳實際吞併了馬步青的騎 5 軍。1945 年，馬步芳派馬呈祥率騎 5 軍進入新疆，向新疆發展。解放戰爭時在當地被擊潰。

　　82 軍未介入抗日戰爭，卻積極參加內戰，在蘭州、西寧一帶被解放軍擊潰。

第八十三軍　參加南京保衛戰　失守廣州銷番號

　　粵軍系統。抗戰開始軍長鄧龍光率軍北上，轄巫劍雄 154 師、李江 156 師兩個師。當時上海中國軍隊在撤退中，該軍奉命參加南京保衛戰，在鎮江設防。12 月初，鎮江被日軍佔領，撤往南京，扼守湯山一帶。1937 年 12 月 1

日，日軍出動了兩個精銳師團從上海杭州灣登陸，沿途經嘉興、湖州、廣德、蕪湖一路包抄中國防禦部隊的大後方。僅 10 天這支日軍的一部就和與沿無錫、鎮江、句容一線圍追過來的日軍在南京東南部湯山鎮連接起來，從而達成了日軍大撒網、大包圍之企圖，形成了三面對南京圍攻收縮之態勢。8 日，156 師與 36 師預備二團在紫金山以東的青龍山、龍王山一線，掩護第一線守軍退守復廓陣地，與銜尾猛攻的日軍連日激戰，後因傷亡慘重退入太平門。12 日，指揮所部向日軍兵力薄弱處突擊，156 師參謀長姚中英率部身先士卒，輾轉衝殺，不幸中彈，壯烈殉國。

12 月 13 日凌晨，日軍攻陷南京城，在 12 月 12 日晚，守城的抗日部隊奉命突圍出城。突圍部隊中的第 66 與第 83 軍由太平門突圍，計劃經湯水、句容向寧國附近集中。一路上碰到了日軍設的地雷區和敵戰車群，不斷與日軍展開激烈戰血拼。當晚約 23 時，這路突圍部隊越京蕪鐵路南下，至仙鶴門附近，又遇到日軍重重阻擋，幾經肉搏，始將當面之敵擊退。第 66 軍當時約有 7000 人在這場戰爭中損失約 3000 人。中國守軍只有鄧龍光將軍所指揮的 83 軍一部趁日軍尚未合圍之際，幸運地從山道間大膽穿插突圍出去。是南京保衛戰損失最小的軍。

回粵後莫希德任 83 軍軍長，兼第 151 師師長，鄧龍光升任 35 集團軍總司令。1938 年 10 月上旬，日軍第 21 軍司令官古莊幹郎指揮第 5、18、104 師團及第 4 飛行團、第 5 艦隊，共 4 萬餘人，從臺灣海峽澎湖島馬公啓航，計劃在廣東惠陽大亞灣登陸後，以第 5 師團及川支隊由鹽灶經楊村、龍華、從化，迂迴至廣州以北；第 18 師團由淡水、惠陽，沿廣（州）惠（陽）公路，直趨廣州；第 104 師團經稔山、平山、惠陽、博羅，直逼廣州。中國第 4 戰區副司令兼第 12 集團軍總司令余漢謀指揮第 62、63、65、83 軍和獨立第 9、20 旅及稅警總團，約 6 萬人，以第 83 軍第 151 師守備惠陽、淡水，第 83 軍第 186 師防守增城，第 63 軍第 153 師駐守虎門、寶安，第 154 師守備從化，第 65 軍第 157 師防守汕頭、海豐、陸豐，第 158 師進駐新塘、石龍，獨立第 20 旅守備三水、佛山，獨立第九旅防守中山、順德，稅警總團駐守廣州市郊，第 62 軍第 152 師守備海南島，企圖利用既設工事，阻擊入侵日軍。21 日 6 時，增城的日軍分兩路進擊：一路向從化進擊；一路沿廣（州）增（城）公路，直逼廣州。8 時，第 18 師團第 55 聯隊在蘿崗地區與獨立第 9 旅接觸，戰至 11 時，獨立第 9 旅不支，退至太和。第 18 師團獨立輕裝甲車第 11、51 中隊衝進

廣州市。第 55 聯隊於龍眼洞地區擊潰中國守軍，23 時進入沙河，廣州遂告失陷。此役，日軍傷亡 1923 名。中國軍隊亡 2954 名，傷 5645 名，失蹤 2643 名。11 月 15 日，蔣介石以余漢謀作戰指揮失當，予以革職留任處分。83 軍失守廣州有責，將莫希德革職查辦，送往重慶監禁。軍隊整編 83 軍兩個師分別併入 62 軍、64 軍，番號撤消。對第 186 師師長李振、第 154 師師長梁世驥各記過一次。

1940 年晉軍使用該番號，杜春沂為軍長。1942 年孫福麟接任軍長，杜春沂免職。日本投降後，該軍撤消編散。

第八十四軍　幾場大仗減員慘重　鍾毅師長不幸殉國

桂軍系統。抗戰暴發後，桂系抽調民團擴編了五個軍 14 個師。84 軍是 1938 春由廣西南寧、橫縣、貴縣的民團編成了 188 師 189 師兩個師。軍長由夏威臨時代理，188 師師長劉任，189 師師長淩亞西。抗戰開始，三個軍（7 軍、31 軍、48 軍）九個師（131、135、138、170、171、172、173、174、175 師）由李宗仁率領先後參加淞滬抗戰和徐州會戰。該軍與 46 軍留駐廣西。7 月奉命由橫縣取道粵漢鐵路經武昌轉到大冶，防堵日軍，保衛武漢外圍。後集中廣濟，正式宣佈 84 軍成立。1938 年 7 月參加黃（梅）廣（濟）戰役。覃連芳為軍長，徐文明為副軍長。中國守軍覃連芳部、劉汝明部、王纘緒部聯合死守廣濟。84 軍守衛廣濟龍頭寨、大小坡、溫煙寨一帶與日軍大本聯隊血戰三十四天。日軍前進不得，便施放毒氣數十次。廣濟為一盆地，易中毒氣，守軍遂移到廣濟以西之界嶺南北之線阻擊敵人。日軍占廣濟後，又並力攻打田家鎮要塞。

後李宗仁任第五戰區司令長官，該軍調到五戰區。1940 年莫樹杰接替覃連芳為軍長，下轄張光瑋 174 師、淩亞西 189 師、鍾毅 173 師。在隨棗會戰時，戰鬥激烈，174、189 兩個師向豫南退卻，173 師負責掩護，鍾毅師長不幸殉國。與此同時，日軍第 3 師團主力自應山向守軍隨縣地區之左集團軍第 11 集團軍第 84 軍及第 13 軍發起攻擊。中國守軍第 84 軍與日軍血戰後退守塔兒灣陣地。5 月 2 日，日軍第 3 師團向高城第 31 集團軍第 13 軍陣地攻擊。雙方在塔兒灣、高城一帶激戰，塔兒灣陣地失而復得六七次。至 4 日，日軍施放毒氣，守軍傷亡慘重，塔兒灣陣地失守。中國軍隊被迫放棄高城向西轉移，高城為日軍佔領。5 日，日軍在飛機、坦克及炮兵火力支持下，向守軍猛攻。中國軍隊在高城河兩岸及歷山至江家河一線與日軍展開血戰，至 6 日，被迫

退守天河口、高城一線。7 日，隨縣失陷。8 日，日軍突破第 84 軍第二線陣地，攻陷棗陽。續向第 85 軍江頭店陣地猛攻，為防止陷入日軍合圍，守軍奮勇抗擊後，撤離江頭店陣地。第 84 軍向唐河、白河地區轉移；第 39 軍留大洪山游擊。10 日，第 31 集團軍主力向唐河轉進，於 15 日到達泌陽以北地區。在信陽方面，日軍於 5 月 8 日向桐柏進攻；棗陽之日軍於 10 日進抵張店鎮、上屯鎮附近。戰後莫樹杰調回廣西練新軍，覃連芳為軍長。

84 軍軍部原駐商城。所轄 176 師（師長牛秉鑫）駐潢川；189 師（師長張文鴻）駐經扶；第四縱隊（司令張湘澤）駐光山。1942 年 12 月初，日軍揚言要「打通平漢線」。第五戰區調 84 軍開往汝南以加強平漢路的防禦，立煌縣西面防區頓時空虛，日軍曾短期佔據立煌縣城，後被 7 軍、48 軍趕出。

幾場大仗，84 軍傷亡減員慘重，又很難從廣西招募補充新兵，1942 年已經殘缺不整的 84 軍調入大別山編入 48 軍。

第八十五軍　湯系主力　臺兒莊會戰有功

為中央軍湯恩伯系統主力軍，由第 13 軍析出。王仲廉任軍長，轄陳大慶第 4 師、張雪中 89 師。1938 年初五戰區司令長官李宗仁醞釀著徐州會戰，考慮到 22 集團軍在滕縣所面臨的守備任務艱巨、兵力不足的局面，早在 3 月 14 日日軍開始進攻時，李宗仁曾致電蔣介石，請派軍事委員會直接控制於豫東的湯恩伯第 20 軍團第 85 軍第 4 師增援津浦路。經同意後令 85 軍由商丘乘車經徐州向臨城輸送。雖應允令第 4 師出發，但援兵遲遲未到。15 日集中未畢之湯部 85 軍先遣隊與日軍遭遇於官橋附近（滕縣南）。這樣，湯軍主力便不及展開於臨城之線迎擊敵人，就令 85 軍盡力保持嶧縣、棗莊地區，遲滯敵之前進。湯軍團主力即先以 52 軍和配屬之 31 師（池峰城部）、獨立 44 旅及張軫之 110 師等部，在臺兒莊附近運河之線佔領陣地。湯恩伯本人率 13 軍（欠110 師）由臺兒莊附近渡河，向臺兒莊東北山地聯繫其 85 軍，向西側擊南下敵之左側背。這時，85 軍已開放正面，向嶧縣、棗莊以東山地轉移。敵首先於 3 月 19 日佔領運河北岸之韓莊，棗莊南下之敵於 20 日佔領嶧縣，其搜索部隊已進至臺兒莊北側地區。

至 31 日，中國軍隊將進入臺兒莊之敵完全包圍。4 月 3 日，中國軍隊向日本侵略軍發起攻擊。日軍拚力爭奪，佔領了市街大部。孫連仲第 2 集團軍第 30 軍、42 軍一次又一次反擊，展開街壘戰，奪回被日軍佔領的市街，雙方陷於苦戰。6 日晚，13 軍、85 軍等在外圍的中國軍隊亦全線攻擊，圍殲被圍

之瀬谷支隊。戰至 7 日凌晨，除一部日軍突圍至嶧縣附近固守待援外，被圍之敵大部被殲。臺兒莊戰役在歷時半個月的激戰中，中國軍隊付出了巨大犧牲，參戰部隊 4.6 萬人，傷亡失蹤 7500 人。在中國軍隊的英勇抗擊下，共殲日軍 1 萬餘人。此次戰役是繼平型關大捷之後全國抗戰的又一重大勝利，沉重地打擊了日本侵略者的兇焰，鼓舞了全國軍民堅持抗戰的鬥志。

1943 年 5 月，吳紹周在河南密縣升任 85 軍軍長。該軍轄 110 師、23 師、新 1 師三個師。八月，吳率全軍開赴鄭州，固守黃河。在守衛黃河數月中，日寇不敢渡河南犯越雷池半步。吳部亦就地整訓。後奉命開赴葉縣，受孫科、白崇禧檢閱後，調河南南召、潢川一帶駐紮。

1944 年 2 月間，吳紹周軍參加中原大會戰，在鄭州與日寇激戰七晝夜，幾潰不成軍。4 月失守鄭州。在滎陽、登封、臨汝、嵩縣、洛陽一帶，同日寇進行爭奪戰，洛陽解圍戰鬥中，給敵以重創。9 月，吳軍開赴河南嵩縣休整，後在豫西一帶與日軍對恃。

1945 年日寇調集其朝鮮、外蒙、華北軍隊和機械化兵團十萬餘眾，企圖掃蕩豫西，佔領潼關，威脅西安。日寇兵分兩路：一路由洛陽經靈寶，直取潼關；一路經內鄉，企圖佔領陝西商縣，威脅西安。向西峽口方向進攻的日軍，是此次作戰中日軍最強的一路——坦克第 3 師團主力和第 110 師團主力。日軍以坦克開道，步兵炮兵蜂湧跟進，沿著南陽至西安的豫陝公路，在叢山峻嶺之中的狹窄公路上拼命突進。3 月 28 日，坦克第 3 師團的先頭部隊抵達西峽口鎮南約一公里處。守衛西峽口的是吳紹周第 85 軍之 23 師和暫 55 師。日軍坦克部隊和第 110 師團之 139 聯隊，猛攻一天一夜。佔領了西峽口鎮區，接著，馬不停蹄地沿著狹窄的豫陝公路繼續西進。4 月 5 日，先頭部隊到達重陽店，並向守軍發動進攻。

此時，以王仲廉第 31 集圖軍為骨幹的中國軍隊，正按計劃向西峽口至重陽店之間的公路兩側山地運動，計有吳紹周第 85 軍，賴汝雄第 78 軍，謝輔三第 27 軍一部，武庭麟第 15 軍，第 90 軍王應尊之第 28 師等部。4 月 4 日，第 85 軍廖運周第 110 師奉命趕到西峽口至重陽店之間的丁河店，在公路北側佔領陣地。同日，河南省保安第 2 團亦奉命抵達丁河店公路南側。翌日凌晨四點鐘，公路南北兩側的中國軍隊同時發動反攻。頓時，山谷中炮聲隆隆，喊殺聲震天，丁河店在猛烈炮火中頓時火光衝天。廖運周師同保安 2 團經一天半激戰，奪取丁河店。接著又將丁河店東約八里的奎文關之敵數百名，盡

行殲滅，擊毀敵坦克數輛，攻佔了奎文關，還將西峽口至重陽店之敵，攔腰斬斷。重陽店之敵頓成甕中之鱉。

中國軍隊第 23 師、第 176 師和裴昌會部共三個師，向重陽店的敵第 110 師團之 139 聯隊和坦克師團一部進行反攻，將其全殲。王仲廉統一指揮各部隊，從山地躍進，以約十數個師的優勢兵力，對西峽口之敵形成包圍態勢。並令廖運周第 110 師和王應尊第 28 師兩精銳部隊，向西峽口鎮發起反攻。日軍一再增加兵力，死守西峽口重地，雙方成膠著狀態。兩軍咫尺相對，寸步不讓，連日爭奪攻戰。中、美空軍也頻繁出動飛機，對日軍進行轟炸掃射。真是狹路相逢，誓死不讓。直至 8 月中旬，日軍從房頂上撤起白布片為止，峽谷之中激烈的槍炮聲才停息下來，取得西峽口大捷。吳紹周再次榮獲國民黨中央軍委會三等雲麾勳章。升任第 9 集團軍副司令。

這年 8 月日本宣佈無條件投降。吳部由西峽口開赴河南新鄉市，解除日寇武裝。吳在抗日戰爭時期，屢建奇勳，10 月，受國民黨中央軍委會指令陪同胡宗南、王仲廉等在河南鄭州參加日本投降典禮。抗日戰爭結束後，85 軍在河南新鄉市整訓。

1948 年 3 月，吳紹周升任第 2 兵團副司令，7 月該兵團撤銷，吳紹周調任 12 兵團中將副司令兼 85 軍軍長。10 月從河南確山向東開進，參加淮海戰役。11 月，12 兵團在雙堆集被中國人民解放軍包圍，12 月 15 日被殲，吳紹周與兵團司令黃維被俘，送華北軍區教導隊學習改造。

1952 年 10 月，吳紹周由華北軍區資遣湖南長沙定居，與妻在家織布、打紗。1956 年參加長沙市織布社生產勞動，成為一名自食其力的勞動者。後聘為湖南省文史館館員。1962 年經中共湖南省委統戰部提名，任其為湖南省人民委員會參事。1966 年 5 月 10 日，中風病故長沙，享年 64 歲。

第八十六軍　新建之軍　在浙江湖北一帶作戰

原係黔軍何知重主軍。1938 年曾參加武漢會戰，轄何紹周 103 師、车庭芳 121 師。9 月 16 日，日軍第六師團及第三師團一部 1.5 萬人，在其江面艦艇的配合下，向田家鎮發起了猛攻。守衛在田家鎮的中國守軍第 2、第 86 軍奮起反擊。戰鬥立時遍佈田家鎮四野，其中尤以北部正面陣地的戰鬥最為激烈。最終促成田家鎮大捷。

1940 年番號撤消。103 師歸屬鄭洞國第 8 軍，121 師歸屬郭忏 94 軍。原屬 18 軍的莫與碩國防師 67 師被顧祝同留在第三戰區組建新的 86 軍。1940 年

莫與碩升任軍長，轄曹振鐸 16 師、陳頤鼎 67 師。1942 年日軍大舉進犯浙贛線，第 86 軍莫與碩指揮的第 16 師、第 67 師，駐衢州、龍遊地域，加強既設陣地工事，進行作戰準備。日軍旨在破壞各國際機場，作有限的進攻。爲了避免我主力部隊作不必要的損耗，遂命令第三戰區避免與敵在衢州附近決戰。第三戰區接到命令後，即變更部署，於 6 月 3 日令第 86 軍仍繼續守備衢州，吸引敵人；戰區主力則撤離鐵路正面至南側山地，一部撤至北側山地，準備在敵沿鐵路突進時，出其不意，分斷截擊。第 86 軍爲獲得戰區重新部署的時間，力保衢州，與敵展開激烈的攻防戰。段霖茂 79 師、趙錫田 63 師亦協同作戰，從正面誘敵深入。經五晝夜的激戰損失慘重而失守衢州，軍長莫與碩以收容散兵爲由棄城而走，擅離衢州戰場，會戰虎頭蛇尾結束。莫與碩被判刑五年（後又貪污判死刑）。16 師師長曹振鐸被撤職。本來是戰鬥力較強的國防師，在第三戰區被拉扯的散漫不堪一擊。

86 軍軍長由原 13 師師長朱鼎卿繼任，轄 67 師，師長爲羅賢達，13 師師長曹金輪。改隸六戰區，駐軍鄂西加入江防軍。

1943 年夏初，宜昌之敵進攻石牌要塞，13 師與 66 軍 18 師阻敵於落步牆。與各軍聯合作戰，使日軍損失慘重。日軍第 13 師團及野溝支隊共 1 萬多人，亦於 5 月 12 日晚起從江北董市之堆塢灘向枝江東南之石排、跑馬道子渡江，向我軍陣地發起攻擊。我 94 軍第 121 師和第 86 軍之 67 師奮力阻截渡江之敵於宜都茶園寺附近，因敵來勢兇猛，未能成功。日軍第 13 師團幾路合圍公安。21 日晨，進至茶園寺之日軍第三師團陷宜都南之王家畈後，以 3000 人轉兵北向，與進至枝江之日軍分兩路向我 86 軍第 67 師之黃家鋪、響水洞、麒麟山陣地進行夾擊。我軍與敵激戰 3 小時後，師主力轉向長陽磨市，一部向峰山附近轉進。5 月 22 日，日軍銜尾急追至寶山坪之磨市陣地。我 67 師奮力阻擊，激戰至下午 7 時，磨市被敵突破。同時轉進至峰山之 67 師 201 團，復與敵步騎千餘遭遇，我官兵與敵展開肉搏戰，團長以下官兵傷亡甚重。該師大部不得不轉移到長陽南之馬鞍山、劉家棚、沙子嶺之線。5 月 23 日晨，竄至磨市西北劉家棚之日軍繼向花橋、羅家坪、沙帽山陣地進犯，被我 67 師阻止，但我軍已傷亡過半，遂轉至歇馬臺、羅家灣、龍門之線。之後，第 67 師與敵幾經交戰，逐次向西轉移，於都鎮灣北渡清江。

5 月 23 日子夜，日軍北渡清江向長陽猛攻，我第 86 軍右翼被敵突破。24 日中午敵攻佔長陽，我軍轉守長陽西北之清江北岸的鳳凰山之線。日軍第三

師團主力於 24 日過午在長陽附近開始渡過清江,將我軍壓迫到北方。敵 39 師團於 5 月 21 日夜晚開始,陸續向江南我江防軍正面強渡,分向第 86 軍 13 師茶店子、紅花套陣地及沙套子海軍要塞炮臺發起攻擊。我 13 師及要塞官兵奮起抵抗,與渡江之敵激戰競日。由於宜都的江防已被日軍突破,威脅著 13 師右翼與後方,該師遂向後轉移,固守浪子口、西流溪之線。5 月 24 日,日軍吉武部隊跟蹤追擊,我 13 師官兵利用險要頑強抵抗,敵前進受阻。這時 39 師團第 232 聯隊從長陽方面折返,向偏岩方面推進。該部隊竄抵西流溪以南地區後,會同吉武部隊夾擊我 13 師。官兵勇敢抵擋敵之吉武、濱田兩支部隊,與之激戰。該師以連日苦戰,傷亡甚重,5 月 25 日乃向偏岩方面潰退。日軍濱田部隊緊追不捨。

陳誠作出新的作戰部署,即以石牌爲軸,先確保主決戰,並指令第 10 集團軍和江防軍決戰線確定爲漁洋關、津洋口、石牌要塞之線。江防軍以第 18 軍固守石牌要塞爲主,86 軍守備宜都聶家河、安春壋、紅花池、長嶺崗一線作持久戰,以確保石牌主決戰線。至此,戰場逐漸西移。日軍進入鄂西山嶽地帶作戰,困難重重;我軍憑險據守,這裡便成了埋葬敵人之大墳墓。

1943 年 11 月又參加常德會戰。5 日孫連仲長官電令調整戰區部署,開始調動江防軍南下應援。江防軍中第 86 軍第 13 師,第 18 軍奉命向第 10 集團軍防區推進,第 26 集團軍與第 33 集團軍則準備機動策應此方向攻勢。顯然第六戰區已經確認日軍沒有轉向攻擊江防軍陣地之企圖。國軍戰史稱此時國軍「已獲悉敵之企圖在壓迫我軍西移而攻掠常德」。第 86 軍軍長朱鼎卿,轄第 13 師靳力三、第 67 師羅賢達、暫 32 師阮齊。主要在外圍作戰。

1945 年撤消番號,13 師併入 66 軍。內戰時在東北由新 5 軍改番號爲 86 軍駐軍天津,由劉雲瀚軍長從蘆臺帶來,轄第 26 師、293 師。解放天津時 86 軍被殲滅。天津戰役俘獲國民黨高級將領有:天津警備司令部中將司令官陳長捷、副司令邱宗鼎、第 62 軍中將軍長林偉儔、天津市長杜建時等。也有第 86 軍中將軍長劉雲瀚。

第八十七軍　湘省保安改軍　參加鄂西會戰

該軍抗戰之初由湖南保安隊改編而成,劉膺古任軍長,只轄王育瑛 198 師一個師。1938 年 6 月參加武漢會戰歸第 2 集團軍孫連仲指揮。1939 年 3 月劉膺古升任 19 集團軍副總司令,周祥初爲軍長。1939 年率部參加了第一次長沙會戰,第 18 軍第 11 師亦暫歸周祥初第 87 軍戰鬥序列。1940 年秋,陳誠將

駐常德、澧縣的周祥初第 87 軍推進到澧縣和公安之間，而由軍事委員會直屬的第 10 軍李玉堂部向東推進到常德、桃園、臨澧一帶。1941 年 12 月高卓東接任 87 軍軍長，又轄 40 師。屬商震 20 集團軍，在湘鄂地帶抗戰。

　　1943 年 4 月的鄂西會戰，是中國八年抗日戰爭中發生在湖北境內的四大會戰之一，也是抗戰期間全國 40 多個著名戰役之一。此次會戰從 5 月 4 日開始，6 月 14 日結束，歷時一個多月。戰線東起湘北濱湖之華容，西止長江西陵峽口之石牌，綿亙千里。我三軍將士同仇敵愾，浴血奮戰，使不可一世的侵華日軍遭到空前慘敗。5 月 4 日晚 8 時，第 3 師團步兵第六聯隊開始向我第 10 集團軍第 87 軍之新編 23 師張家祠、高河場一線陣地發起進攻，鄂西會戰的序幕就此拉開。6 日晚 9 時，我第 73 軍長河以東部隊趁夜向明山頭、南縣各要點集結，以協同第 77 師反攻正面之敵。控制在荷花市以北地區之第 44 軍 161 師沿安鄉河西岸向潭子頭之敵側背攻擊。7 日，向安鄉進犯之日軍第三師團主力推進到桃水港，遭到我第 87 軍盛逢堯 23 師、金德揚第 43 師、王嚴新第 118 師的猛烈側擊，一部被 23 師阻止於胡家廠、周家場一線。7 日晨，日軍向安鄉方面突進，在大慶港附近遭到我軍阻擊，第 9 中隊長本忍被我軍擊斃。潭子頭之敵亦向安鄉猛撲，與我第 43 師工兵營激戰於城郊。到達安鄉附近的第 161 師鑒於情況惡轉，向羌口轉進。7 日晚，日軍第 3 師團及獨立混成第 17 旅團攻佔安鄉。

　　日軍陷我安鄉、南縣後，留下部分兵力駐守，並作出向澧縣、常德方面進攻的態勢。其主力悄然向公安繼而松滋方面轉移，企圖殲滅我第 10 集團之87 軍和第 94 軍。到了 15 日，第 87 軍由於四面受敵，陷於孤立，乃放棄公安，逐次向西面轉移。日軍陷我公安、松滋後，意在西取五峰漁洋關，然後北進，配合第三師團等敵從側後背攻擊我江防軍，奪取石牌。漁洋關戰事重開是在 6 天之後。隨著會戰的進展，我王敬久第 10 集團軍全部向漁洋關、天柱山方面側擊日軍，87 軍 23 師奉命攻克漁洋關雙方軍隊在此彈丸之地激戰競日，我軍斃傷日軍 200 多人。皆冢大隊長率一股日軍僥倖衝出包圍圈，奪路北竄。此次皆冢命不該絕，7 天後，這股敵人連同皆冢一起被我追擊部隊殲滅於長陽磨市。8 日晚，我軍收復漁洋關，截斷了日軍第 13 師團的後方。

　　接著，我各路大軍乘勝揮師東進。6 月 8 日至 13 日，連克宜都、枝江、洋溪、松滋、磨盤洲、申津渡等重要城鎮。14 日晚，克公安縣城。至此，鄂西會戰勝利結束，我軍完全恢復戰前態勢。歷時一個多月鄂西會戰，戰果輝

煌，斃傷日軍官兵達 25700 餘人，其中斃敵校級指揮官 5 名，即獨立步兵第 90 大隊大隊長舛尾芳治中佐，獨立步兵第 87 大隊長淺沼吉太郎中佐，獨立步兵第 88 大隊長小野寺實中佐，步兵第 104 聯隊第二大隊長皆冢中佐，步兵第 217 聯隊第一大隊長廣瀨義福少佐，為侵華日軍在鄂西地區作戰以來被我擊斃的指揮官最多的一次。同時，斃傷日軍軍馬 2000 餘匹，擊毀日機 15 架，船舶 122 隻，並俘獲人馬、繳獲械彈無數。尤其是曾經在中國戰場東奔西突、往來征戰的日軍甲種精銳師團——第 13 師團，原定調往太平洋戰場對付美軍，經過鄂西會戰元氣大傷，不再具備機動作戰能力。此後，日本大本營取消前令。這支參加南京大屠殺、沾滿中國人民鮮血的部隊，於 1945 年秋在廣西向中國受降部隊投降。

1943 年 8 月，羅廣文就任 87 軍軍長，原暫編 34 師由武泉遠的 55 師取代。1944 年冬桂林失守後，11 月底日軍逼近貴州邊境，形勢異常緊迫。蔣介石急令六戰區第 87、第 94 兩軍，從鄂西火速趕在貴州黃平、鎮遠，換成美式裝備，由湯恩伯指揮，向西進之敵側擊。又令一戰區第 98、第 9、第 57、第 29、第 13 五個軍，火速趕往貴陽、馬場坪、都勻、獨山等地，由湯恩伯指揮，阻敵進攻。蔣介石派參謀總長何應欽趕往貴陽，統一指揮作戰。羅廣文後任 15 兵團總司令，解放戰爭後期，隨鄧錫侯在川東起義。羅廣文四川省忠縣泰來鄉羅家嶺人，在當地是望族。陳誠系的重要將領之一。

解放戰爭中，第 87 軍由青年軍 208 師改稱，段雲為 87 軍軍長。參加平津戰役。1948 年 12 月 12 日，入關解放軍逼近唐山，第 87 軍放棄唐山，退到塘沽地區。解放軍第 2、第 6、第 7、第 8、第 9 縱隊及炮兵縱隊，於當日佔領唐山，繼追蹤第 87 軍沿北寧路附近地區南進。13 日其先頭部隊進抵八畝坨、漢沽附近，與第 87 軍後衛發生激戰。14 日第 87 軍等撤入塘沽地區。16 日發動總攻，雙方傷亡慘重。因天津解放，北平正在和談，當日在海軍第 1 艦隊支持及掩護下，87 軍由海上撤退至上海。

第八十八軍　哈兒師長的原型　平民百姓式軍隊

七七事變後，許多舊川軍將領都激發起強烈的愛國熱情和軍人的榮譽感。外號「范哈兒」的范紹增（電視劇《哈兒師長》的原型人物），原是「袍哥」出身，被「招安」後在劉湘手下當過師長。抗戰後被蔣介石委任為第 88 軍軍長。范紹增在四川招兵編成一個整師，於 1939 年 3 月從四川合川縣出發，加入第三戰區序列，到達江西弋陽佈防。1940 年 8 月，范紹增部在太湖沿線

與日軍發生激戰。范紹增來到前線，與穿草鞋、背斗笠的川軍官兵共勉說：「弟兄們，明天就要打仗了，本人叫伙房殺了幾口肥豬，犒勞大家。不過，老子先把醜話講在前頭，到時候哪個畏縮不前，在小日本面前丟人現眼，莫怪老子翻臉不認人！」第二天，范紹增親自督戰，出動 1.2 萬川軍，擊潰清鄉掃蕩的日軍一個聯隊，斃傷日軍數百人。1941 年 1 月中旬，日軍發動冬季掃蕩，猛攻太湖。88 軍前鋒不支，放棄陣地後退，被范紹增與副軍長羅君彤阻住去路。范紹增高吼：「王銘章師長固守滕縣以身殉國，何其壯烈！我們如果丟城失地，有何面目回四川見父老鄉親？」范紹增親率部隊，連續三天兩夜與日軍激戰，多次拼刺刀肉搏，終於在春節前夕將日軍全線擊潰，恢復原有陣地，還俘獲日軍迫降的一架飛機，這在當時是一個了不起的大勝利！這年秋天，華東許多中央軍失利，未完成「雙十反攻計劃」，唯獨范紹增部收復了餘杭縣城，獲軍政部明令嘉獎。當地民眾敲鑼打鼓，抬著雞鴨魚肉在一百多里長的防線上慰問 88 軍部隊，還召開各界人士勞軍大會，請范軍長到會講話。范紹增昂頭挺胸、大聲武氣地說：「這次打敗日本鬼子，為中國人出了一口氣，我們要是沒有鄉親們幫忙給部隊帶路、送飯、送水、送子彈，是打不贏的。請大家看到，下次 88 軍還要把伙打得更好，保護好老百姓。如果說過的話沒有做到，你們朝我范紹增臉上吐口水，我范紹增揩都不揩！」他的講話引來雷鳴般的掌聲。

范紹增多次對軍官們說，部隊要打好仗，就要得到老百姓擁護，還必須紀律嚴明。他經常突然在開飯時間跑到連隊，和士兵蹲在一起吃飯。若發現菜飯不好，就當眾把連長、司務長喊來大罵：「你們這些狗日的，士兵伙食不弄好，他們有啥子力氣打好仗？打不好仗，咋個對得起老百姓？今後再叫我抓倒，老子槍斃你們！」88 軍因功不可沒，不久升為甲種軍。全軍正高興之際，范紹增卻因不是蔣介石嫡系，奉命升為第 10 集團軍副總司令，明升暗降，失卻兵權。他在失望中離開部隊，稱病回四川，到重慶「范莊」做寓公去了。

後軍隊中央化由何紹周、劉嘉樹先後接任。於蘇、皖、浙一帶與日軍作戰。在宜興曾擊敗日軍。1941 年 12 月，太平洋戰爭爆發。此時，在第三次長沙會戰結束後，日軍南下政策得勢。針對日軍的軍事行動，軍事委員會從抗戰全局著眼，調第 25 集團軍總司令李覺指揮的第 88 軍何紹周部三個師，擔任錢塘江南岸諸暨、蕭山、紹興等地域的警備，防制杭州方面的日軍；暫編第 9 軍馮聖法指揮所屬三個師，控制浙東武義、永康、麗水一帶地區，針對

向浙東、浙南蠢動的日軍，作好戰鬥準備。浙贛戰役時守金華、蘭溪。後駐軍麗水。第 88 軍先配合第 79 師切斷蘭溪江，不斷襲擊竄犯之敵。

1942 年 5 月浙贛會戰軍事行動即將開始。5 月上旬已獲知敵軍兵力部署概況，敵軍總兵力約十萬餘人，編爲第 13 軍，直轄五個師團、三個混成旅團，由敵酋澤田茂指揮，並在 5 月 14 日以前分別完成一切作戰準備。第 10 集團軍王敬久盡力守住金華，並派出有力部隊第 74 軍、暫編第 9 軍、第 100 軍，共同支持第 88 軍，努力阻擊敵人，消耗敵人有生力量。在第 10 集團軍指揮下，第 88 軍協同第 49 軍駐衢州，與金華、蘭溪之敵相對峙。

抗戰勝利後，番號撤消。內戰又重組軍歸七綏署，馬師恭爲軍長，防守銅陵一帶。

第八十九軍　蘇北游擊抗日　黃橋內戰喪軍

第 89 軍係在淞滬戰後由蘇北地方保安隊組編的，使用在淞滬戰中被擊潰的西北軍馬興賢 33 師和東北軍金奎璧 107 師兩個師的番號。軍長韓德勤，自兼 33 師師長，李守維爲 107 師師長。在敵後進行游擊戰，爲蘇北抗日游擊戰的主力。1938 春進行徐州會戰，對自南來進攻淮河方面之敵，由李品仙、廖磊等集團軍及于學忠 51 軍等分別從正面拒止，並從側後牽制之。蘇北則由韓德勤所部拒止敵之攻擊，防止日軍由連雲港登陸。徐州會戰之後韓德勤、于學忠奉命留在蘇北敵後游擊。津浦鐵路以東，皖、蘇兩省交界的地區，南到長江邊，北到洪澤湖，東到高郵湖，西到津浦鐵路，其間包括安徽的來安、嘉山、天長、盱眙四個縣，江蘇的揚州、六合、儀徵三州縣。屬蘇魯戰區副司令兼江蘇省主席韓德勤的勢力範圍之內，區域內情況十分複雜。韓德勤非蔣介石嫡系，根子軟。所控制的各縣保安團，矛盾重重。還有名目繁多的『游擊軍』、『救國軍』、『三番子』、『小刀會』。中心根據地在興化。

1940 年秋，新四軍在陳毅、粟裕的統率下，爲開闢蘇北抗日根據地，東進江蘇泰興縣黃橋鎮。黃橋鎮地位十分重要，爲蘇北東部靖江、如皋、海安、泰縣、泰興等縣的中心。新四軍建立以黃橋爲中心的抗日根據地，便於向南通、如皋、海門、啓樂發展。只有控制了上述地區，才可以與我江南部隊相呼應，控制長江通道，威脅日寇和頑軍與江南守敵的聯繫。國民黨江蘇省主席韓德勤調李守維率國民黨 89 軍重兵圍攻，遂發生了有名的黃橋之戰。

10 月 3 日，韓德勤集中全部兵力 26 個團約 3 萬人分三路向黃橋進攻，當時新四軍只有 7000 餘人，力量相差懸殊。陳毅冷靜應戰，以黃橋爲軸心，誘

敵來攻，各個擊破，黃橋決戰共殲頑敵韓軍 12 個團 1.1 萬人。激戰三小時，中將旅長翁達望著部下橫屍遍野，掏出手槍自殺。翁達旅在韓德勤蘇北 16 方兵力中，是戰鬥力最強的部隊之一。全旅 3000 多人，一色的「中正式」七九式步槍，每個步兵連有嶄新的捷克式機槍 9 挺，軍官大都是「軍校生」。

此役並俘其第 33 師師長孫啓人、99 旅旅長苗瑞林。黃橋決戰將結束時，89 軍陣地被突破，第 89 軍中將軍長李守維帶領殘兵按預定的退路向北逃跑。到八尺溝河邊一看，卻見河面有好幾丈寬，軍士不由亂作一團。新四軍又追殺甚急，李守維只得硬著頭皮打馬下河。士兵們有的抓住馬韁，有的抓住馬尾，再加上李軍長體肥身重，馬根本無法挪步。忽然一顆流彈擊中馬身，馬猛地一仰身，李守維被掀到河裏，雖抓住馬尾，但終因身體太胖，且不識水性，喪了性命，淹沒於八尺溝河中，89 軍全軍覆沒。親臨前線督戰的韓德勤見大勢已去，率殘部千餘人逃竄。一個月後，新四軍與劉少奇及八路軍南下部隊在海安勝利會師。1943 年 3 月 17 日，第 7 旅參加淮北山子頭戰役，會同第 4 師第 9、第 11 旅，第 2 師第 5 旅，經 1 夜激戰，全殲侵入淮北抗日根據地中心區金鎖鎮、界頭集、山子頭一帶韓德勤部 1000 餘人。

韓德勤以江蘇省省長、蘇魯戰區副司令身份還領導蘇魯皖游擊總隊總指揮李明揚、李長江的部隊及稅警系統的陳泰運部的右路軍共 1.2 萬人，這次他們卻按兵不動，不聽調遣。重兵駐守在附近的泰興縣城、靖江縣城、張黃港日軍、偽軍也出動，作壁上觀，坐看兩軍在黃橋打的熱熱鬧鬧。駐守泰興的日軍，聽到黃橋方向隆隆的「摩擦」炮聲，一下沸騰起來，他們也扛了槍炮，操起傢伙，傾巢出動，急匆匆趕到黃橋西邊五公里路的地方，便停止了前進，坐下來聚精會神地參觀中國的這兩支抗日隊伍精彩的「摩擦」戰。鬼子們激動得按捺不住心頭的興奮，舉起槍桿一跳八丈高，熱烈歡呼，拍手稱快。新 4 軍僅「黃橋決戰」，就殲滅國民黨第 89 軍一萬一千餘人，成為一次輝煌的戰例。數月之後的皖南事變，國民黨軍一次圍殲新 4 軍八千餘人。兄弟鬩於牆，使親者痛，仇者快。

1941 年 2 月 13 日魯蘇皖邊區游擊縱隊的副總指揮兼第 1 路游擊總指揮李長江於蘇北率領所部 8 個支隊投敵。該部原為地方武裝，抗戰爆發後改編為游擊縱隊。所部被汪偽國民政府改編為偽第 1 集團軍，總司令李長江。該部下轄四個師兩個旅又一個獨立團。駐江蘇泰州、江都、靖江地區，兵力約 12000 人。1942 年 4 月 15 日該部改編為五師一旅制。1943 年 12 月 24 日被撤消番

號，所部編入僞第 5 集團軍序列。其中又有第 24、25、26 師三個師於 1944 年 11 月調隸第 2 方面軍序列。李長江被調任汪僞軍事委員會委員，抗戰勝利後寓居上海。1956 年 12 月 30 日病逝。

日軍爲了徹底剿滅韓德勤的游擊軍，出動了五六千的鬼子和大批僞軍，從泰州、揚州地區北上，採用水陸並進，航空兵轟炸掩護的手段，對當時韓德勤的省府和戰區副總司令部所在地興化縣發動掃蕩戰。在日僞軍層層包圍中，韓德勤率部向北突圍轉進，到達鹽城西鄉的安豐鎮。韓德勤率領機關和部隊從鹽城地區西進，穿過茫茫水沼地，到達裏運河的淮安、寶應以東，沼澤地以西的地帶，建立根據地。省府和副總司令部設在淮安縣東鄉的蔣橋鎮；第 89 軍軍部及 117 師第 35 旅駐在淮安北鄉車橋鎮；第 117 師第 350 旅駐箚鹽城西鄉的安豐鎮；第 117 師第 349 旅駐寶應縣陶家林；第 33 師 97 旅駐淮安東鄉的曹甸鎮。第 57 軍霍守義第 112 師的部隊，分別駐在阜寧縣的益林、涇口兩地。這一地區條件十分艱苦。西邊，運河沿線都駐有日僞軍，爲敵人之封鎖線；東面，是蘇北水沼地，水沼遍野，蘆葦連綿。能控制的地方僅鹽城、阜寧、淮安、寶應四個縣的部分地區，南北長約七十華里，東西寬約八十華里。韓部此時仍有三萬多兵力。加上省府機關人員，被日僞軍壓迫於這塊荒僻狹窄的地方，四面受到嚴密封鎖，不僅武器彈藥無法補充，就連糧秣供給也難以解決，處於十分困難境地。從 1941 年春堅持到 1943 年春，主要因爲這裡處於華北日軍和華中日軍防線的交界處，亦是敵人防守的結合部，因此，這裡遭受的日軍掃蕩就沒有原來那麼嚴重。

駐紮在寶應城的僞軍第 1 集團軍總司令潘幹丞，原爲韓的舊部，當了僞軍後，繼續跟韓某暗中勾搭，其部第 28 師多爲韓部的投降分子，表面上服從汪僞政府，暗地裏與韓打得火熱。韓德勤通過潘幹丞這條線，隨時掌握那南面日軍的動向。對於北面的敵情，他主要得益於淮安縣城西湖心寺主持愣定和尚幫忙，策反了僞方人員——淮安縣僞知事沙貴章。

日軍出動三個師團的兵力，對韓德勤的部隊發動春季大掃蕩。在西北面，日軍太田部隊主力，從淮陰向淮安東鄉地區進攻；在南面，日軍從揚州出發，分兩路北進，一路從高郵向寶應北鄉出擊，另一路從興華向鹽城地區攻擊。韓德勤部遭日軍四面包圍夾擊，雖拼死抵抗，仍不能有效阻止敵人的進攻浪潮，將士死傷奇重。根據地多被日軍佔領，只得向北轉移至蘇家嘴一帶暫時休整。日軍窮追不捨，大肆清剿掃蕩。韓部難以立腳，於 3 月間渡過運河，

向西轉移，達到蘇皖邊界。由於情況複雜，仍難以立腳，他決定離開蘇北。走前，對蘇北敵後抗戰作出安排：正規部隊統由第 89 軍軍長顧錫九指揮；省府保安部隊均歸江蘇省保安處處長賈韞山統領；江蘇省政府主席一職由秘書長馬振邦代理。韓某安排停當之後，帶了少數隨從人員，離別蘇北，來到了皖北黃泛區的阜陽。此時，重慶統帥部已宣佈撤銷魯蘇戰區。韓德勤所兼副總司令一職，亦被自然取消，改任魯蘇皖邊區游擊總指揮，仍兼任江蘇省政府主席。

　　韓德勤的部隊仍舊留在蘇北和蘇皖邊區，打了約一年的游擊，其後，第 89 軍軍部轉歸魯蘇豫皖四省邊區總部指揮，顧錫九繼續擔任軍長，所轄部隊為第 20 師和新編第 1 師。第 89 軍老部隊第 33 師和第 117 師，從蘇北根據地撤退後，轉移到了江南，歸第三戰區部隊序列。1945 年第 89 軍到陝南整頓，歸併於湯恩伯系列。

　　解放戰爭中第 89 軍軍長張濤率部在貴州綏陽起義。起義者還有：副軍長項榮還、參謀長吳行中、副參謀長趙文華、徐鯤。

第九十軍　任務監視共軍　抗日作用很小

　　中央軍胡宗南部。1938 年第 78 師師長李文升任軍長。常駐紮陝北宜川，主要任務是監視共軍，抗日作用很小。國民黨領導的全國軍隊中，位置在西北方面的主力就有第 34、第 37、第 38 等三個集團軍，都受第八戰區副司令長官胡宗南指揮。其中有兩個集團軍用於包圍陝甘寧邊區，只有一個用於防守從宜川至潼關一段黃河沿岸對付日寇。這種事實已經是四年多了，只要不發生軍事衝突，大家也就習以為常。後發生變化，1942 年擔任河防的第 1、第 16、第 90 等三個軍中，開動了兩個軍。第 1 軍開到彬縣、淳化一帶，第 90 軍開到洛川一帶，並積極準備進攻邊區，而使對付日寇的河防，大部分空虛起來。

　　1944 年李文升任 34 集團軍總司令部，嚴明為 90 軍軍長。中原會戰後，豫西國土大片失守，威脅陝西。以王仲廉第 31 集圖軍為骨幹的中國軍隊，按計劃向西峽口至重陽店之間的公路兩側山地運動，計有吳紹周第 85 軍，賴汝雄第 78 軍，謝輔三第 27 軍一部，武庭麟第 15 軍，第 90 軍的王應尊之第 28 師等部。另鄧仲梅 61 師亦來豫西參戰。

　　內戰時，1948 年 3 月 90 軍在陝北宜川被殲大部，軍長嚴明在瓦子街戰役中身亡。餘部又在向西南逃跑中被殲。

第九十一軍　中央系統新建軍駐軍西北

中央軍系統。1937 年抗戰軍興。166 師師長郜子舉屬黃杰第 8 軍指揮，駐防洛陽一帶。1938 年升格為 91 軍郜子舉為軍長，轄馬勵武 166 師一個師。改隸程潛第 1 戰區。

東北軍騎兵第 4 軍軍長檀自新將自己所率領的部隊帶到豫西山地東邊緣－寶豐縣香山寺一帶，與當地匪首高老末會合，打算憑藉自己部隊在武器彈藥上的優勢，將部隊拉進伏牛山，占山為王。12 月 13 日，檀自新率眾沿魯寶公路進入魯山縣境，很快和趙材鄉通匪的趙子登拉上關係。

魯山城內軍民，擔心檀部攻城，縣城不保，一夜數次向當時駐守洛陽的 91 軍 166 師呼救。之所以舍近求遠，關健在於該師師長郜子舉係魯山縣人，素來愛護鄉里。但該師此時負責鞏縣、洛陽沿線防務，與日軍土肥原師團隔河對峙，駐地營房並無幾人。因此郜子舉接電後，左右為難，不發兵救援，對不住自己的鄉鄰。一旦縣城失守遭受土匪蹂躪，將受到鄉鄰的指責。想發兵又無兵可發，且又沒有上級劉峙的命令（當時該師歸劉峙指揮），私自發兵，將來上級怪罪，個人又擔當不起。最後心生一計，「不救亦救」（名義沒救，實際是救）。當夜回電魯山，說是已發兵一團，星夜起程，明日到達。他打電話給 166 師 991 團副團長李文定說：「寶豐西南地區，有匪眾約三百餘在我河防背後搗亂，你可率領李文章營（即李文定擔任過多年營長的步兵營）即日出發前往剿除。」李文章亦為魯山人，為了加強火力，郜子舉還加強重機槍一連（五挺重機槍，連長為魯山人朱治興）。12 月 17 日後半夜，李文定率部從洛陽駐地乘十三輛卡車出發。出發前沒有報告劉峙，他叮囑李文定和李文章，到達魯山後，駐軍縣城，只保護縣城安全，牽制敵人，不作正面攻擊，以免暴露目標，造成傷亡，無法交待。這樣，將來上級如果追究，只說有三個軍官（二李一朱）病假回鄉探家，隨帶數十名衛士，與土匪遭遇，幫助地方守衛一下縣城，這樣可以不擔風險，搪塞一下。李部順洛陽至寶豐公路疾馳，18 日黎明開到寶豐城郊馬街寨下車集中，汽車返回洛陽，部隊開始步行向魯山行軍。

下車後，李文定聽當地居民報稱：「西南紅石崗沿線高地是騎兵第四軍長檀自新，嘯聚三四千人，今仍在豫西獨樹一幟，自立為王。河南省保安團與之戰鬥兩天，今仍在對峙著。」當即派人前往偵察，確屬實情。始知郜子舉所得情報不太準確，人數不是三百，而實是三四千。但已到臨陣，李文定覺

得不好再請援兵而延誤，只有相機處理。李文定下令部隊就地架鍋造飯飲食，李文定也帶了五個警衛沿馬街外圍偵察地形以防不測，等走到馬街東側一個土寨子時，突然遭到寨上匪眾居高臨下集中射擊。李文定與警衛所站之處，地形平坦，僅有三個墳堆，乃伏在地上以墳堆作掩護，用六支二十響駁殼槍對寨上進行連續反擊。此時李文章在馬街也聽到槍聲，就先調一門迫擊炮前來支持，並向寨內轟擊，檀部不支就向東逃去。

與此同時，12 月 18 日凌晨，周俞率領的河南省保安團，在魯寶公路上的小山村付嶺，與檀、高匪徒突然相遇，發生激烈戰鬥。開始因保安團正在行進，沒有充分准備，傷亡慘重。後來保安團退至張村，重整隊伍，鼓足士氣，反守為攻。由於全團官兵反擊英勇，檀部亦有較大傷亡，特別是高老末部匪徒，全係烏合之眾，傷亡更為慘重，但檀部居高臨下，佔據了整個戰場的主動權。

這次小遭遇戰，李部除迫擊炮排長腿部受傷外，餘均平安。接著李文定即與李文章研究如何以少勝多等問題，以便完成任務，他正與李文章計劃時，有省保安團副營長前來求見，並提出：他是省加強保安團，已經與擅自新部激戰兩天，敵居高臨下，我方仰攻，難以奏效，且傷亡甚大，請李文定率領部隊由正面增加突擊。

李部的行動完全起到了出敵不意的效果，突然殺聲四起，槍彈併發。檀自新毫無準備，無法組織抵抗，即在倉惶之中，一槍未放乘裝甲汽車渡過沙河南逃。李文定預伏的一營官兵乘機跳水追擊不止，檀部所有的十三輛汽車中，不能自拔，十一輛裝甲汽車全部陷入沙泥之中，只有兩輛小轎車順利過了河，最後檀自新只好放棄汽車和大量輜重，跳水狼狽南逃。他所糾合的部隊全是豫西人，見主將狼狽逃窄，他們也就作鳥獸散，各自逃生，只有少數被李文定俘虜作了 166 師的補充兵。這一戰鬥，李文定部無一傷亡，並繳獲新式裝甲汽車十一輛，迫擊炮多門，炮彈數千發，步槍數十枝，大量輜重以及當時在中國算是新鮮玩意的檀自新自用彈簧床等。擅自新於 1938 年 6 月間被槍決。

李部開拔之前，即有北渡黃河抗日的請示，一回到洛陽，正好戰區同意該部北渡，166 師在豫北轉戰，頗有斬獲。參加豫北等地抗日戰爭，與日軍第 14 師團作戰，曾攻克濟源城。1938 年 4 月 10 日，第 91 軍 166 師的朱金山攻入城內後，在白刃戰中手持大刀砍死日軍大隊長及鬼子十三名，最後負傷多

處而犧牲。日軍因此為他樹立了「慰靈祭」木椿，寫著「中國軍隊無名英雄之墓」。

1939 年郜子舉卸任，宣鐵吾接任 91 軍軍長。1944 年，宣鐵吾任蔣介石侍衛長，王晉接任軍長後駐軍西北武威，遠離戰區。後黃祖勳任軍長。1949 年 8 月 19 日解放軍的敵人動態稱：甘省周嘉彬 120 軍、黃祖勳 91 軍兩個軍，一面派人來接頭，一面迅速退蘭州以北，有隨偽甘省府退酒泉模樣。第 91 軍軍長黃祖勳反對起義，從者甚寡，孤掌難鳴，於是狗急跳牆，縱火燒毀直東會館軍用倉庫，帶上心腹逃跑。

解放戰爭在河西酒泉地區被殲。

第九十二軍　駐軍鄂豫　在北平接受日軍投降

中央軍系統。抗日戰爭開始，21 師師長李仙洲率軍參加南口戰役。後退到山西，參加忻口會戰，李仙洲受傷，21 師調入河南整補。將 21 師與羅奇 95 師合編為 92 軍，李仙洲任軍長。1938 年參加臺兒莊會戰，該軍在日軍第三次攻擊臨沂時曾派往增援，但還未到達，臨沂已經失守。戰後退到湖北通城。1939 年底 95 師改列 37 軍。92 軍下轄 13 師（師長吳良琛）、21 師（師長聶松溪）。後駐軍湖北，河南。其主力 21 師，另為 142 師（原屬 32 軍），暫編 14 師。駐軍皖北、魯南時與新 4 軍、8 路軍搞磨擦。又駐軍湖南。侯鏡如繼聶松溪任 21 師師長 1941 年上半年，率 21 進攻豫皖蘇邊區抗日民主根據地。1943 年 4 月李仙洲陞遷，侯鏡如任 92 軍中將軍長。任蘇魯豫皖第四分區主任時，率部駐永城縣芒碭山北牌集等地被日軍包圍，侯在王引河岸指揮部隊將敵擊退。抗日戰爭勝利後，92 軍來北平接受日軍投降，侯鏡如兼任北平警備司令。1947 年，中共黨員李介人持安子文信送侯鏡如，信中轉達周恩來、賀龍對侯的關懷，使他下定決心，待機起義。1948 年起，侯升任第 17 兵團司令官、天津塘沽保安司令、長江防務預備兵團司令、福州綏靖公署主任兼華東軍官團總團長。在此期間，經李介人往返多次聯絡，侯指示 92 軍等部隊，相繼在北平和福州起義。侯由福州去香港，在黨中央直接領導下，繼續對臺工作。

第九十三軍　失守全州　陳軍長伏誅

中央軍系統。1940 年建軍，劉戡為軍長，轄陳牧農第 10 師、劉希程 116 師、馬叔明新 80 師。該軍駐晉南。1939 年 12 月在山西曾配合晉軍進攻新軍決死隊，製造摩擦。日軍進攻中條山時，退到黃河南。1944 年參加河南會戰，

曾在洛陽龍門一帶與日軍作戰，殲滅日軍甚多，後向西撤退，與 47 軍聯合拒敵於靈寶一帶，防守潼關。李家鈺殉國後，劉戡為 36 集團軍總司令。陳牧農為 93 軍軍長駐軍重慶。8 月奉命由綦江到全州禦敵。該軍只轄兩個師，即王聲溢第 10 師、馬叔明第 8 師。

1944 年 8 月中旬。衡陽失守後，調整了兵力部署，阻敵西進，相機反攻衡陽。王耀武第 24 集團軍的四個軍，楊森第 27 集團軍的三個軍，以及黃濤第 62 軍，陳牧農第 93 軍配置於衡陽西南、西北，置重兵於湘桂鐵路兩側。

蔣介石再次洞悉日軍企圖，令陳牧農第 93 軍進入廣西邊鎮全州，在黃沙河一線佈防，阻止日軍進入廣西。並對陳軍長反覆叮囑，一定要死守全州，以爭取廣西全境主動。8 月下旬。日本派遣軍總司令官畑俊六為了更有效地統帥大軍，完成打通大陸走廊最後一階段作戰——打通湘桂鐵路線，經報請大本營批准，新設第 6 方面軍司令部。其第 11 軍 6 個師團為基幹兵力。第 23 軍兩個師團，二個獨立混成旅團，二個獨立步兵旅團。第 34 軍第 39 師團，一個獨立混成旅團，三個獨立步兵旅團。方面軍直轄：第 27、第 40、第 64、第 68 四個師團。9 月 27 日，又將關東軍第 20 軍司令部調武漢，編入第 6 方面軍，11 月 1 日，將日本國內一個師團和二個火箭炮大隊編入第 6 方面軍，並加入攻打桂林和柳州城的日軍序列。

9 月 8 日。第四戰區司令長官張發奎上將從桂林來到全州，與陳牧農軍長一起，視察了黃沙河防禦陣說道：「日軍估計將很快推進到全州（當時為全縣）。你軍要有充分準備。」陳說要死守全州！10 日夜間，第 11 軍第 13 師團僅以步兵第 104 聯隊的第 1 大隊，即輕易突破第 93 軍黃沙河防線。9 月 13 日，陳牧農擅自率全軍退出全州，這股日軍順利進入全州縣城。日軍如此迅速地佔領全州，使桂林北面門戶洞開，造成桂林地區各部隊處於混亂狀態，整個廣西形勢頓時緊張起來。張發奎接到蔣介石從重慶發來的一道電令：陳牧農擅自撤退，違反軍令。令張發奎立即將其逮捕槍斃，以昭鑒戒。張令桂林防守司令部司令官韋雲淞負責執行蔣介石的命令，把陳牧農押解到桂林槍斃。陳軍長被槍斃後，震懾住了驚慌失措的部隊，新任 93 軍軍長甘麗初指揮該軍在興安和大榕江地區，拼死抵抗日軍第 11 軍的進攻，使廣西形勢暫時趨於穩定。

10 月初。蔣介石派白崇禧和作戰廳長張秉鈞飛抵桂林，協助張發奎指揮廣西作戰。作戰計劃是：把日軍第 11 軍堵在桂林以北；主動進攻西江，爭取吃掉敵第 23 軍一部，以此爭取局勢好轉，打破敵軍攻勢。根據這一戰略意圖，

把兵力調整為：以夏威將軍指揮的三個軍擔任桂林以北正面防守；以楊森將軍指揮的三個軍擔任桂林東面作戰；以鄧文光的兩個師在西江正面迎擊敵 23 軍；以第 46、第 64 兩個軍集結於荔浦附近，為作戰區的機動部隊。

全州失守後，廣西門戶洞開，10 月中旬。日軍第 23 軍利用西江水運，向廣西急進。11 月 8 日桂、柳兩城的攻守戰鬥同時大規模展開，相繼失守。

12 月 1 日。日軍第 13 師團突破貴州邊境防線，向獨山猛犯。3 日佔領了獨山。同時，第 3 師團攻陷貴州邊鎮荔波，向都勻猛撲。重慶、貴陽、遵義和整個大後方，頓時緊張起來。接到魏德邁將軍來電，內中概述中國境內的嚴重局勢，並指出他同意大元帥（指蔣介石）決定把兩個受過最好訓練的中國師由緬甸調至昆明地區。

甘麗初一度接長 93 軍的指揮權。解放戰爭時期，由滇軍盧濬泉、盛家興先後主軍。該軍在錦州戰役被殲滅。

第九十四軍　參加武漢鄂西湘西會戰

中央軍系統，抗戰初期建軍。武漢會戰前，經過淞滬、南京、徐州幾次大戰，許多部隊損失很大，許多殘軍敗將退至在武漢一帶。當時陳誠任武漢衛戍總司令，為了加強武漢的軍事力量，1938 年收容一些地方部隊和「雜牌軍」，以便於與軍政部掛鈎得到補充，94 軍就是這樣建立的。94 軍收容原魯軍 55 師，以柳際明為師長（後改任 77 師師長，55 師由楊勃繼任）；武漢警備旅擴充為 185 師，方天為師長；貴州的地方部隊改編為 121 師，牟庭芳為師長。郭懺任 94 軍軍長。團、營長多選用黃埔生擔任。後郭懺升任江防軍總司令，李及蘭為軍長。該軍與 75 軍、26 軍成為江防軍的骨幹部隊。

在武漢撤退時，整個武漢城區只留下正規軍第 94 軍 185 師第 545 旅作象徵性的抵抗。10 月 24 日，蔣介石正式下令放棄武漢的命令。25 日，日軍波田支隊向葛店發起猛攻，隨之突破守軍第 55 師的陣地，佔領了葛店。當日凌晨，日軍第 6 師團先頭部隊推進到了漢口近郊，與中國軍隊留下作象徵性抵抗的第 545 旅在戴家山（今岱山）附近發生了激烈交戰。晚 8 時，守軍 1090 團逐漸沿張公堤向礄口、智煙廠開始撤退，各部邊打邊退，趁夜色掩護，撤出了戰場。10 月 25 日晚 10 時許，日軍先頭部隊第 11 軍第 6 師第 23 聯隊率先進入漢口城區。26 日凌晨 5 時，日軍第 11 軍波田支隊從賓陽門突入武昌。27 日午後，配屬於波田支隊的日軍第 15 師團的第 60 聯隊佔領漢陽。至此，中國軍隊保衛武漢的作戰宣告結束，武漢三鎮淪陷。

　　武漢失守以後，宜昌則成為入川的門戶。防守宜昌是江防軍的主要任務。1940 年 5 月，第五戰區李宗仁判斷日軍要奪取襄樊，而將江防軍 75 軍和 94 軍調到襄樊前線新野。當宜昌吃緊，急調兩軍回防，到宜昌作戰。經戰月餘終於失守。宜昌淪陷一年，1941 年夏反攻宜昌，以策應第二次長沙會戰。94 軍與敵激戰在南津關附近地區。由於中國軍隊行動遲緩，湖南日軍回援，而停止攻擊。反攻宜昌失敗後，94 軍作了調整。李及蘭升任江防軍副職。牟庭芳、楊勃為正副軍長。戴之奇為 121 師師長，吳光朝為 55 師師長。185 師調出。35 師勞冠英部調入。該軍據守在鄂西漁洋關一帶，與與宜昌之敵對峙，守護江防。曾在常德等地與日軍作戰。

　　1943 年鄂西會戰漁洋關是進山重要關隘，北經長陽達石牌，戰略地位重要。94 軍軍長牟庭芳派第 121 師在此把守。進犯漁洋關之敵，由於沿途受到我軍阻擊，進展緩慢。日軍第 13 師團主力 21 日晨經界碑、城牆口向漁洋關推進。是日午夜，日軍第 116 聯隊先頭部隊約 2000 人竄抵漁洋關東北 2 公里處，我守軍發現後當即予以阻擊。然而，日軍後續部隊源源到達，第二天，一場爭奪戰在漁洋關附近展開。我軍奮勇抵抗，與敵激戰竟日，終因眾寡懸殊，我 121 師遂撤離漁洋關，轉守於長陽川心店、龍潭坪之線。

　　要衝漁洋關失守，震驚恩施，陳誠為之焦慮萬分。他意識到漁洋關之失，恩施門戶洞開，石牌也將受到威脅。陳誠當即決定抽調部隊趕往建始、野三關佈防，以防不測。為堅決保衛石牌要塞，5 月 27 日江防軍調整部署，決定以攻守長陽、宜昌兩縣間之稻草坪、高家堰、余家壪、曹家畈、石牌之線為決戰線。至此，鄂西會戰進入決戰階段。為保障決戰勝利，陳誠命第 10 集團軍第 94 軍主力轉移到長陽資丘附近，掩護江防軍右翼。同時調動空軍戰機協同地面陸軍作戰，並對日軍後方實施轟炸，切斷敵之增援和補給。

　　1945 年 4 月至 6 月，在抗日戰爭中，中國第 4、第 3 方面軍及第 10 集團軍在湖南省西部對日軍第 6 方面軍所部進行的轉守為攻的戰役。日軍為了佔領湖南芷江飛機場，維護湘桂（長沙至南寧）、粵漢（廣州至武昌）兩鐵路的交通，於 4 月初集結 7 個師團約七八萬人的兵力，在第 20 軍司令官板西一良中將統一指揮下，採取分進合擊的戰略，向湖南西部發起進攻。中國軍隊在陸軍總司令何應欽統一指揮下，以第 4 方面軍一部守備新寧、益陽、邵陽之線，以主力在新寧、武岡間與日軍決戰；以第 3 方面軍第 27 集團軍第 26 軍

守備龍勝、城步各要點，另以第 27 集團軍第 94 軍向武岡以東、第 10 集團軍向新化以東地區進擊；以新編第 6 軍空運芷江為預備隊。

8 日，第 4 方面軍主力在中美空軍配合下，向日軍舉行全線反攻。10 日，第 74 軍主力向半江峰以東一線出擊，日軍 3000 餘人向金龍砦附近地區撤退，遭第 18、第 74、第 73 軍和第 13 師合力截擊，日軍傷亡慘重，其殘部 1000 餘人向東突圍，被第 73、第 18 軍各一部截擊於龍潭鋪附近地區。20 日，日軍繼續向東潰退，被第 18 軍一部尾追及截擊，死傷眾多。到 6 月 7 日，邵陽方面恢復戰前態勢。第 100 軍主力在放洞地區包圍攻擊，日軍傷亡甚重，到 5 月 8 日，其殘部 700 餘人向東南突圍至白馬山附近，被守軍圍殲一部，殘部 400 餘人繼續向東突圍，到 16 日全部被殲。4 月 30 日，第 94 軍由長子向東北攻擊，克武陽後，與日軍增援部隊激戰，日軍不支，向武岡、花園市撤退，被守軍分別在武岡北側、高沙市、瓦屋塘、茶鋪子等地追擊、截擊和圍殲，到 5 月 16 日，該路日軍全部被殲。第 26 軍一部擊破強渡巫水的日軍後，於 4 月 29 日，分兩路向武岡、新寧追擊，5 月 6 日克復新寧。16 日，全縣日軍 3000 餘人向新寧進攻，被守軍所阻。向武岡進擊的第 26 軍一部，與守城部隊夾擊日軍，日軍付出重大傷亡後向東北潰退，遂解武岡之圍。5 月 9 日，守軍集中全力向東追擊。此役，中國軍隊轉守為攻，斃、俘日軍 2 萬餘人

1945 年由牟庭芳軍長率領參加湘西的雪峰戰役，這是抗日戰爭對日軍的最後一擊，敵人已成強弩之末。94 軍位於南面戰場，擊破武崗、新寧之敵，使其向東潰敗，經過追擊，封鎖了南面戰場，第 94 軍第 5 師已將關根旅團的第 115 大隊包圍在武陽地區，在第 5 師優勢火力的壓制下，日軍被衝得七零八落，到 5 月 10 日，第 115 大隊自大隊長鈴木安成以下官兵大部被擊斃，只有炮兵小隊長西政次郎等幾個僥倖逃脫。同時，何應欽令第 44 師從背後攻擊在武岡的日軍第 117 大隊。守城部隊見援軍來了，頓時殺出城外反擊，關根旅團第 117 大隊腹背受敵，危在旦夕。岡村寧次立即命令關根旅團撤出戰鬥，向武陽靠攏。何應欽向美國空軍求援，不到兩小時，從芷江起飛的 14 架戰機，對剛到武陽城外的第 117 大隊輪番轟炸，凡有日軍的地方，均遭到美國的凝固汽油彈的襲擊，到處是一片火海，第 117 大隊只得向高沙市逃竄，何應欽立即派第 74 軍前往攔截，將其包圍在高沙市西北地區，全殲了第 117 大隊。殲滅日本二十軍數個大隊，立下戰功，為雪峰山大捷作出貢獻。

日本投降後代表國民政府由日軍手中接收天津市。內戰爆發，94 軍在天津、北平、唐山一帶打仗。1948 年牟庭芳去職，由鄭挺鋒接任。後在北平和平解放。

第九十五軍　留守四川未與日軍作戰

95 軍屬川軍系統。軍長黃隱。留守四川，未與日軍作戰。解放戰爭中起義。會同劉文輝 24 軍堵截胡宗南大軍過境。12 月 9 日，劉、鄧、潘聯名發出起義通電。所屬各部將領劉宣、伍培英、劉元琮、黃隱、潘清洲等亦於同日發出通電，擁護起義。

接著，劉、鄧、潘三將軍號召當時彭縣地方政紳人士劉度（縣長）、羅雨蒼（縣參議長）等，告以形勢，曉以大義，勸令動員地方政府帶領各界人士共同起義。劉、羅當即應允，由教育科長陳寶麟、參議員何必輝草擬響應起義電文，並通知縣境內所屬機關、團體負責人、鄉鎮長、鄉人民代表主席和工會、農會、商會、教育會的參議員於 12 月 12 日在縣政府禮堂開會，邀請當時在彭縣參與劉、鄧、潘起義的萬里、周朗清（126 師副師長）、強兆馥（263 師副師長）、潘大逵（民盟代表）到會講話。會議由劉度和羅雨蒼主持，萬里代表劉、鄧、潘三將軍講了形勢問題、闢謠問題和對到會人員的希望。潘大逵進行了動員。羅雨蒼宣讀了彭縣地方擁護起義的《快郵代電》。會議通過討論，到會 100 餘人先進行舉手表決，後由縣長劉度、參議長羅雨蒼首先簽名，並向大家宣佈：參加起義是各人的自覺行動，別人不能代替，要親筆簽名，以昭鄭重。到會人員接著陸續簽名，最後燃放鞭炮，慶祝起義。

第九十六軍　西北軍立馬中條

抗戰開始，孫蔚如率領的西北軍改編為第 31 軍團，下轄第 38 和 96 兩個軍，每軍以一個師和一個獨立旅編成，教導團和騎兵團編為軍團直屬部隊。第 96 軍：軍長李興中、副軍長王根僧、參謀長張平；第 177 師師長陳式玉、獨立第 47 旅旅長王振華。改編完成以後，孫蔚如率領第 31 軍團的在陝部隊渡過黃河到晉南的中條山抗戰，堅守中條山掩護黃河之安全。

抗日戰爭初期駐守在中條山。中條山背臨黃河，橫亙於山西南部，東接莽莽太行山脈，西連巍巍稷山，長三百餘里，寬一百餘里，為屏障豫、陝，保障西北的戰略要地，由第 4 集團軍駐守，屬其管轄有 96 軍、38 軍、47 軍和李振西的教導團、孟慶鵬的騎兵團。

1938 年 5 月 3 日，當西線抗日的形勢到了十分危急的時候，孫蔚如命令第 96 軍軍長李興中率第 177 師和獨立第 47 旅，由陝西合陽縣夏陽渡東渡黃河，開赴山西永濟、臨晉對日寇作戰。渡河後，到達永濟縣北的東張村一帶，修築工事。日軍得到消息以後，出動 500 多人於 5 日夜攜帶精良武裝尋襲 177 師。到東呂村北遇 177 師前哨部隊，展開激戰，該師初戰日軍，士氣甚旺，五六個小時以後，日軍敗退到了張營村，龜縮起來。177 師的將士乘勝追擊，包圍張營村，進行嚴密佈防，於 6 日、7 日兩天裏，多次向張營村日軍發動進攻，決心殲滅日軍，直打到敵人彈盡糧絕，開始求降。不料，敵軍利用求降緩兵，由運城用卡車運來千餘日軍增援解救，我小姚、王西佈防包圍的 58 團卒不及防，展開激戰。日援軍邊打邊向張營村靠攏，使 177 師陷入被動，僅在福音堂門口戰死 37 人。攻進村內的戰士只好突圍撤出，到敬祥村集中。經分析日軍必定追擊，我軍便在臨晉縣的寺後村一帶修築工事，策劃偽裝，誘敵進入伏擊圈。待日軍大隊人馬進入周吳溝內，偽裝敗退的我軍將士掉轉槍口與埋伏在兩側的 60 團以密集炮火痛擊敵人。當日軍明白上當，為時已晚。直打得敵人屍橫遍野，大部喪命。這是西北軍獨立正面抗日的第一戰，大獲全勝，並且安全轉移。

1938 年 4 月下旬至 5 月上旬，正是我軍在臺兒莊、徐州戰場與日軍展開較量的時候，形成山西日軍兵力較弱，後續兵力一時壓不到運城，177 師偵得晉西南各縣駐敵不多。首戰張營告捷後，我軍士氣大振，浴血吳王渡，北襲萬泉，夜取河津，佔領榮河，攻克虞鄉車站，收復虞鄉縣城，襲取安邑。獨立第 47 旅的李家驥（中共黨員）團，在臨晉縣嵋陽鎮一帶屢建戰功，英勇殺敵，逼使日寇退守運城。我西北軍派往河東抗日的先遣部隊於 1938 年 5 月渡河以後，先後收復晉西南的臨晉、永濟、猗氏、萬泉、河津、榮河、虞鄉、解縣、夏縣等十三個縣。日軍龜縮到運城、聞喜兩座縣城等待援。

1938 年 7 月 4 日到達永濟縣城蒲州。由於接到李興中軍長報告，連日來太原之敵有南犯模樣，孫蔚如命令獨立 47 旅集結在栲栳鎮一帶，177 師沿中條山北在虞鄉、王官峪、水峪、解峪、直嶺，二十里嶺守備；8 月上旬，在我31 軍團立足未穩之際，日軍已大批集結運城、解縣，企圖一舉撕破我黃河防線，進犯陝西。駐運城的敵 20 師團 77 聯隊配有炮兵 4 個中隊，坦克 3 個中隊，裝甲車 10 餘輛，和 1 個飛行編隊，陸空共一個旅團的兵力。敵機十餘架每日不停在中條山沿河一帶偵察。31 軍團與當地的抗日武裝一起在永濟縣城

以東，構築工事，布起三道防線，以死守黃河岸邊蒲州城，不讓日軍在黃河沿岸立足。

永濟縣城淪陷以後，城南的韓陽鎮是堵住敵軍南下風陵渡的第一要隘。孫蔚如命令教導團剩餘主力佔領韓陽鎮預備陣地堅守，獨立第四十六旅部隊佈在沿中條山西麓對前進之敵進行側擊。教導團在韓陽鎮陣地堅守了十餘天，日軍從蒲州城南下，多次向韓陽鎮陣地發動進攻，都被教導團一一挫敗，使敵難以前進。但教導團在堅守陣地的激戰之中傷亡嚴重，先後有中校團附魏鴻紀以下官兵 200 餘人陣亡。團長李振西屢次告急求援。不久韓陽鎮陣地已被敵突破。孫蔚如命令教導團伺機撤退，上中條山隨軍團部行動。韓陽鎮陣地突破以後，軍團部距敵前沿已很近，9 月初，軍團部從駐紮了二個月的六官村撤離，經過麻溝向東轉移。第 31 軍團的這次中條山西部防禦戰，前後經過 20 餘日，我各部傷亡官兵大約 1000 餘人。

此後日軍由永濟不時派出部隊向南進出，企圖佔據風陵渡。1938 年 9 月下旬，軍團部移至平陸縣張峪鎮。我軍根據敵人動向，阻止敵人南犯到中條山南部的黃河沿岸。

1938 年冬至 1939 年春，第 31 軍團主要堅守陣地，寇視敵人的動態，期間在中條山西部虞鄉、永濟、運城、夏縣敵人多次進攻中條山我軍陣地，我軍與來犯之敵迂迴作戰，側擊、尾擊敵人，敵軍在 31 軍團抗擊之下，屢戰屢敗，終於不支，北竄退出中條山。

1939 年初，第 31 軍團奉令改編為第 4 集團軍。敵人一舉佔領了平陸和茅津渡。我黃河南岸守軍面對突然變化的局勢，以強烈炮火向北岸敵人進行轟擊。同時，趙壽山軍長率第 17 師由張茅大道以東，李興中軍長率第 177 師由張茅大道以西，分別對敵進行側擊、截擊、尾擊，從兩面夾住打擊敵人，致使敵人傷亡甚大，終於支持不住，退出了中條山。我第 4 集團軍分別重新佔領各自陣地。

1939 年 6 月 11 日，李興中、陳碩儒率 96 軍主力 177 師殺回陌南鎮，擊潰了日軍。孔從洲的 46 旅從夏縣折回，封鎖了平陸境內的南北要道——張（店）茅（津渡）大道。第一戰區司令長官衛立煌將軍應孫蔚如之請求，指令黃河南岸的友軍用炮火封鎖了黃河河道。驕狂一時的日軍終於被中國軍隊四面圍住。6 月 12 日，中國軍隊從東、西、北三面向被日軍佔領的茅津渡（茅津渡由古王、計王兩個渡口組成）發起全面攻勢。戰至黃昏，日

軍全線崩潰，我 38 軍、96 軍勝利會師，中條山保衛戰取得勝利！此戰役後，全國新聞、報紙、電臺均以「我軍在晉南又獲大捷」爲主題作了報導，而西安的新聞媒體則代表關中百姓發出眞誠的感歎：「西北整個得以安定，皆賴我第四集團軍英勇將士在黃河北岸艱苦支撐所賜……」。第一戰區司令長官衛立煌將軍親臨平陸慰問第四集團軍官兵，熱情盛讚陝軍爲「中條山的鐵柱子。」

1941 年 5 月 5 日，日軍決心要割掉這根源，以七個師團的兵力，分九路從東、西、北三面向中條山進攻，來勢異常兇猛。第 4 集團軍總司令孫蔚如將軍騎著戰馬檢查部隊陣地情況。他從各方面情況判斷：日軍此次進攻，意在徹底摧毀中條山守軍，自知此一惡戰，生死不保，決心指揮全軍與敵決戰，力挽狂瀾，以救國救民。他一時心潮激蕩，詩情洶湧，勒住戰馬，立於滔滔黃河之岸，隨口吟作《滿江紅》詞一首：

> 立馬中條，長風起，淵淵代鼓。
>
> 怒皆裂，島夷小丑，潢池耀武。
>
> 錦繡江山被踩踐，炎黃胄裔遭荼苦。
>
> 莫逡巡邁步赴沙場，保疆土。
>
> 金甌缺，隻手補；
>
> 新舊恨，從頭數、
>
> 挽狂瀾作個中流砥柱。
>
> 剿絕天驕申正義，
>
> 掃除僭逆清妖蛊。
>
> 躋昇平，大漢運方隆，時當午。

第 4 集團軍守備中條山，保衛黃河防線不失，歷經三年之久。獨立第 47 旅在中條山西部，對從永濟南進之敵進行了多次襲擊，扼制了敵人侵佔風陵渡的勢頭。楊振幫的第一游擊支隊，在永濟開展游擊戰爭，曾俘獲炮兵頭目太田竹一，押解送到西北行營（西安）。11 月，奉第一戰區司令長官衛立煌命令，第四集團軍撤出中條山區，南渡黃河接任黃河防務。各部防守區域爲：孫蔚如第 4 集團軍駐守鄭州地區，劉茂恩第 14 集團軍駐守洛陽地區，李家珏第 36 集團軍駐守新安地區，高樹勳第 39 集團軍駐守澠池、陝縣地區。以上 4 個集團軍和其它部隊，至少 25 萬人馬，都將重兵迭次配備於黃河岸邊，廣大後方幾乎無兵駐守。4 月 17 日，晚上 11 時，日軍第 37 師團從中牟北方突破黃河

防線，從東、西兩個方向迂迴夾擊中牟守軍第 27 師。夜裏 12 時發起總攻，凌晨兩點鐘即佔領中牟鎮。

1945 年初春，日軍已佔領河南大部分地區，敵人企圖從豫西向西北突破，第四集團軍孫蔚如部駐豫西盧氏縣一帶，監視河南陝州日軍西犯，陝州之西的靈寶岔口（官道口）成為確保西北的最後一道防線。5 月 16 日陝州三浦旅團數千人向寺河街、靈寶岔口進犯。李興中軍長急派 177 師兩個團增援，同時，胡宗南也已派第 90 軍由陝西潼關向靈寶官道口垣區進發，協力突擊敵人，並且有美國空軍協助作戰。於是，25 日拂曉，我軍對佔領靈寶石大山的敵人發起進攻。當戰事進入困難之時，美軍 6 架戰機飛臨上空，對山上敵軍掃射轟炸，並且投擲燃燒彈。頓時，敵人陣地濃煙滾滾，火光四起。敗退之敵在蘇村附近遭遇我第 90 軍某師痛擊，退回陝州。1945 年 8 月 15 日，日本宣佈無條件投降，中國人民的抗日戰爭取得全面勝利。

1946 年陳金城任軍長，該軍在山東濰坊地區被解放軍殲滅。1948 年 4 月 27 日陳金城在山東濰坊被俘。1960 年 11 月特赦釋放後任南京國營木器廠工人、江蘇省文史館館員。1983 年 1 月 6 日病逝南京。

後于兆龍為軍長，在皖南防守長江，後退至福建，殘部逃金門島。

第九十七軍　在河北搞摩擦被削弱

中央軍系統。抗日期間朱懷冰 94 師，由湖北開赴山西參加忻口會戰，受劉茂恩右翼兵團指揮。後升格為軍，朱懷冰升任軍長。後轉移到太行山區，兼轄河北民軍張蔭吾部，因之常與八路軍磨擦。1938 年夏在冀中一帶打游擊戰，牽制日軍。1939 年 12 月主力侵入河北邢臺、內丘一帶八路軍防地。1940 年 1 月又進攻磁縣八路軍駐地。2 月 5 日八路軍 129 師進行反擊，被殲滅萬餘人。

當時衛立煌兼任冀察戰區總司令。第 97 軍進攻太行山區八路軍，遭到八路軍的堅決反擊，眼看要全軍覆沒，發了個十萬火急的電報向衛立煌求援。衛立煌回電第 97 軍軍長朱懷冰，誰讓你向八路軍進攻的？朱沒有回答。衛立煌未派部隊支持，朱的三個師一萬多人被八路軍殲滅了。當時在太行山區，國共雙方軍隊的磨擦日漸緊張。「衛立煌約朱德總司令和胡宗南到洛陽進行和解商談，雙方還沒等坐下來，蔣介石就給衛立煌打電話說：「這件事你不要管！」1940 年 2 月到 3 月，八路軍部隊打退了這次所謂的反共高潮。張蔭梧

部在冀北平原被擊潰繳械。在冀南，朱懷冰和石友三同國民黨任命的河北省主席鹿鍾麟一樣被趕出根據地。雖然在這一地區仍留有少數非共產黨武裝，但晉察冀和晉冀魯豫根據地不再受到中央政府所屬部隊的嚴重威脅。中共指控石友三與日本人勾結，經證實後，石友三於該年晚些時候被中央政府處決。衛立煌感到很內疚，設宴招待朱德總司令說：「這件事未搞圓滿，眞是對不起。」同年年底，衛立煌參加國民黨九中全會，蔣介石在會議上責備衛立煌對八路軍的迅速發展限制不力，對第 97 軍朱懷冰求援無動於衷，對衛立煌給八路軍彈藥物資表示不滿。衛立煌據理力爭說：八路軍的迅速發展不僅在他的戰區，全國各地都在發展。朱懷冰向八路軍進攻，他沒有收到委員長的命令，在共同抗擊日軍的戰場上，突然攻擊友軍，使他一時迷惑不解。對供給八路軍彈藥物資，認爲凡是打日本的軍隊，都要一視同仁。他毫不相讓，問得蔣介石面紅耳赤、無言對答。

朱懷冰隻身逃回重慶後，97 軍調入河南補充兵員，後到陝西三原一帶整訓。1943 年由河南調往重慶，李明灝任軍長。李明灝因係程潛舊部，受排擠，離軍到了解放區。到 1949 年 7 月四野司令部派出的和談代表李明灝進入長沙城，會見了程潛和陳明仁，策應倒戈。

1944 年陳素農任軍長，轄黃淑 166 師、袁滌清 196 師。10 月赴黔桂邊區作戰。11 月在南丹抗擊日軍，激戰四天，全軍潰敗。陳素農落荒而逃並丟失絕密碼，被軟禁。後由陳武接替，駐遵義，後該軍併入 13 軍，陳武調動到 90 軍。

第九十八軍　抗日寇團結進步　武將軍爲國捐軀

西北軍楊虎城舊部，前身爲十四軍團，轄 42、169 兩個師。抗日開始參加娘子關戰役，守備左翼。20 師團對娘子關連日進攻無效後，川按岸文三郎改變主攻方向，將其師團主力移到娘子關、舊關後方，威脅守軍左側翼，由於軍團長馮欽哉疏忽，娘子關守軍被迫撤退。11 月 2 日，日軍佔領壽陽，距離太原僅 55 公里，使晉東門戶洞開，忻口戰役付之東流。指揮官黃紹竑頗有微詞。後歸第二戰區指揮，在晉南、晉東南與日軍作戰。臺兒莊戰役結束後，1939 年移防中條山。武士敏任第 98 軍中將軍長，仍轄 42 師（師長王克敏）、169 師（師長郭景唐）駐防太行山一帶，後又移軍中條山，阻敵南渡黃河。第 98 軍屬劉茂恩的第 14 集團軍駐守東段絳縣至橫嶺關。與我八路軍關係密切。

　　1941 年 5 月 5 日，日軍決心要割掉這根源，以七個師團的兵力，分九路從東、西、北三面向中條山進攻，來勢異常兇猛。在中條山戰役迎擊日寇時被日軍優勢兵力包圍，損失慘重。由陳賡部隊接應而突圍轉移到太岳區，這是中條山在戰鬥中唯一仍留下來的軍。但時間不長，日軍又向太岳區進攻。1941 年 9 月 29 日在對日作戰突圍時武士敏軍長不幸殉國。太行山根據地黨政軍民特為其舉行了追悼大會，八路軍副總參謀長左權將軍敬獻輓聯，表達痛失戰友的哀悼之情：

　　　盡忠於民族國家，努力求團結進步，磊落奇才，一世如君有幾

　　　堅持在敵後抗戰，英勇至殺身成仁，感懷將略，數年知己情深

然而，僅隔半年，1942 年 5 月 25 日，中華民族的優秀兒子左權將軍也英雄地長眠在遼縣（今左權縣）麻田的十字嶺上。延安各界於當年 7 月 7 日舉行抗日戰爭五週年紀念並追悼陣亡將士大會，會場懸掛著無數輓聯、挽幛，表達對其豐功偉績的讚頌和尊敬、懷念之情。第十八集團軍總政治部的輓聯是：

　　　苦戰一生，立下多少功勞，不幸為國捐軀，萬民悲慟哭名將

　　　敵後五載，消滅無數日寇，孰料今成永別，全軍揮淚弔太行

後該軍番號歸中央軍，劉希程任軍長，歸屬胡宗南三十四集團軍。98 軍入川駐遵義防日軍入川。解放戰爭中，段霖茂主軍，在沂蒙山區作戰時全軍覆沒。後劉靜持為軍長，在成都戰役時起義。

第九十九軍　軍委直轄　馳騁疆場

　　中央軍系統。原屬郝夢齡第 9 軍的第 99 師，傅仲芳為該師師長，第 9 軍開到山西抗日戰場，該師留守貴州。1939 年 4 月擴為軍編制，傅仲芳升級為軍長，由軍委直轄。

　　1940 年改隸第九戰區，防守洞庭湖沿岸。通城位處要衝，為第九戰區急欲克復的首要目標，所以自 1939 年 4 月起就對通城展開多次攻勢。1939 年 4 月 30 日，第 99 軍第 92 師梁漢明師長配合由贛北調來的第 98 師發起突襲，力克通城縣城。日軍以戰車掩護 1 個聯隊拼死反撲，通城復陷。10 月日軍 1 個聯隊沿湘鄂公路大舉南犯，途經鴨籠山，守軍第 140 師 1 個連血戰 3 晝夜，與陣地共存亡。日軍久攻鴨籠嶺不克，只好轉攻苦竹嶺，被來援的第 133 師擊敗，退回通城。第 133 師與鴨籠山守軍會合時，該連曾吉林連長已壯烈殉職，陣地中僅餘戰士 8 人。

1939 年 11 月參加崑崙關戰役。該軍轄梁明漢 92 師、高魁元 99 師、王嚴 188 師。北路軍由第 38 集團軍十個師組成。總指揮徐庭瑤，部第 5 軍主攻崑崙關；第 99 軍第 92 師繞伶俐圩西進，攻擊七塘，側擊崑崙關之敵。第 99 軍另外兩師作爲戰略預備隊。

1941 年 6 月參加第二次長沙會戰，轄萬倚吾 197 師。由鄂南開到湖南沅江防守洞庭湖戰鬥 8 月初，即有敵艦出沒湖面，向我青山、華豐垸、增福垸、靈官嘴等地搜索。9 月 16 日，敵海軍集中軍艦 28 艘、汽艇 200 餘隻，加配飛機 24 架，準備對我軍攻擊。其時，新牆河南岸陸戰正酣，敵水陸並進，企圖南犯長沙。薛岳命第 197 師務必確保蘆林潭、錫江口各要點，以固江防。19 日中午，敵艦數十艘，經橫嶺湖進犯錫江口，我守軍以戰車防禦炮猛轟，擊沉敵艦 2 艘，斃敵數百人。接著又有敵艦數艘，竄入楊林寨湖，炮擊錫江口左側。另有敵艦 10 餘艘，駛入團林港，圍攻我馱口陣地，均被我軍擊退。當晚，第 197 師星夜將通往湘江的各湖汊要口，以木筏、樹木、亂石、沙土等物嚴密封鎖。20 日下午 3 時，我軍擊傷敵艦一艘，21 日上午 7 時擊毀敵艇 3 隻，斃敵百餘人，受傷敵艦亦著火下沉，敵兵紛紛投水潛逃。我以輕重機槍掃射，斃其海軍少佐以下人員二、三百名。並繳獲大炮 2 門及槍彈軍用品無數，敵鋒頓挫。爲了確保江防之要點蘆林潭，晚 9 時許，第 590 團李才佐團長親率步兵兩連和一個機槍排，乘夜反攻，敵軍拼死頑抗，兩軍短兵相接，反覆搏鬥，激戰達旦。至 22 日淩晨，終於殲滅殘敵，收復蘆林潭。不久，敵機 6 架飛臨我軍陣地上空，與三四十艘敵艦配合再次猛攻我軍陣地，我軍勇猛阻擊，敵幾次強行登陸，均被擊退。但我陣地工事幾乎全被摧毀，終因彈盡失守。

戰至 10 月 1 日午後，長沙附近敵軍既全部潰散，薛岳命令第 78 軍向新市、長樂街跟蹤追擊，命令第 72 軍經平江西北山地向楊林街截擊；命令第 58 軍迅速超越洘口由長樂街、關王橋截擊；命令第 4 軍、第 20 軍及第 99 軍兩個師，分別在金井、麻峰嘴、青山市、馬鞍鋪，自東向西截擊；命令第 26 軍、第 74 軍等清掃瀏陽河、撈刀河兩岸戰場；命令鄂南指揮官王勁修親率第 4、第 5、第 6 挺進縱隊，於咸寧、蒲圻間截擊；命令第 7 挺進縱隊於新牆、楊林街及忠防、楊林街間截擊。敵軍自遭我圍追堵截後，傷亡慘重，欲奪取湘陰爲搶運傷兵港口。3 日拂曉，敵海軍 500 餘人，借飛機 3 架作掩護，在湘陰城北箭毛嘴、馬頭山一帶強行登陸，我軍奮力阻擊，敵傷亡甚眾。上午 9 時許，

敵機 12 架再次飛來轟炸我陣地及湘陰城區，並放毒氣，敵稍獲進展。晚上 7 時許，我援軍趕到，立即進行反攻，敵又放毒氣，戰鬥十分慘烈。接著，我錫江口炮兵對敵猛轟，午夜遂形成對峙局面。及 4 日中午，敵增援部隊趕到後，再次發動進攻。自長沙北潰的敵第 4 師團主力萬餘人，竄至湘陰東南周家橋一帶後，亦向湘陰城猛烈攻擊。這時，湘陰雖受敵圍攻，且遭敵機狂炸，軍民傷亡慘重，房屋大半被炸毀，但我守城官兵誓與縣城共存亡，拼死力拒，搏鬥至中午，敵未得逞。下午 4 時許，敵以飛機載傘兵數十人降落於北城及八甲，擾我後方，北潰之敵亦分途向我猛攻。此時，我守城官兵雖傷亡甚眾，但仍奮力與敵人進行巷戰，搏鬥至 7 時許，守城官兵均以身殉國，湘陰遂為敵侵佔。戰後南嶽會議，評定 197 師立一等功，獎金六萬元。

1942 年傅陞遷集團軍副總司令，由梁漢明接掌該軍。轄第 92 師，師長艾靉；第 197 師，師長胡大佐；暫 54 師師長饒少偉。18 日軍委會鑒於常德方面軍情轉急，電令第九戰區出兵北援。第九戰區並未動用最接近前線的第 99 軍，反而令第 10 軍自長沙向常德方面推進。薛岳司令長官身負重膺，深知不計一切冒然進軍的危險，所以謹慎調兵。第 99 軍的口袋不能動（相對的第 40 師團也不能動），第 10 軍自長沙出發，仍緊密注視第 11 軍。軍委會直接下令調用第 99 軍。隨後並成立李玉堂兵團負責南面解圍攻勢。並明確規定李兵團兩個軍的進度。第 10 軍應兼程向常德黃土店推進，第 99 軍附暫 54 師，則急開往漢壽德山之間，以掩護常德守軍的右翼。12 月 4 日，中國軍隊援救常德的後續兵團抵達戰場，開始反攻常德外圍，7 日，第 9 戰區協同第 6 戰區部隊向日軍發起反擊。日軍主力團戰役目的已經完成，而且由沙中渡過長江遠道進攻，軍需補給線受到中國軍隊側擊，又怕援兵趕到，受到夾擊，故主動撤出常德，然後全線總退卻。12 月 9 日，第 58 軍會同第 72 軍收復常德。至次年 1 月初日軍退回原駐地，會戰結束。在 50 餘天的會戰中，中國軍隊付出了重大犧牲，師長陣亡者即有 3 人。但是，也給了驕狂的日寇以重大打擊，共斃傷日軍 2 萬餘人。

內戰中在鄭州、青弋江等戰場被殲。

第一○○軍　八閩健兒　轉戰湘贛

抗戰初期，福建尚非中日戰爭的重要戰區，駐軍較少。正規軍隊三個師有：宋天才（因宋失守廈門後為韓文英）75 師防守金門、廈門，王繼祥 80 師防守福州，黃濤 157 師防守漳州。由陳儀主持福建軍務。後由地方保安隊、

團隊組建了新編 20 師（錢東亮爲師長）和預備第 6 師（吉章簡爲師長）。在此基礎上 1939 年建成第 100 軍，軍長陳琪，隸屬顧祝同第三戰區，1940 年屬陳儀第 25 集團軍。轄王繼祥 80 師、韓文英 75 師、錢東亮新編 20 師。157 師調回廣東，預備第 6 師亦調出。

1941 年 4 月 19 日，日軍從連江登陸打進福州，當時的 100 軍第 80 師未戰先撤，該軍棄守福州，軍長陳琪避戰逃走，4 月 21 日福州淪陷。日軍氣焰更爲囂張，決定以少量兵力侵佔南平，當時的福建省政府就在永安，南平又是福建戰區的戰略要地，形勢相當嚴峻。

就在此時，本無作戰任務的南平軍政部第 13 補充兵訓練處處長、少將李良榮向當時的福建省主席、第 25 集團軍總司令陳儀請纓，願赴前線抗日。1941 年 5 月，李良榮被任命爲 25 集團軍第一縱隊司令，率領 1500 多名裝備團戰士開赴前線。與此同時，日軍派出一個 1000 多人精裝備的加強連分兩路進犯，一路沿閩江到達閩侯白沙鎮，一路從福州以北山區向大湖前進，5 月 21 日兩路日軍在大湖集結，意欲拿下大湖、古田後一舉攻佔南平。狂妄的日軍沒有想到，僅僅在十幾個小時之後，李良榮的尖兵連就跑到了他們的前面，並率先佔領了白沙鎮以北洋頂山頭。5 月 22 日下午，日軍爲了搶奪這一戰略制高點，向尖兵連發起了猛烈進攻，尖兵連 100 多名將士利用有利地形，死守陣地，頑強抵抗，日軍動用了飛機大炮也未能得逞。更讓日軍沒想到的是，李良榮此時已經率主力 1000 多人隱蔽到大湖山區並形成了埋伏圈，5 月 25 日日軍進入包圍圈，激烈的戰鬥打響，將士們浴血奮戰共殲滅日軍晉町部隊三百多人。遭此重創，敗退的日寇不敢再向閩北腹地深入，200 多名抗日陣亡將士用鮮血和生命保衛了八閩大片河山。

戰後陳琪被撤職查辦，受軍法審判。100 軍由劉廣濟繼任軍長，並進行了調整。100 軍保留 75 師，加入唐伯寅 19 師。80 師劃歸李覺第 70 軍，李良榮升任 80 師師長。

1942 年參加浙贛會戰，第 100 軍劉廣濟部兩個師及預備第 5 師擔任撫河東岸、臨川的防務，警備南昌和撫河西岸的日軍。第 100 軍逐步消耗敵人，滯阻敵人東進。因戰績不佳，改歸王耀武整理，以第 74 軍副軍長施中誠將軍爲軍長，納編常年於江浙作戰的第 63 師與湘軍精銳第 19 師，積極整訓，在短期間獲得成效。劉廣濟調至湘桂黔邊區任參謀長。第 100 軍從此之後與第 74 軍並肩作戰，成爲兄弟部隊，戰功卓著。

　　1943 年冬該軍受王耀武 24 集團軍指揮，下轄唐伯寅 19 師、趙錫田 63 師、李士林 43 師三個師。參加常德保衛戰，第 100 軍在外圍作戰。其第 63 師主力曾向桃源挺進，部隊連日趕路，疲憊不堪。日軍第 13 師團奪得桃源後，察覺第 63 師正逼進中，立即展開攻擊。第 63 師先頭部隊第 189 團沒料到桃源失守之速，一味急行。在行軍中遭日軍正面衝擊，措手不及，在還沒來得及展開迎敵的狀況下被衝散，陶紹堂團長倉促迎戰，在混戰中陣亡。副團長高鴻恩中校也同時戰死。日軍在擋住第 189 團後即不再續進，第 189 團雖然傷亡不重，但暫時陷入混亂，第 100 軍的解圍疾進來不及搶佔桃源與黃石市陣地，只好在外圍展開拒敵。策應了常德戰場。桃源淪陷之後，第 100 軍先頭師第 19 師終於趕到，一到戰場便立刻投入作戰，在黃石市與第 3 師團惡戰。唐伯寅師長深知自己應援的速度關係全局，竟驅促部隊每日強行軍 70 公里。第 19 師到達黃石市時，已是人困馬乏，喘息未定，難敵日軍鋒銳，激戰半日後撤出黃石市。據日軍戰史記載，第 13 師團對第 19 師強烈抵抗，印象深刻。唐師長這一仗。算是昭告日軍，王耀武集團已經開到。

　　當年夏又參加衡陽解圍戰鬥，到達時衡陽已經被日軍佔領。

　　1945 年施中誠改任 74 軍軍長，李天霞任該軍長，在湘西會戰中沉重打擊日寇，曾立戰功。解放戰爭時整編第 74 師被圍孟良崮，李天霞見死不救，被撤職，改由周志道為軍長，參加黃伯韜兵團。在淮海戰役被殲，周志道隻身逃回徐州。後整 57 旅長杜鼎於 1949 年升任在湖南重建的第 100 軍軍長，陳明仁起義時，杜鼎拒絕參加，將第 100 軍大部拉到粵桂邊界十萬大山，遭解放軍截擊，頑抗失敗。

第五篇　新編、暫編陸軍和騎兵軍

新編第一軍　國史明標第一功　中華從此號長雄

　　全稱爲「國民革命軍陸軍新編第一軍」，簡稱「新一軍」。（以下同）。1942年 2 月，中國組成遠征軍，孫立人爲師長的新 38 師，隸屬張軫第 66 軍。新 38 師於抵達緬甸，參加曼德勒會戰。4 月 17 日，西線英軍步兵第 1 師及裝甲第 7 旅被日軍包圍於仁安羌，糧盡彈缺，水源斷絕，陷於絕境。孫立人奉史迪威之命，親率 113 團星夜馳援。18 日凌晨向日軍發起猛烈攻擊，至午即攻剋日軍陣地，殲敵 1 個大隊，解除了 7 千英軍之圍，並救出被日軍俘虜的英軍官兵、傳教士和新聞記者 5 百餘人。仁安羌之戰是中國遠征軍入緬後第一個勝仗。仁安羌戰後，新 38 師掩護英軍撤退。4 月下旬，英軍撤過曼德勒後繼續向西逃往印度。遠征軍各部向西北穿越野人山退回雲南，獨有殿後的新 38 師按照史迪威和羅卓英的命令，率新 38 師向西撤往印度。

　　5 月底，孫立人率新 38 師到達印度邊境。不料英駐印邊防軍竟要中國軍隊解除武裝，以難民身份進入印度。孫立人見英國佬忘恩負義，翻臉不認人，頓時怒火填膺，下令部隊準備戰鬥。剛巧，被新 38 師在仁安羌解救過的英軍第 1 師師長正在該地醫院治病，聞知情況後，警告當地英軍將領說：「這支中國軍是能打仗的，不信你去看看再說吧！」英軍將領將信將疑來到新 38 師營地，孫立人拉出一支儀仗隊，在營門口迎接。200 名精壯士兵，往營門口一站，就是一堵牆。士兵們軍裝是破了點，但槍支雪亮，個頭是矮了點，但精神飽滿。儀仗隊前頭，擺著 2 門小鋼炮，4 挺重機槍。英軍將領大爲驚異，他見過從緬甸敗退回來的英軍，爲保老命，不用說槍炮，連衣服褲子都扔掉了，只

穿件褲衩跑了回來。而中國士兵硬把鋼炮和重機槍都扛了過來，真是不可思議。英軍將領問中國機槍手是如何把重機強扛過來的？中國兵立正大聲回答：「武器是我們的生命，人在武器在。」聽後明白了個中道理：武器是中國士兵的生命，你要繳他的槍，能答應嗎？孫立人接著領英國人參觀營房，並安排了軍事表演。英軍將領看完後肅然起敬，態度為之一變。第二天，新 38 師軍容整齊地開進印度。英軍儀仗隊列隊奏樂，鳴炮 10 響以表歡迎。

1942 年 8 月，先後到達印度的中國遠征軍新 38 師和新 22 師進駐印度蘭姆珈訓練基地，番號改為中國駐印軍，開始裝備美械和訓練。10 月，中國駐印部隊改編成新 1 軍，鄭洞國任軍長，下轄孫立人新 38 師和廖耀湘新 22 師。1943 年 10 月月，中國駐印軍開始向緬北大舉反攻。在歷時兩年的第二次緬戰中，共擊斃日軍 3 個聯隊長以下 3 萬 3 千餘人，傷日軍 7 萬 5 千餘人，俘虜大尉以下 323 人。繳獲大炮 186 座，戰車 67 臺，汽車 552 臺，攻取公路 646 英里。新一軍傷亡 1 萬 7 千人。

孫立人將軍任新三十八師師長

第二次緬甸戰役開始，孫立人指揮新 38 師如下山猛虎般撲向胡康河谷。10 月 29 日佔領新平洋，12 月 29 日攻佔於邦，俘獲大量日軍。守備胡康河谷的是日軍第 18 師團，曾在中國戰場上犯下累累罪行，這些俘虜手上沾滿中國人的鮮血，落下了應有的下場。

佔領於邦後，孫立人攻勢不減，於 1944 年 2 月 1 日攻克太白加，3 月 4 日與廖耀湘新 22 師兩路夾擊攻克孟關。3 月 9 日，孫師 113 團與美軍突擊隊聯手攻佔瓦魯班。號稱「叢林作戰之王」的日軍第 18 師團死傷過半，狼狽逃出胡康河谷。據日軍戰史記載：「在九州島編成，轉戰中國，素有把握的第 18 師團，與中國軍戰鬥最自信，豈料胡康河谷的中國軍隊，無論是編制、裝備，還是戰術、技術，都完全改變了面貌，……使我軍損失慘重……全軍不禁為之愕然。」

駐印軍攻佔胡康河谷後，3 月 14 日乘勝向孟拱河谷進攻。新 38 師 113 團從左翼翻山越嶺迂迴到堅布山後方，和新 22 師兩面夾擊，29 日攻佔堅布山天

險，扣開了孟拱河谷的大門。4 月 24 日，按史迪威的計劃，新 38 師和新 22 師分別向孟拱和加邁攻擊前進。5 月下旬，孫立人從繳獲的日軍信件中獲知：由於日軍第 18 師團主力在索卡道被新 22 師包圍，加邁城內兵力極爲空虛，師團長田中新一坐守空城，驚恐萬狀。孫立人見機而行，不拘泥於原定計劃，以 112 團秘密渡過南高江，向加邁南面的西通迂迴，切斷加邁日軍的後路；以 113 團向西進取加邁；以 114 團向南對孟拱實施大縱深穿插。6 月 16 日，113 團與新 22 師會師加邁，日第 18 師團團長田中新一率 1500 餘殘兵倉皇南逃。6 月 25 日，孫師 114 團攻克孟拱。8 月 3 日，中美聯軍克復密支那。至此，反攻緬北的第一期戰鬥結束。中國駐印軍給日軍王牌第 18 師團等部以毀滅性打擊，殲滅日軍 2 萬多人，一雪兩年前兵敗緬甸的恥辱。史迪威稱此戰爲「中國歷史上對第一流敵人的第一次持久進攻戰」。

中國駐印軍攻克密支那後，部隊進行休整擴編，由新 1 軍擴編成兩個軍，即新 1 軍和新 6 軍。孫立人任新 1 軍中將軍長，下轄新 38 師和新 30 師。廖耀湘任新 6 軍軍長。後新 6 軍回國增援國內抗戰，其 50 師編入新 1 軍。

1944 年 10 月，反攻緬北的第二期戰鬥開始。中國駐印軍由密支那、孟拱分兩路繼續向南進攻。孫立人率新 1 軍爲東路，沿密支那至八莫的公路向南進攻，連續攻取八莫、南坎。1945 年 1 月 27 日，新 1 軍與滇西中國遠征軍聯合攻克中國境內的芒友，打通了滇緬公路。隨後，孫立人指揮新 1 軍各師團繼續猛進，3 月 8 日攻佔臘戌，3 月 23 佔領南圖，24 日佔領細胞，27 日攻克猛岩，勝利結束第二次緬甸戰役。

《新一軍軍歌》壯烈激昂，歌詞是：

　　　君不見，漢終軍，弱冠繫虜請長纓；君不見，班定遠，絕域輕騎催戰雲！男兒應是重危行，豈讓儒冠誤此生？況乃國危若累卵，羽檄爭馳無少停！棄我昔時筆，著我戰時衿，一呼同志逾十萬，高唱戰歌齊從軍。

　　　齊從軍，淨胡塵，誓掃倭奴不顧身！忍情輕斷思家念，慷慨捧出報國心。昂然含笑赴沙場，大旗招展日無光，氣吹太白入昴月，力挽長矢射天狼。採石一載復金陵，冀魯吉黑次第平，破波樓船出邊海，蔽天鐵鳥撲東京！一夜搗碎倭奴穴，太平洋水盡赤色，富士山頭揚漢旗，櫻花樹下醉胡妾。歸來夾道萬人看，朵朵鮮花擲馬前，門楣生輝笑白髮，閭里歡騰驕紅顏。國史明標第一

功，中華從此號長雄，尚留餘威懲不義，要使環球人類同沐大漢
風！

1945 年 7 月，孫立人率新 1 軍返抵廣西南寧，準備反攻廣州。同月，應歐洲盟軍最高司令艾森豪威爾之邀，孫立人赴歐考察歐洲戰場。8 月 15 日，侵華日軍投降。9 月 7 日，孫立人率軍進入廣州，接受日軍第 23 軍投降。嗣後，新 1 軍進行了休整和擴充，成爲國軍五大主力之一，號稱「天下第一軍」。10 月，美國請中國派出一支由 5 萬人組成的軍隊，協助盟國佔領日本，並特別希望派遣孫立人的新 1 軍去。然而，此時蔣介石正準備把新 1 軍派往東北打內戰，不願分軍佔領日本。

1946 年 1 月，孫立人赴美參加聯合國參謀長會議。3 月下旬，新 1 軍乘美艦在秦皇島登陸。4 月初，新 1 軍、71 軍在梁華盛指揮下，向四平進攻。4 月 8 日，「天下第一軍」首遭重創，其新 38 師在昌圖以北興隆泉地區遭到林彪親率的東北民主聯軍的伏擊，被殲滅 1200 多人。4 月 17 日，在鄭洞國指揮下，新一軍攻佔四平以東、以南地區。18 日，新一軍向四平城區進攻，激戰 9 天，久攻不下，26 日被迫轉攻爲守。5 月 15 日，蔣介石將正在美開會的孫立人電召回國，同時增調 10 個師的兵力圍攻四平。18 日夜，孫立人趕到前線重新指揮新 1 軍。林彪見形勢於己不利，於當夜率部悄悄撤出了四平。19 日清晨，孫立人親自駕駛一輛坦克，率先衝入市區，不料佔領的卻是一座空城。

1946 年 8 月，孫立人被任命爲東北綏靖副司令兼新 1 軍軍長及長春警備司令，率部扼守長春以北、松花江以南各要點。1947 年 1 月，林彪率領 12 個師越過松花江，發動「一下江南」攻勢。在其塔木戰鬥中，孫立人被林彪圍點打援一口氣吃掉 2 個團，氣得他大罵杜聿明指揮無方，將他的兵力到處分散，致使林彪得以各個擊破。後由潘裕昆長軍。該軍在遼西被殲。

新編第二軍　駐軍新疆　遏制「東突」喋血

1940 年建新 2 軍，陳大慶爲新編第 2 軍軍長，屬湯恩伯集團。又逢原 29 軍軍長陳安寶犧牲後進行調整，新編第 2 軍改番號爲第 29 軍。新編第 2 軍番號停用。

1942 年李鐵軍爲 28 集團軍總司令兼新 2 軍軍長，駐新疆哈密。1944 年新 2 軍軍長爲謝義鋒。當年伊犁解放組織領導人阿巴索夫和蘇聯軍事顧問彼得·羅曼諾維奇·阿列克山德洛夫率領 60 人的武裝從霍城越界潛入伊犁市區。他們首先切斷了伊犁河大橋的交通，新 2 軍派遣一個排的兵力試圖重新

奪回大橋，未出城即遭武裝人員伏擊。入夜，鞏哈游擊隊主力繞道趕到伊寧城，開始四處進攻新 2 軍守軍，起事者很快取得了勝利，大批漢族人和國軍被迫撤退到惠遠老城和艾林巴克（飛機場），起事部隊在蘇聯軍事總顧問科茲洛夫的統一指揮下，到 12 月 31 日終於將守軍殲滅，守將陳伯良、高煒在惠遠城破時互相射擊自殺身亡。伊犁郊縣漢族官民紛紛逃亡，鞏留、新源、特克斯等地數百人向焉耆撤退，至玉爾都斯山被追及，生抵焉耆者只餘三十多人；昭蘇官民企圖翻越冰達阪退往阿克蘇，正值寒冬，最後抵達者只有十餘人。整個伊犁地區只有艾林巴克孤軍死守。

艾林巴克位於伊寧東北，是全城最高處，北為飛機場，南是亂墳崗，原來是沙俄軍隊營房，當時是國民黨中央航空分校教導總隊。伊寧叛亂後，城內軍民退守此地約 8000 人。從 1944 年 11 月 9 日，叛亂部隊開始圍攻艾林巴克，久攻不克。1945 年元月 10 日，新 2 軍第 45 師和第 42 軍預備第 7 師援兵試圖救援艾林巴克，其中第 45 師一個團冒嚴寒，付出極大代價後翻越雪山抵達伊犁外郊。在果子溝和叛亂游擊隊發生激戰，阿列克山德洛夫驚慌失措企圖從霍城逃回蘇聯搬取援軍。蘇聯紅軍正規軍一個騎兵團和部分炮兵迅速入境投入戰鬥，終於將中國援軍擊潰。

艾林巴克守軍見救援不成，遂決定冒險突圍，突圍後殘餘 2000 軍民又被叛亂騎兵追擊，絕望中第 42 軍守將杜德孚（預備第 7 師副師長）、曹日靈（預備第 7 師參謀長）自殺，最後這批死守艾林巴克的軍民僅有 800 人，被俘 500多人，包括 34 名婦女被關押進監獄，其餘人皆「失蹤」。伊寧被叛亂軍攻克後，大批極端民族主義者手持大刀木棒，四處搜殺漢人，到事態被臨時政府制止的時候，已經有大批漢人被殺，其中東北籍漢人幾乎無一人幸免，伊寧救濟院的殘廢漢人都被拖到河邊用木棒擊斃。幾十年後，還有一些極端分子威脅與之發生衝突的漢族人：「難道你忘記伊犁河水的顏色了嗎？」這裡說的伊犁河的顏色就是指當時虐殺俘虜和漢人將河水都染紅了。

伊犁解放組織在 1944 年 11 月 12 日匆匆忙忙成立了「東突厥斯坦共和國」，艾力汗·吐烈成為臨時政府主席，阿奇木伯克為副主席。這時期把持政權的是伊斯蘭教上層宗教人士和地主、舊封建統治時期的上層人士。所以臨時政府規定的國旗是綠地、中間是黃色星月標誌的帶有明顯伊斯蘭教標誌的旗幟。

1948 年 3 月李士林接任新 2 軍軍長，在河北參加內戰被殲。

新編第三軍　滇軍系統　久戰湘贛

滇軍系統。1938 年 10 月底第 60 軍與 58 軍合編為第 30 軍團後又將 60 軍的 184 師、58 軍的新編 12 師（師長張興仁）合組為新編第 3 軍，以 184 師師長張沖任軍長（184 師師長仍由張沖兼任）。新編第 3 軍加入 30 軍團序列後，該軍團即改編為第 1 集團軍。1938 年 11 月，已任新編第三軍軍長的雲南張沖率部參與了保衛大武漢的戰鬥。11 月 2 日開赴崇陽北郊陣地，184 師被布置於新 3 軍防線之右翼，防守洋港岩、馬鞍山、得意岩一線。在湖北崇陽地區的戰鬥中，滇軍表現相當英勇，然而受大環境的影響，滇軍崇陽一戰以失利告終，張沖率部轉移到鄂贛邊境的九宮山地區，準備將所部 3 個師改編為 6 個旅，化整為零打游擊，不得已乃轉到瀏陽。張沖部到達瀏陽後，就被追究滇軍崇陽失利的責任，與此同時，有人上告張沖想拉部隊投靠共產黨、打游擊等。為此，蔣介石立即指示嚴辦張沖，並有「革命槍決」的決定。因各方反映強烈，又有龍雲、盧漢求情，槍決的命令才沒有執行。

1940 年秋日軍在越南海防登陸，進窺我國西南邊境。為加強滇南防線，雲南省主席龍雲經向重慶國民政府請示後將 60 軍之 182 師、184 師於 1941 年 2 月調回雲南蒙自、屏邊駐防。安恩博為軍長。楊宏光的 183 師歸新 3 軍編制，留贛。後張沖調回昆明，楊宏光為軍長。曾在湘、贛一帶與日軍作戰。

1941 年 6 月參加第二次長沙會戰。28 日清晨，敵第十三師團一騎兵支隊，突進至東山附近，企圖南下株州。新 3 軍新 12 師一部於馬鞍山、白田鋪之線嚴陣以待，敵騎剛到，即遭痛擊。接著，敵步兵、騎兵 4000 餘人在 32 架敵機掩護下，自黃花市前來增援，並企圖包圍我軍。我新十二師前仆後繼，愈戰愈勇，團長劉世炎身先士卒，率眾衝鋒，殺聲震四野，頑敵為之喪膽。下午 5 時左右，敵勢稍挫。

抗戰勝利後，該軍在九江被裁編。張沖 1946 年到南京參加「國大」時，在中共組織的幫助下，經北平飛往延安，走向光明，不久加入中國共產黨。先後任東北人民解放軍總部高級參謀、松江省人民政府副主席，並出席第一屆全國政協會議，當選全國政協委員，新中國成立後為中央民委委員，旋返雲南，任雲南省人民政府副省長、西南軍政委員會委員、西南民委副主任、雲南民委副主任、涼山軍政委員會主席等職。其 183 師改歸 58 軍。內戰時重建的軍，龍天武為軍長。後被殲於遼西。

新編第五軍　裝甲部隊　號稱「新軍」

1936 年 3 月，蔣介石接受徐庭瑤考察歐美軍隊現代化裝備後所提出的建議，在南京成立陸軍交通輜重學校。1937 年，在交通輜重學校基礎上又擴編建成第一個陸軍裝甲兵團，杜聿明任團長。全面抗戰爆發後，杜聿明率裝甲兵團的兩個連參加淞滬會戰。1938 年，裝甲兵團撤至湖南湘潭整訓，後擴編爲第 200 師。同年冬該師又擴編爲新編第 11 軍。1939 年轄 200 師（師長鄭洞國）和新 22 師（師長邱清泉）。第 5 軍是抗戰初期中國唯一的機械化軍。在杜聿明統率下，該軍注意訓練，士氣旺盛，號稱「新軍」，一時蜚聲全國。新 5 軍也就是第 5 軍，「新」還只是個形容詞。（詳見第 5 軍）。

解放戰爭時期的新 5 軍，係由 52 軍 195 師在東北擴編的。軍長陳林達。該軍在新民縣被殲，陳被俘。後由劉雲瀚任軍長改番號爲 86 軍，於北寧路與解放軍作戰，後改駐天津。解放天津時被殲滅，第 86 軍中將軍長劉雲瀚被俘。

新編第六軍　一寸山河一寸血　十萬青年十萬軍

原爲盤聚在湘西二十餘縣的地方軍隊。其頭領陳渠珍曾被委爲 34 師師長，屬何鍵第四路軍。但是始終不離湘西。抗戰爆發，國民政府委以陳渠珍爲新 6 軍軍長，曾調出顧家齊 128 師、周燮卿暫 11 師兩個師赴上海參戰，歸劉建緒第 10 集團軍序列，後被陳誠吃掉，併入另一湘軍 70 軍李覺部。新 6 軍番號取消。陳渠珍保留的一個旅擴編爲暫 5 師、暫 6 師兩個師仍盤聚在湘西。解放戰爭時陳渠珍和平起義。

1944 年新建的新 6 軍則成軍於緬北。新 6 軍是在第 5 軍新編 22 師的基礎上擴編的。1042 年 3 月第 5 軍廖耀湘新 22 師參加遠征軍赴緬甸作戰。參加同古、葉達西、曼德勒諸戰役。由於英國軍隊只顧自己逃命，置中國軍隊於不顧，不得已退入印度。後中央軍與美軍合作新編練軍隊，由新 22 師擴大爲新 6 軍。

中國遠征軍第一次入緬作戰失利後，一部分部隊輾轉撤至印度。1942 年 6 月，蔣介石批准史迪威在印度訓練十萬中國軍隊，在滇西裝備訓練 30 個師及反攻緬甸的計劃。新 38 師和新編 22 師分別奉命於 6 月底和 8 月開赴蘭姆伽軍營，改該換美式裝備，實施美式訓練。1943 年初，鄭洞國到達蘭姆伽，成立新 1 軍並任軍長之職，下轄孫立人新 38 師和廖耀湘新 22 師。兩師全美式裝備，步炮比例已達到 3：2。就其裝備來講，完全達到西方國家 A 級水平。1943 年春開出蘭姆伽軍營，重返前線。是年秋，該師被調往中印緬邊境的列

多地區駐防，並於 12 月打通了入緬的門戶。駐印軍爲迅速打通中印公路，隨即向緬北推進，以新 38、新 22 師分別擔任左右翼，進軍胡康河谷（在當地被稱爲死亡地帶）。1944 年 3 月，駐印軍佔領孟關，消滅日本最精銳的第 18 師團的主力，繳獲其軍旗、關防、大量文件及各種武器。繼而這兩個師又乘勝進軍，一鼓作氣，攻佔緬北重鎮孟拱，再次告捷。此前，由國內號召知識青年參軍，口號是「一寸山河一寸血，十萬青年十萬軍」，於 1944 年春先後空運至印度接受美式裝備和訓練的新 30 師（師長胡素），歸新 1 軍建制；第 14 師（師長龍天武）、第 50 師（師長潘裕昆），歸新 6 軍建制。先後轉運至緬甸密支那，隨即對其發動進攻。第 38 師在孟拱戰役結束後，也進軍密支那。經過一個多月的激烈戰鬥，八月初密支那終於被攻克。自從我駐印軍先後開出蘭姆伽後，連續作戰，屢創強敵，戰鬥力較之以前大爲提高，這是日軍做夢也想不到的。他們弄不清楚這支兩年前曾敗在自己手下的中國軍隊何以在不到一年的時間裏便成了一支攻無不克、戰無不勝的威猛之師。1944 年 8 月，入緬作戰的中國軍隊休整擴編，成立兩個軍。新 1 軍（軍長孫立人）下轄李鴻新 38 師、唐守治新 30 師；新 6 軍（軍長廖耀湘）下轄李濤新 22 師、龍天武第 14 師、潘裕昆第 50 師。至此五大王牌軍已全部誕生。中國軍隊在密支那休整約兩個月後，向日寇發動了最後的攻擊，用繳獲的日軍文件上的一句話來說：「支那軍歸國心切，銳不可擋」。

　　密支那休整後，新 1 軍、新 6 軍分左右兩路向八莫發動進攻。一路上過關斬將，所向披靡。1944 年 10 月 10 日，駐印軍總指揮部令英軍第 36 師爲右縱隊，由緬甸平堡向和平、傑沙、皎梅攻擊；新 6 軍爲中央縱隊，由莫岡向瑞古、東籲進擊；新 1 軍爲左縱隊，由密支那向八莫、南坎進攻。新 6 軍 11 月 7 日殲日軍第 2 師一部，克瑞古，12 日攻佔西曼、大曼後，主力南向東籲進攻，一部北向八莫進攻，策應新 1 軍。新 38 師於 17 日達成合圍八莫後，在空軍和炮兵支持下發起攻擊。29 日，新 6 軍突破瑞麗江進佔芒市卡、拉西。之後，奉命集結西烏，待命返國。1944 年 11 月，桂林、柳州相繼失守，日軍進犯獨山，貴陽告急。匆忙把新 6 軍軍部及新 22 師、第 14 師空運至雲南沾益，以保衛重慶（後新六軍又由沾益運至湖南芷江）。剩下的第 50 師仍與新 1 軍配合作戰，先後攻克八莫、南坎，並在畹町附近的芒友與雲南西進的遠征軍會師。1945 年 1 月 1 日，第 50 師由西烏向南渡、昔卜進攻。新 1 軍擊潰日軍第 56 師團等部的抗擊，於 15 日一舉突入南坎市區，全殲守城日軍。16 日，新 30 師由南坎向南帕卡進攻，新 38 師一部向南帕卡迂迴；主力沿南坎一畹

町公路推進，於 27 日殲第 56 師一部克孟尤，與遠征軍會師。中印公路完全打通駐印軍和遠征軍會師後，於 1945 年 1 月 28 日在畹町城舉行了中印公路通車典禮。此時日軍因在菲律賓失敗，收縮戰線，全部撤出緬甸。至此，緬甸戰事全部結束。1945 年春，新 1 軍在臘戍附近準備回國，第 50 師正式奉命編入新 1 軍建制。印軍和遠征軍經一年多的英勇奮戰，傷亡 6.7 萬餘人，斃日軍 4.8 萬餘人，完成開闢中印公路的作戰任務，使大批物資輸入國內，爲抗日戰爭取得勝利做出了貢獻。

1945 年 5 月，日軍集中六個師團約二十萬人的兵力向湘西雪峰山地區發動進攻。新 6 軍空運芷江戰場，歸王耀武的第四方面軍指揮，將大部分日軍分割包圍，殲滅大量日軍。這次會戰是國民政府自抗戰以來組織的最後一次會戰，也是日軍侵華以來最大的一次慘敗，其傷亡約二十萬人，幾乎是全軍覆沒。

內戰中廖耀湘升爲第 9 兵團司令，李濤爲新 6 軍軍長。該軍於遼西戰役被消滅。

新編第七軍　民軍改編　活動於豫東

抗戰時期 1939 年豫東專員兼保安司令宋克賓組織豫東抗日游擊隊，編制有整編爲三個縱隊：第一縱隊司令魏鳳樓兼鹿邑縣長，第二縱隊司令宋子剛兼虞城縣長，第三縱隊司令蔡洪範兼永城縣長。共有一萬五千多人，成爲豫東一支最大的抗日游擊隊。受到第一戰區司令長官程潛支持。將原來的游擊隊改編爲暫編第二軍，調河北省抗日。宋克賓任軍長、葛佩琦任政治部主任。1939 年春，程潛調爲天水行營主任，由衛立煌接任，衛立煌撤了宋克賓專員和保安司令職務，但保留豫東抗日游擊隊。1939 年 5 月，開到河北大名地區。在此休整了不久，繼續前進。在大名、南宮之間，遭到日軍掃蕩。由於人地生疏，武器懸殊，部隊損失慘重。撤到大名以北的草帽辛莊一帶後，士氣低落，軍心動搖，要回豫東。但是原駐的防區，已被河南省保安隊接收了，豫東靠隴海鐵路的地帶，被漢奸部隊控制，已經沒有立足之地。宋克賓說：張嵐峰（漢奸軍長）是同鄉，也是西北軍的同事，不至於不讓我們吃碗飯。隨之投靠了張嵐峰和平救國軍第一軍，宋爲第三師師長，駐商丘以東三十華里的馬牧集。

衛立煌從洛陽回來，又到沈丘去見了騎 2 軍軍長何杜國，把策動宋克賓師反正工作的情況告知。他說，策動曹大中、李忠毅兩個師反正的工作很順

利。已經把 3 個偽軍師的情況，一同報給軍事委員會（指國民黨軍委會），為他們報請番號和編制。軍委會已來電指示，曹大中、李忠毅、宋克賓率部反正後，合編為新 7 軍，他們三人仍擔任師長。葛佩琦才與何柱國緊密協作。1940 年 10 月下旬，由何柱國的騎兵接應，三個偽軍師同時反正成功，被合編為新 7 軍，削弱了在豫東的蠶食力量。

1940 年衛立煌將其改編新 7 軍，彭傑如為軍長。1942 年隸屬胡宗南 34 集團軍。鍾松、吉章簡先後任軍長，隸屬丁德隆 37 集團軍，在晉豫陝邊抗戰。抗戰後整編。內戰時、彭傑如升任第一兵團副司令長官，李鴻為軍長，轄史說新 38 師、張炳言暫 56 師、鄧士富暫 61 師，與曾澤生 60 軍同守長春。曾澤生 60 軍 1946 年受命開赴東北，鎮守長春。在此前不久，蔣介石對滇系進行了打擊，改組雲南政府、免去龍雲的軍政職務，滇系與蔣的矛盾加深。長春被圍，國民黨空投糧食，首先滿足蔣介石嫡系部隊新七軍，引起曾部極大不滿。在策反下，舉行起義，解放軍接防部隊進城，60 軍同時撤出城外，開往九臺休整。鄭洞國被迫率新 7 軍投降。同時編為解放軍，第 50 軍軍長曾澤生政委徐文烈、第 53 軍軍長彭傑如政委王振幹。

新編第八軍　抗戰在魯豫　起義第一軍

新 8 軍軍長高樹勳原為宋哲元河北省保安處處長。抗戰之初組織民軍，被委為新 6 師師長。1938 年 5 月編入石友三 69 軍，在魯南、魯西、冀南一帶抗戰。長期與八路軍合作。1939 年升格為新 8 軍，高樹勳任軍長。1940 年該集團軍總司令石友三在開封與日本駐軍司令佐佐木簽訂協議，公開投敵。12 月 1 日蔣介石命高樹勳部在河南濮陽將石友三誘捕，背到黃河邊活埋了。

1942 年新 8 軍駐守冀南一帶。4 月 29 日至 5 月 15 日，日本侵略軍林支隊和吉田支隊在武城，清河，龍華，南宮之間；鈴木支隊在曲周，館陶，臨清，威縣，平鄉之間；重田兵團在鄧城，濮縣，清豐，濮陽之間企圖消滅驅逐冀南地區的中國軍隊。4 月 29 日拂曉，各支隊，兵團對各自負責的地區同時發起攻擊，迫使高樹勳新 8 軍退至隴海線以南。此次掃蕩共殺死軍民 6327 人，到 5 月 15 日，日軍掃蕩部隊回防。

1944 年鄭州至陝縣沿黃河南岸一線，約二百公里的河岸上，集中駐紮著四個集團軍，高樹勳第 39 集團軍駐守澠池、陝縣地區。高為集團軍總司令，胡伯翰為副總司令兼新 8 軍軍長。轄范龍章新 6 師、尹瀛洲暫 29 師。4 月底日軍發動中原會戰，第一戰區司令長官蔣鼎文率先西退，群龍無首，部隊各

自盲目後撤。5 月 17 日，李家鈺在澠池縣山中一小集鎮翟涯鎮，與從洛陽西撤的第 14 集團軍副總司令劉戡、14 軍軍長張際鵬、新 8 軍軍長胡伯翰、暫 4 軍軍長謝輔三等將領相遇。因各軍擁擠一途，場面極度混亂。幾個將領會商後都說：「必須統一指揮和派遣掩護部隊，再圖反攻！」眾人一致推李家鈺出任統一指揮官。李家鈺慨然說：「我 47 軍願承擔後衛掩護任務，掩護各軍轉進。」李家鈺不幸壯烈殉國後，各軍退守山區。5 月 12 日敵人攻入澠池縣城，該日敵人分一股，由坡頭沿山麓東進，下午與新 8 軍暫 29 師戰於南坻塢。軍隊撤退，澠池縣政府隨之由臺口入山。

　　抗日戰爭結束，胡伯翰調任北平警備副司令。高樹勳仍長新 8 軍。這時那毫無背景的軍人龐炳勳、高樹勳、孫殿英一干人很是茫然。1945 年 8 月蔣介石以 14 個軍分 3 路沿平漢、同蒲、津浦 3 條鐵路向華北解放區進攻。其中第 30 軍、40 軍、新 8 軍 6 萬餘人為第一梯隊，在第十一戰區副司令高樹勳、馬法五的率領下，沿平漢線從新鄉北進，企圖打通鐵路線與石門（石家莊）敵軍匯合。這一路對解放區危害最大。在邯鄲以北，經過 10 餘日血戰，雙方損失都很大。關鍵時刻，在劉、鄧首長的親自組織下，經地下黨員王定南牽線，軍區參謀長李達冒險穿過火線與第十一戰區副司令兼新 8 軍軍長高樹勳面談，終於使高樹勳下定決心，率領新 8 軍和河北民軍 1 萬多人火線起義，使戰役立即發生逆轉。最終，解放軍全殲敵軍近 4 萬人，生擒第 11 戰區副司令兼 40 軍軍長馬法五、副軍長劉世榮等高級將領，繳獲山炮、火箭炮 310 門，輕重機槍 1719 挺，步槍 9248 支，獲得戰役的全勝。這個戰役，是抗日戰爭勝利後的第一個大的戰役。高樹勳率部起義，是國民黨軍隊在解放戰爭中最早、最大的起義，當時不但震動了全國，也震驚了世界。起名為「民主建國軍」。

　　1945 年 11 月 1 日，高樹勳、喬明禮等率領新 8 軍、河北民軍 1 萬多人迅速撤離戰場，離開磁縣馬頭鎮，到武安縣伯延鎮一帶休整、補充。馬頭鎮距離武安縣伯延鎮一帶約幾十華里，一路上，沿途群眾與學生列隊遠迎，高呼「歡迎高樹勳將軍反戰起義」等口號，到處貼滿五顏六色的歡迎標語。起義的新 8 軍和河北民軍官兵無不歡欣鼓舞。由鄧小平、薄一波介紹，高樹勳光榮地加入了中國共產黨。但高樹勳部進駐武安地區不久，其駐地 17 個村的群眾就怨聲載道，幾乎每天都有群眾找當地政府請求高樹勳部移防，甚至還準備赴邊區政府請願。報紙發表了《舊軍隊必須脫胎換骨》的社論，向民主建國軍敲起了警鐘。

隨著形勢的變化，民主建國軍的命運發生了逆轉。1946 年底民主建國軍內發生了一起所謂的「特務案件」。一名保衛幹部在集市上看見民主建國軍的一位連長向一個商人舉三個指頭，就說他是向特務發暗號，把他拘捕。後嚴刑逼供，屈打成招，供出了一批「通敵」人員，其中涉及到民主建國軍一些營、團幹部和更高層的領導。剛開始時涉及的人不多，範圍不大，這些人被陸續送到設在潞城的神泉村訓練班審訊。隨著逼、供、信的規模越來越大，有的人在嚴刑下開始胡說，又供出一批又一批的人。涉及的範圍越來越寬，層次越來越高。政工人員帶領了一個團抓起高樹勳。後中共中央回電說：高樹勳邯鄲起義有功，必須保證他的人身安全，總算保全了高樹勳性命。把策動高樹勳部起義的王定南弔打、背銬了 56 天關押起來，直至 1952 年才放出。過了幾個月，晉冀魯豫軍區重新對民主建國軍「叛變」的事進行了調查，結果不了了之。半年多後，高樹勳終於解脫，開始參加工作。1972 年 1 月 19 日，高樹勳在北京逝世，埋葬於八寶山革命公墓，終年 74 歲。

高樹勳起義後，國民黨重建新 8 軍，沈向奎爲軍長。新 8 軍集中錦州，歸第 6 兵團指揮。駐錦州東面紫微嶺到松山地帶。1948 年在遼瀋戰役中被殲，沈向奎逃臺。

暫編第一軍　蘇魯游擊區地方和起義部隊組成的軍

1928 年 6～9 月軍閥劉珍年戰敗直魯聯軍所部，後投靠蔣介石，被任命爲國民革命軍暫編第一軍軍長，率部進駐煙臺。收編直魯聯軍殘部，擴充軍隊。經常到處張貼布告籌措軍費，動員豪門富戶捐款。當年秋，國民革命軍暫編第一軍在煙臺西大操場主持舉行膠東軍民聯歡運動會，這是煙臺歷史上規模最大的一次。後改爲二十一師。與韓復榘戰爭中失敗，殘部退到浙江，編入衛立煌第十四軍，劉珍年被處決。

抗戰開始，中央已姑準晉軍擴編爲 84 個團。爲：4 個集團軍，7 個軍，6 個獨立師旅，8 個炮兵團，6 個游擊縱隊。其中第 8 集團軍下轄傅存懷暫編第一軍。後來撤銷了暫編第一軍的番號，變爲閻錫山的警衛軍。

1944 年初。王毓文組建的暫編第一軍，是由蘇魯游擊區起義僞軍、地方部隊組成的軍，轄暫編 14 師、30 師、騎 8 師，駐軍蘇、皖北部。與新四軍時常衝突，發生過著名的保安山戰役。1945 年王毓文暫編第 1 軍改稱 97 軍，屬陳大慶 19 集團軍，駐軍安徽。解放戰爭進犯蘇北、魯南。1949 年春，蘇中九分區公安局派中共黨員黃斌到一區、二區開展迎接解放的準備工作。5 月下

旬，國民黨駐軍紛紛逃離崇明，留崇殘部軍心渙散。黎平通過大通、富安紗廠施昌烈等人與駐堡鎮的國民黨暫編第1軍11師副師長劉賀田談判，與此同時，中共大椿鄉支部亦通過關係與劉賀田談判。促使11師所屬三個團同地下黨簽訂了起義協定。中共大椿鄉黨支部還通過關係使駐大椿鄉一個營的殘敵繳械。二區黃斌等人組織短槍隊，建立蔣軍收管所，收容散兵遊勇。駐廟鎮和南豐沙的百餘名準備開往臺灣的自衛隊員派人同地下黨聯繫投降事宜。5月30日，人民解放軍包圍縣城，31日，中共地下黨通過國民黨縣參議員和各界人士湯如蘇、陳稚秋、徐鼎銓等10餘人先後3次對駐守縣城的國民黨江蘇省水警團團長全裕謙勸降。在強大的軍事、政治攻勢下，全裕謙部被迫無條件投降。6月2日，崇明解放。

暫編第二軍　廣東組織的抗日軍隊

鄒洪為廣東省五華人，任廣東省保安處處長，轄兩個保安旅。抗日戰爭初期鄒洪與中山縣人古鼎華組織抗日軍隊，古鼎華任廣東省第一行政區保安司令，管轄珠江三角洲及粵中地區的一些縣份，下轄保三團、保七團和保十團三個團，防守在江門、新會前線，司令部設在開平縣長沙鎮。1939年3月底，江門、新會為日寇所陷時，古鼎華在前線指揮他的部隊作戰。保七團在其團長楊干吉率領下，在新開公路沿線抗擊日軍，作戰英勇，對老百姓也比較開明。1939年編為暫編第二軍，鄒洪任軍長，古鼎華為副軍長，屬余漢謀第十二集團軍，防守江西。

1941年進行第二次長沙會戰，該軍奉命增援。日軍突破我軍戰線後，兵臨長沙城下。幾乎與日軍同時抵達，從常德趕來增援的第79軍第98師進駐嶽麓山。27日晨，第98師主動發起進攻，但不敵日軍的猛烈反擊，下午，日軍突破98師防線進入長沙城。薛岳命令從廣東增援來的暫編第二軍暫編第8師佔領長沙東郊楊家山一帶陣地，其第一旅攻擊日軍受挫，退往打靶場一帶。28日，第79軍暫編第6師到達嶽麓山，29日渡過湘江與日軍早淵支隊開戰，30日攻入市區構築陣地。同日第4師團主力抵東郊金盆嶺一帶，第3師團突破第8師防線，並佔領株州，第6師團集結於鎮頭市附近，第40師團集結於獅形山附近，荒木支隊集結於沙市街附近，平野支隊在廬林潭附近，江騰支隊在關王橋附近。至此，日軍基本佔領長沙。他還命令湘西、粵北夏楚中的第79軍、鄒洪的暫編第2軍趕赴湘北參戰，命贛北的第72軍進入撈刀河待命。

此次長沙會戰，因我軍浴血奮戰，致使日軍傷亡慘重，而供應線遭軍隊和民眾破壞，後勤不濟。而國民政府為援助第九戰區的失利狀態，命令第三、第六、第五戰區分別向各處日軍發動攻擊，特別是第六戰區進攻宜昌，孤守宜昌的第 13 師團已經抵擋不住，師團司令部除留酒田大尉之外，以內山英太郎為首的全體軍官都準備剖腹自殺。阿南司令官只得於 10 月 1 日命令第 11 軍主力撤出湘北馳援，而陳誠卻未能攻下宜昌，也未能阻援由荊門開來的第 39 師團，使宜昌之戰功虧一簣。

9 月 26 日蔣介石就認定日軍損失慘重，「其勢已疲，其兵站線亦不易推進」，是切斷其退路，殲滅日軍的良機。要求薛岳不管長沙如何，英勇截擊敵後路，力求全殲。但薛岳過於看重長沙保衛戰，直至 29 日才看出日軍已經無力繼續，企圖北返。遂命令第 79 軍固守長沙待援，第 10、第 37、第 74 軍側擊日軍，集團軍嚴防日軍北撤，第 99 軍救援長沙，暫編第 2 軍攻佔株州，並連同固守長沙的第 79 軍一起向北追殲撤退日軍。各部隊實際上已經從四面八方形成對撤退中的日軍包圍態勢，日軍完全是在苦戰之中艱難度過難關。

1941 年底，日軍進攻香港。儘管長沙附近的中國軍隊未能大批南下馳援香港，而駐守廣東的暫編第 2 軍仍準備從側後牽制日軍。但該軍行動至惠州、東莞附近時，香港已經落入敵手，只好撤回。1942 年鄒洪任第 35 集團軍副總司令，古鼎華為軍長。1944 年該軍與第四軍合併，王作華為軍長。暫編第二軍撤消。

後豫東專員兼保安司令宋克賓由葛佩琦幫助擴建的豫東抗日游擊隊，在程潛的支持下，這支部隊改編為國民革命軍暫編第二軍，下轄三個師，宋克賓為軍長，葛佩琦為政治部主任，調河北省抗日。

在河北大名、南宮之間，這支部隊與掃蕩的日寇頻頻發生戰鬥。由於人生地不熟，武器裝備又極為懸殊，部隊損失慘重，軍心頗為動盪，絕大部分官兵都主張返回豫東老家。因為原來的防區已被河南省保安隊接收，豫東隴海沿線又被漢奸張嵐峰部隊所控制，一時難有立足之地。宋克賓等人率部投張嵐峰。改編為「和平救國軍第 1 軍第 3 師」，宋為師長，駐商丘以東三十華里的馬牧集。葛佩琦與騎兵第 2 軍軍長何柱國緊密協作。1940 年 10 月下旬，由何柱國的騎兵接應，三個偽軍師同時反正成功，被合編為國民革命軍新 7 軍，削弱了在豫東的蠶食力量。

暫編第三軍　屬傅作義集團　守衛綏西

傅作義集團軍經過戰爭壯大了軍隊，培養了指揮人員。此後擴大了幾個軍。1940 年 7 月，集團軍轄：第 35 軍，軍長魯英麟、轄第安春山 31 師，李銘鼎第 32 師，郭景雲第 101 師；暫編第三軍，軍長董其武，轄王雷震第 17 師，楊維垣第 27 師的四個旅正在訓練準備編成軍；騎兵第四軍軍長孫蘭峰轄王贊臣暫編第 10 師（原綏察騎兵新編第三師），王子修暫編第 11 師（原綏察騎兵新編第四師）。不過幾員「大將」的崗位在集團軍中常發生變動調換。孫蘭峰任過暫 3 軍軍長，袁慶榮也擔任過騎 4 軍軍長。綏遠地區民風樸厚純良，徵來的兵員素質好，成份都是農民，沒有兵痞軍混一類人。軍人家屬有適當的安排，流傳著「三石糧食一匹布，老婆交給保隊副」說法。自 1940 年以後，軍隊得到休養訓練。抗日戰爭勝利後，一個「雜牌軍」得到各方面的器重，成爲了內戰的重要資本。軍隊的番號去掉了「暫」字，傅作義系統轄有 35 軍、111 軍、103 軍、104 軍和三個獨立、騎兵旅

1945 年 8 月，經過抗日軍民的浴血奮戰，日本帝國主義宣佈無條件投降，抗日戰爭終於取得了勝利。蔣介石急令第 12 戰區司令長官傅作義統率大軍，沿平綏路向解放區進犯。11 月初，八路軍晉綏部隊和綏蒙游擊隊直逼包頭城下，於 12 日完成了對包頭城的包圍。當時，傅作義委派董其武爲包頭戰區總指揮，67 軍軍長何文鼎、暫 3 軍軍長王雷震組織防禦。從 11 月 9 日開始到 12 月 4 日包頭城雖未攻克，但是解放軍積累了寶貴的攻堅戰經驗。暫編第 3 軍改稱第 104 軍，軍長爲安春山，已是全部美械裝備。轄暫第 10 師、暫第 11 師、暫第 17 師。曾去東北參加四平戰役。又移來天津市控置津、塘、唐三角地區。由於第 35 軍軍強行突圍西去，動搖了迅移主力於津塘集結的原計劃。把暫編第 4 軍、整騎兵第 4 師，推向懷來以西，這正是落入解放軍的環圍，把第 35 軍、暫編第 3 軍等基本得力的十多萬人的隊伍本錢拼光。

暫編第四軍　豫西戰役臨時建軍

1940 年傅作義部攻克五原後，擴編軍隊，保薦 101 師師長董其武任暫編第四軍軍長，後番號撤銷。1943 年底太平洋戰局惡化，日本政府看到了戰爭前景不妙，1944 年初日本決定實施一元化軍政統治，同年 3 月日軍軍部下達了實施 1 號作戰的指示。此次作戰的目的是：打通一條北起滿洲，橫穿中國大陸，南至越南河內的鐵路交通線。1944 年 27 軍原預 1 師師長謝輔三組建了暫編第 4 軍，由陝西來河南參加中原會戰。

　　1944年4月4月打響第一期作戰計劃，企圖打通平漢路，消滅該戰區的核心主力湯恩伯的13軍。第一戰區長官部設在洛陽。鄭州至陝縣沿黃河南岸一線，約二百公里的河岸上，集中駐紮著四個集團軍，外加韓錫侯第9軍，馬法五第40軍，謝輔三暫編第4軍。日軍步兵37師團在重炮火力的掩護下從中牟北方強行突破了黃河防線，從東，西兩個方向迂迴夾擊中牟守軍第27師。由於日軍火力強大而且攻擊前守軍沒有發現任何異常徵兆，被日軍一陣炮彈受到重創。日軍夜裏12時發起總攻，凌晨2點鐘即佔領中牟鎮。4月19日清晨，日軍步兵37師團一部推進到鄭州城下，開始攻城。敵後續部隊源源不斷趕到，至20日，步兵110師團，山西治安守備62師團主力趕到，同鄭州守軍第4集團軍展開血戰。5月9日，鄭州附近的日軍步兵63師團向西進攻。10日，衝潰第4集團軍汜水、嵩山防線，沿黃河南岸西進。11日到達洛陽東郊，以一部兵力從洛陽北面穿插，13日到達洛陽西邊重鎮新安附近。同日，日軍第1軍獨立第5、第59兩個旅團，在澠池北面白浪渡突破新8軍河防陣地，從東面向洛陽殺來。同時，日軍第1軍另一部兵力，從陝縣突破黃河防線，也從東面殺來。黃河防線全線崩潰了。

　　蔣鼎文司令長官因恐被日軍包圍，於5月6日就將長官部由洛陽撤到新安，又於10日半夜驚慌失措地帶著幕僚和參謀人員，從新安向西南撤退，通過洛寧進入了綿亙於豫西的伏牛山中。5月17日，李家鈺帶著第36集團軍總部和47軍來到澠池以南一個叫翟涯的小鎮。新組建的第64集團軍總司令劉戡也帶著總部來到這裡。接著，高樹勳的第39集團軍總部和新8軍，被大批日軍從河岸上打垮，也逃到了這裡來。頓時，這個小小的市鎮竟聚集有三個集團軍總部和暫編4軍、第14軍、新8軍和第47軍。人擁馬擠，水泄不通，尾隨新8軍從河岸上追來的日軍，也到了這附近。公推第36集團軍總司令李家鈺將軍出來統一指揮，將軍們聚在一起商議，決定繼續西撤。李家鈺部主動擔負後衛，掩護各軍西退。

　　第八戰區副司令長官胡宗南將軍此時正在華山養病，得知日軍對陝西大兵壓境，急忙下山。親率精銳第34集團軍東出潼關，在豫西靈寶，盧氏一帶山嶽地區憑險佈陣，迎擊日軍。

　　第34集團軍中的第1軍，是胡宗南精銳中的精銳，被岡村寧次看作與湯恩伯的第13軍同等厲害的王牌。胡軍士氣旺盛，以逸待勞，狠狠打擊西犯之敵。日軍的機械化兵團一進山區便失去優勢，經胡宗南兵團憑險阻擊，鋒芒

頓挫，被阻擊於崤山之下。

後在豫西暫編第 4 軍合併到第 27 軍，番號撤銷。軍長仍爲謝輔三。隨即參加西峽口之戰。向西峽口方向進攻的日軍，是此次作戰中日軍最強的一路——坦克第 3 師團主力和第 110 師團主力。日軍以坦克開道，步兵炮兵蜂湧跟進，沿著南陽至西安的豫陝公路，在叢山峻嶺之中的狹窄公路上拼命突進。3 月 28 日，坦克第 3 師團的先頭部隊抵達西峽口鎮南約一公里處。守衛西峽口的是吳紹周第 85 軍之 23 師和暫 55 師。此時，以王仲廉第 31 集圖軍爲骨幹的中國軍隊，正按計劃向西峽口至重陽店之間的公路兩側山地運動，計有吳紹周第 85 軍，賴汝雄第 78 軍，謝輔三第 27 軍一部，以及武庭麟第 15 軍，第 90 軍王應尊之第 28 師等部。

翌日淩晨四點鐘，公路南北兩俯的中國軍隊同時發動反攻。頓時，山谷中炮聲隆隆，喊殺聲震天，丁河店在猛烈炮火中頓時火光衝天。中國攻佔了奎文關，還將西峽口至重陽店之敵，攔腰斬斷。重陽店之敵頓成甕中之鼈。直到日軍從房頂上撅起白布片，峽谷之中激烈的槍炮聲才停息下來。

暫編第五軍　孫殿英朝秦暮楚　投降日寇

抗戰初期第 24 集團軍所轄的暫編第 5 軍軍長孫殿英，綠林出身，在軍隊中混跡多年，朝秦暮楚。1928 年任國民革命軍 25 軍軍長時成了世界聞名的盜墓賊，盜掘乾隆、慈禧的墓。投靠張學良後 1931 年被委東北軍第 41 軍軍長。長城抗戰時與退至東北義勇軍各部在長城一線抗擊日軍。41 軍防守赤峰、范胡屯地區，馮占海部防守奈曼旗、下窪地區，劉震東、李忠義兩部防守開魯地區，邰斌山、鄧文、檀自新三部防守經棚地區。3 月 1 日日軍進至赤峰以東哈拉道口地區，受到第 41 軍第 117 旅的頑強抵抗。當夜，守軍派出一連精銳兵力，夜襲日第 6 師團司令部。日軍集中參謀及勤務人員倉促抵抗，直至援軍到達，夜襲部隊方才撤離。3 月 2 日騎兵第 4 旅團及僞軍騎兵旅開始進攻赤峰城。激戰至傍晚，守軍向圍場、隆化轉移，日軍騎兵第 4 旅團佔領了赤峰城。41 軍退入長城內，借機吞併了湯玉麟部。

1933 年夏，蔣介石任命孫殿英爲青海西區屯墾督辦，令其率所部 41 軍開往青海，爲排除異己，蔣介石又密電馬鴻逵、馬步芳聯合拒孫。馬步芳接電後，在西寧新編第 9 師司令部召開團以上人員參加的軍事會議，決定派甘州先遣第三旅和馬步鑾騎兵團、馬步青部馬祿第一旅先行到寧夏，後又不斷增派部隊，先後共派兵力達 2 萬多人。寧夏戰役打響後，馬步芳乘汽車赴寧夏

指揮，任預備隊總指揮，經數次激戰，打敗孫殿英。1934 年 3 月，孫殿英敗退山西，馬步芳率部回青海。後在與晉軍的戰爭中被夾攻失敗，被囚禁在晉城。41 軍番號自然消失。

1936 年放出後來北平投靠宋哲元。委以民軍司令。北平失陷後，他趁機收攏敗退下來散兵遊勇及廟道會人員，組成軍隊。一部分由通縣退下來的起義冀東保安隊也被其收攏。後被委以暫編第 5 軍。抗戰初期，孫率其暫五軍在河北、豫北多次與日軍作戰。1943 年後，孫殿英率部投降日軍，裹挾第 24 集團軍總司令龐炳勳、27 軍軍長劉進當了漢奸。暫編第 5 軍被汪偽政府改爲「新編第 5 軍」。「暫」字掛了整六年，投降日寇才去掉。配合日軍多次和抗日軍隊作戰。日本投降後，孫殿英搖身一變，變爲「先遣軍」，被蔣介石編爲第四路軍，追隨蔣介石打內戰。1947 年解放軍在湯陰生俘孫殿英。後孫殿英被解送到河北武安縣戰俘營。因其與中共有過友好關係，領導還設宴招待過。爲了照顧他，特地批准他帶一名衛士照顧其生活。開始，孫殿英勞動比較積極，但後來就不行了，甚至一度企圖越獄，但未得逞。不久，身患多種病症的東陵大盜孫殿英因救治無效而死。

暫編第九軍　浙江保安部隊組建　轉爲六十六軍

1939 年浙江省保安部隊三個師組建了暫編第 9 軍，浙江省保安處處長馮聖法爲軍長。1942 年 5 月浙贛會戰軍事行動即將開始，日軍編成第 13 軍，直轄五個師團、三個混成旅團，由敵酋澤田茂指揮，並在 5 月 14 日以前分別完成一切作戰準備。第 10 集團軍王敬久應盡力守住金華，並派出有力部隊支授第 88 軍，努力阻擊敵人，消耗敵人有生力量。逐步向遂昌方向轉移，第 74 軍王耀武部三個師置於龍遊，爲衢州外圍堅強據點，配合暫編第 9 軍夾擊進出龍遊之敵，重創其有生力量。軍事部署爲：如敵進犯衢州，應以全力從靈山鎮、遂昌向衢州東南的敵人側背猛攻。第 100 軍劉廣濟部兩個師及預備第 5 師擔任撫河東岸、臨川的防務，警備南昌和撫河西岸的日軍。第 100 軍逐步消耗敵人，滯阻敵人東進。調第 21 軍之第 147 師歸其指揮。第 25 集團軍使用暫編第 9 軍之主力，配合第 10 集團軍夾擊犯抵龍遊之敵。如敵越龍遊南犯，應從武義西北山地向龍遊以東擊敵側背；第 25 集團軍指揮第 88 軍和暫編第 9 軍在浙贛線金華至杭州段、富春江東岸及浙南地區展開游擊戰，不斷襲擊牽制敵人，策應戰區主力作戰。

　　長官司令部積極部署，充分備戰。我第 49 軍暫編第 13 師在北界鎮；第 74 軍在湖山鎮、溪口街、黃壇口一帶；第 49 軍主力在衢州以西招賢鎮附近；浙贛線被敵打通以後，第三戰區根據軍事委員會的命令，對部署作如下變更：戰區主力第 74 軍轉移至衢江南岸之峽口、仙霞嶺一帶及廣豐、上饒間信江南岸至汪二渡之線，歸第 32 集團軍指揮，其任務是阻敵南犯，確保浙閩邊境及浦城要地，並派出有力部隊對佔領浙贛線之敵，襲擾游擊，消耗、牽制敵人。八月底，敵第 13 軍各部退縮金華、蘭溪一角之地；敵第 11 軍放棄臨川，退過撫河，據守西岸及南潯路之線。浙贛戰役至此結束。第 100 軍調歸駐臨川的第 32 集團軍指揮，守臨川撫河東岸。第 10 集團軍指揮第 49 軍、第 88 軍駐衢州，與金華、蘭溪之敵相對峙。

　　1941 年 12 月，太平洋戰爭爆發。此時，第三戰區統轄蘇南、皖南、贛東及浙閩兩省，處於長江南岸、撫河東岸、浙閩沿海的重要戰略地位。在第三次長沙會戰結束後，日軍南下政策得勢。針對日軍的軍事行動，軍事委員會從抗戰全局著眼，於 1941 年底從第九戰區抽調第 49 軍和第 19 師轉用於第三戰區；1942 年春，又從第九戰區抽調戰鬥力較強的第 26 軍和第 74 軍轉用於第三戰區，以增強第三戰區的兵力。在這期間，第三戰區的部署概要如下：第 25 集團軍總司令李覺指揮的第 88 軍何紹周部三個師，擔任錢塘江南岸諸暨、蕭山、紹興等地域的警備，防備杭州方面的日軍；暫編第九軍馮聖法指揮所屬三個師，控制浙東武義、永康、麗水一帶地區，針對向浙東、浙南蠢動的日軍，作好戰鬥準備。

　　後暫 9 軍改番號爲 66 軍，爲中央軍系統，方靖爲軍長。該軍曾在湖北松滋、枝江與日軍作戰。屬第六戰區。1945 年又由宋瑞珂主軍。解放戰爭中進犯魯西南，在金鄉戰敗。後守江防又在青弋江被擊潰。

暫編第十五軍　民軍組建　死守許昌孤城

　　暫編第 15 軍，軍長劉昌義出身西北軍，曾任東北抗聯第 3 師師長，後赴河南組織游擊隊抗日。1940 年初第 1 戰區豫北游擊隊總指揮劉昌義率部投敵。隨後第 6 集團軍獨立第 3 旅旅長譚松挺亦率部投敵。1941 年 6 月 3 日兩部被日僞合編爲豫北綏靖司令部，司令劉昌義。下轄僞暫編第 21 師。9 月劉昌義又反正，重創日寇第 35 師團，生俘眞野大佐，被國民政府擴編爲暫編第 15 軍，軍長仍爲劉昌義。僞軍仍保留僞暫編第 21 師番號，原師參謀長陳玉瑄任師長。到 1943 年 4 月 23 日該師被改編爲僞地方保安隊。1945 年 11

月該部為國民政府徐州綏靖公署收編。

　　1943 年呂公良新 29 師擔任中牟縣新黃河（今賈魯河）河防，同年 11 月，該師奉命歸屬第一戰區第 28 集團軍暫編第 15 軍序列，參加了軍部在新鄭縣組織的整訓。張訪朋帶的連成了師裏的最出色的連隊。全師軍事訓練比賽、軍容和內務比賽全獲第一。除了成為模範連，他們連還是師裏的儀仗隊，不時接受軍長劉昌義和軍訓部視察團的檢閱。

　　1944 年日軍畑俊六在總軍司令部召開各方面軍、各軍司令官會議，部署打通大陸走廊的作戰計劃。第一階段作戰，將打通鄭州至信陽的鐵路線。該地區為中國第一戰區防區，主要作戰兵力為 18 至 20 個軍，約 35 至 40 萬人。其中約有半數為第一戰區副司令長官湯恩伯將軍的中央軍。核心主力為湯恩伯第 13 軍。在鄭州東邊黃泛區中牟，部署前哨守軍一個師（暫 15 軍第 27 師）；在平漢線南段西側配置精銳機動兵團；其它兵力在平漢路南段東側，向東防守。湯恩伯戰區副長官部設於葉縣。

　　4 月 17 日，晚上 11 時。日軍第 37 師團從中牟北方突破黃河防線，從東、西兩個方向迂迴夾擊中牟守軍第 27 師。夜裏 12 時發起總攻，凌晨兩點鐘即佔領中牟鎮。4 月 18 日早上，敵第 37 師團全部渡過黃河。一路向鄭州撲來，另一路向鄭州以南迂迴。湯恩伯急令暫 15 軍軍長劉昌義，速派部隊阻止日軍渡河。劉軍長令新 29 師 86 團就近北上，該團剛趕到鄭州東北方，就與日軍遭遇，倉促應戰，大批日軍在機械化戰車導引下 86 團很快就被衝潰。

　　4 月 19 日鄭州守軍為第 4 集團軍第 38 軍和第 96 軍向西突圍，鄭州失守。命令劉昌義暫 15 軍第 29 師守衛許昌。許昌位於中原腹地，是平漢鐵路線上的一個重要據點。城牆在討馮閻戰爭後被拆除，只留下土圍子。唯一可稱道的是城四周有護城河，比一般護城河寬大，是良好的防守屏障。日軍要打通平漢線，必須要拿下許昌。

　　防守許昌的只有新 29 師，兵力不過三千人，裝備很差。暫 15 軍軍長劉昌義和幾個隨從人員從中牟向許昌趕回，途中幾次被日軍包圍，幾歷險境，才到達許昌以北十八里處的和尚橋。該處為第 29 師 86 團陣地，團長姚俊明見軍長一身征塵，從前方趕來，十分吃驚，派了一個連護送他到許昌城。新 29 師進入許昌後，在殘存的城牆根上修建明碉暗堡。4 月 28 日，新鄭日軍第 62 師團、第 63 師團、第 27 師團、第 37 師團（一部）、坦克第 3 師團、騎兵第 4 旅團、獨立第 7 旅團部，傾巢南下，以牛刀斬雞戰術，會攻許昌。

　　第 29 師師長呂公良指揮部隊死守孤城。這時，見劉軍長隻身前來，吃驚不小，埋怨他不該到這孤城死地來。劉軍長與呂公良研究了守城計劃，又同呂師長一道去守軍各陣地檢查督戰。救援的第 29 軍和 87 軍被優勢之敵阻擊於許昌郊外。4 月 30 日下午日軍坦克群衝進許昌城內，在城裏進行所謂「全封閉攻擊」達一個多小時。敵坦克即被守軍用手榴彈、炸藥包炸毀幾輛，其餘的也受到中國步兵的攻擊，坦克反而失去威力。日軍紛紛跳出戰車，同中國軍人拼拳頭、刺刀。一個許昌城都在展開巷戰和驚心動魄的肉搏戰。呂公良命令八個士兵，將劉昌義軍長強行拖離戰場，送出城去。5 月 1 日拂曉日軍攻佔了全城，第 29 師師長呂公良、及該師第 85 團團長楊尚武、第 87 團團長李培芹、第 86 團營長胡光耀、第 87 團營長何景明軍均在戰場上犧牲。

　　1945 年暫 15 軍屬陳大慶 19 集團軍，駐安徽渦陽。勝利後與解放軍在臨城、兗州戰鬥。1949 年隨陳大慶駐上海崇明、青浦。上海解放戰爭開始，陳大慶按照事先與湯恩伯商定的計劃，任命重新組建的第 51 軍軍長劉昌義為淞滬警備司令部副司令兼北兵團司令。這樣湯恩伯、陳大慶就把一付要散架的爛攤子擱給了劉昌義。此時此刻，劉昌義心裏也很清楚：湯恩伯、陳大慶留下來的第 51 軍是暫 15 軍匆匆拼湊起來的，第 21 軍是四川部隊，第 123 軍由蘇北民團組成，他們把這些雜牌軍當作掩護撤退的擋箭牌和犧牲品，當成替死鬼。1949 年 5 月劉昌義率領第 51 軍殘部起義。1981 年被授予起義證。

騎兵第一軍　晉綏軍隊　摩擦較多　戰績不佳

　　騎兵第 1 軍軍長為趙承綬，屬晉綏軍。抗戰爆發後，為了更加有效的抗擊日本侵略者的入侵，國民政府將全國軍隊進行整編，並劃分了作戰區域。1937 年 8 月 20 日，閻錫山被任命為第二戰區司令長官，28 日到雁門關內嶺口村指揮對日軍作戰。9 月 1 日，時任關東軍參謀長的東條英機親自指揮關東軍察哈爾派遣兵團開始進攻晉綏。天鎮戰役由晉綏軍第 61 軍獨立阻擊日軍。以掩護傅作義第 35 軍、王靖國第 19 軍、趙承綬騎兵第 1 軍到大同一帶準備與日軍決戰。至第七天棄守陣地。騎兵第 1 軍南退朔縣地區，警戒雁門、寧武方向；門炳岳騎兵第 6 軍加馬占山東北挺進軍西撤至豐鎮、平地泉，警戒綏東方向，以掩護聚樂堡主陣地和南北翼主力軍的集結。同時八路軍盡快按照南京命令，東渡黃河加入作戰。平型關戰鬥時，趙承綬、門炳岳兩騎兵軍為集團騎兵，位置於興和東北地區；劉奉濱第 73 師位置於廣靈、靈邱東邊境。戰後趙承綬騎兵軍南退於朔縣地區，警戒雁門、寧武西翼。

1939 年 2 月趙承綬第 1 騎兵軍率部向保德、河曲方向挺進。在離石、苛嵐一帶誘敵深入，苦戰旬餘，斃敵 2000 餘人，再次粉碎了日軍的瘋狂掃蕩。當年趙承綬升為第 7 集團軍總司令，溫懷光為騎 1 軍軍長。抗戰期間該軍主要駐守在晉北地區。

1941 年以後，山西抗日戰場轉變為不利抗戰的形勢。閻錫山為爭得地盤，與八路軍有聯合也有鬥爭；和日本關係更是這樣。日本太原憲兵特務大矢與閻錫山警衛軍軍長傅存懷暗中聯繫。傅潛引大矢與閻秘密會面於克難坡。日閻暗中勾結昭著於史。1942 年 7 月 26 日騎兵第 1 軍代理軍長兼騎兵第 1 師師長趙瑞、副師長段炳昌、騎兵第 4 師師長楊誠、副師長何焜於山西淨化率領所部投敵。據趙瑞說所部於 1942 年 7 月 14 日在山西淨化遭日軍圍擊，損失一部，後奉閻錫山命率領所部開赴太原受日軍改編。7 月 26 日改編為山西剿共軍。

到 1938 年 3 月，山西省共發展了「戰動總會」各游擊支隊 21 萬人，還發展了地方游擊隊 12 萬人，自衛隊 65 萬人，成為山西新軍一支重要的武裝力量。配合八路軍 120 師深入敵後開展游擊戰爭，創建和鞏固了晉西北抗日根據地。閻錫山對由共產黨和八路軍參加領導戰動總會這件事一直耿耿於懷，把戰動總會看作是眼中釘，千方百計地控制、限制它的活動。到 1939 年 7 月，他終於徹底撕下了假面具，露出了反共的真面目，悍然取消了國共合作的戰動總會。同時決定將保安二區司令部所屬的 7 個支隊中的 5 個合編為暫編第一師，由續範亭任師長。這還不算，他還把特務組織「敵工團」、「突擊隊」、「精建會」的成員安插到暫一師，對該師進行削弱、分化，企圖徹底搞垮這支由進步分子組成的隊伍。暫一師政治部主任郝夢九、第 44 團團長冀聘之等就是閻錫山安插進來的頑固分子，他們經常在一起謀劃分裂暫一師的勾當。郝夢九剛到 44 團「檢查」完，去見閻錫山後，第二天部隊就出了事。續範亭突然接到 44 團團長冀聘之派專人送來的緊急報告說：八路軍派來我團幫助工作的幹部，竟破壞團結，破壞抗日，於昨夜唆使我團二營嘩變，脫離團部，去向不明。因此，我們已將八路軍派來的幹部、團政治部主任嚴尚林，二營教導員張貴等十餘人拘押審訊。既然是八路軍幹部策動的嘩變，為什麼團政治部主任和營教導員不走，反而等著被冀聘之拘押，這不矛盾嗎？其結果是趙承綬收買了暫編第一師第 44 團團長冀聘之叛變。因此，12 月中旬，趙承綬奉命放棄忻縣、寧武、神池、五寨、靜樂等地的對日陣地，將兵力集結

於興縣、臨縣地區，陰謀伺機向晉西北新軍及八路軍發動進攻。趙承綬還採用威脅利誘、分化瓦解的手段，策動決死四縱隊中的反動軍官發動叛亂。

趙瑞投敵後，沈瑞接續為軍長，仍屬趙承綬第 7 集團軍，駐守晉西北一帶。解放戰爭後期在太原被殲。

騎兵第二軍　東北騎兵　激戰關內

原東北軍何柱國部。何柱國卻並非東北籍，1898 年出生於廣西容縣，1917年在保定陸軍軍官學校入伍，後進入日本士官學校。憑著高超的軍人素養和智勇的作戰指揮，成為東北軍的重要將領。長城抗戰時任第 57 軍軍長時，則把主力布置在北戴河至界嶺口之線。與日軍激戰於山海關口。七七事變後入關，長期擔任第 2 騎兵軍軍長。率部開赴晉北前線，入列第二戰區，阻止關東軍南下，保衛太原。後轉戰於晉、豫、蘇、魯、皖。

1937 年 10 月，日軍西進佔領了綏遠省的歸綏、包頭等地，與傅作義部隊僵持於今巴盟五原、烏拉特前旗一帶，隔黃河窺視成吉思汗陵。這時的日本人與偽蒙疆聯合委員會的德穆楚克棟魯普想把成吉思汗陵掌握在手中，以此為號召，從而更好地控制蒙古地區。日本人和偽蒙疆聯合委員會為了達到這一目的，不時地派飛機在伊金霍洛上空盤旋偵察，並開始進犯伊克昭盟。為防不測，蒙旗獨立旅派兵守護成吉思汗陵，騎兵第 2 軍派兵協助。

後該軍調往安徽。在華中日軍主要矛頭指向新 4 軍豫皖蘇邊區。在豫東、皖北之國軍第 12 軍、騎兵第 2 軍、騎兵第 8 師和地方武裝。正在這時，日本侵略軍集中 5 個師團的兵力，分三路於 1 月下旬突然發動「豫南戰役」。新 4軍以大局為重，於 1 月 30 日開始向西迎擊日軍，攻克太和、界首，收復渦陽、蒙城。2 月 9 日，日寇突然停止進攻，開始撤退，結束了「豫南戰役」。10 日晨，原隱藏在新黃河以西之第 92 軍、回族馬彪騎兵第 8 師、第 3 師等部，又進攻新 4 軍，挑起內戰。

抗日戰爭後期何柱國升任 15 集團軍總司令。1943 年 7 月廖運澤接替何柱國擔任騎兵第 2 軍軍長，治軍嚴謹，名聲頗好，部隊的戰鬥力也比較強。轄徐梁第 3 騎兵師、王照塋第 6 騎兵師和孟紹周獨立騎兵旅。回族馬彪騎兵第 8 師亦受其節制。廖運澤擔任 92 軍暫 14 師師長時，為救濟河南周口災民，曾拿出空額糧十萬斤賑災。李仙洲率第 92 軍進攻山東八路軍時，企圖拉廖運澤一起行動，但廖運澤認為敵後反共是自作孽，堅決予以拒絕。後來，廖運澤在各方面的巨大壓力下，不得不辭去了騎兵第 2 軍軍長的職務，擔任國

防部部員的虛職。抗日勝利後，該軍進軍濟南。旋改爲 96 軍，陳金城爲軍長。

抗日戰爭勝利後，在內戰中再次起用了能征慣戰的廖運澤，要他回安徽老家招兵買馬。1948 年 6 月，廖運澤被任命爲第八綏靖區副司令長官，同時兼任暫編第一縱隊司令。廖運澤爲了更好地掌握好這支部隊，推薦堂弟廖運升當上了縱隊的副司令。暫編第一縱隊改編爲暫編第一師，使之從地方部隊變成了正規軍。不久，又將其改編爲 110 師。爲防止廖氏兄弟對 110 師大權獨攬，蔣介石對廖運澤採取明升暗降的辦法，將他調任爲衢州編練處副司令，與 110 師脫離了一切關係。暫編第 1 師原是安徽的地方部隊，兵員多是來自皖北的鳳臺、壽縣一帶，蔣介石在拆開廖氏兄弟後，爲了控制好這支部隊又不得不任命廖運升爲師長。並派保密局調查廖運澤、廖運升同廖運周是否有聯繫。廖運周率部起義改編爲中國人民解放軍第 42 師不久，廖運澤、廖運升即派親信人員前去同廖運周聯繫。此時正巧奉湯恩伯的命令，暫編第 1 師改編爲 110 師，開往浙江歸建制於第 85 軍。5 月 4 日凌晨，部隊開到浙江黃宅，廖運升宣佈起義，廖運澤潛往香港。1952 年，周恩來電召廖運澤回國。

騎兵第三軍　兩次建軍　戰績平平

西北軍系統。抗日戰爭前將東北退到察哈爾省的義勇軍改編爲騎兵第 9 師。七七事變時受宋哲元節制，隨副軍長佟麟閣守備南苑。在南苑有鄭大章騎兵師的一個團。可是戰事伊始，日軍用漢奸提供的消息，就用大炮猛轟馬棚，附近馬上天崩地裂，騎兵師的軍馬未及疏散，在敵機的狂轟濫炸中，軍馬的屍體和著泥土，損失慘重。佟麟閣覺得事態嚴重，當下便率張壽齡直奔鄭大章騎兵師師部。騎兵第 9 師空曠的營區裏狼籍遍地，空無一人。佟、張二人防空洞裏找到 1 名衣衫不整的騎兵師士兵。才知天剛亮，日本人的飛機轟炸過後，騎兵師便全撤走了。鄭大章所屬的騎兵師傷亡一半，另一半退往固安，日軍有圍攻北平之勢。中央電令宋哲元移師保定，古都北平就此失陷。後鄭大章的騎兵開赴唐官屯、馬廠津浦線一帶集結，配合由天津退出的 38 師及天津保安部隊擔任津浦線方面的防務。何基灃的 179 師和鄭大章的騎兵師則控制在泊頭、河間一帶。

10 月中旬，29 軍擴編爲三個軍，騎兵第 9 師也升格爲騎兵第 3 軍，鄭大章爲軍長，轄張德順騎 9 師，王奇峰騎 4 師。77 軍的部隊陸續到達大名附近，沿衛河南岸之小灘、龍王廟之線佈防。59 軍退過黃河南岸，到達長清一帶。

68 軍劉汝明部方由山西進入河北省境，正向邯鄲附近移動，鄭大章部騎兵軍則在永年一帶，高樹勳部分駐南宮、冀縣，均相隔甚遠，一時尚未能切取聯繫。1939 年鄭大章不顧民族大義投敵。

後由門炳岳騎 3 師與白海風等部組成騎 3 軍，東北軍老將領郭希鵬為軍長，在晉綏邊區與日軍作戰。1939 年國共兩黨在晉綏不斷擴大摩擦。4 月歸綏、陶林、旗下營、武川等地的日、偽軍一共 6000 人，又一齊出動，分六路向綏中的五塔背、銀礦山地區和綏南的蠻汗山區「掃蕩」。這時騎 3 軍的郭希鵬、「東北挺進軍」騎 6 師的王希坤也率部向八路軍進攻，形勢十分嚴重。大青山支隊動員根據地群眾堅壁清野，並把部隊拉到外線以游擊活動打擊敵人的側背。一天騎 6 師在鐵圪蛋溝一帶被日寇包圍了，鬼子以為抓住了八路軍主力，拼命地打。騎 6 師傷亡慘重，師長王希坤帶兵倉惶北逃。最後回到山西偏關一帶。

1944 年歸屬范漢傑 38 集團軍，郭希鵬脫離軍職，賀光謙為騎 3 軍軍長，下轄白海風新騎 7 師、施健康騎 9 師，駐甘肅隴縣。解放戰爭中，1947 年 10 月民主聯軍用計誘蔣軍向西，然後在朝陽殲滅蔣軍暫編第 50 師一個團和騎兵第 3 軍軍部。

騎兵第四軍　東北軍隊　檀自新嘩變被處決

檀自新（1896～1938）遼寧錦西人，字靜華。東三省講武堂第二期畢業。歷任奉軍排長、連長、騎兵第 5 旅連長、營附、團附、參謀、第 17 師營長、連長、騎兵第 8 旅副官、營長、團長、旅長、東北義勇軍第 6 軍副軍長、察哈爾抗日同盟軍第 1 路副司令、騎兵第 10 師師長、騎兵第 4 軍軍長、新編第 5 師師長。1937 年 12 月因抗命為匪，遭到第 166 師進攻，部隊被殲滅後被俘。6 月被槍決。

1937 年 12 月，騎兵第 4 軍軍長檀自新決心自謀出路，於是就演出「一個步兵營擊敗一個騎兵軍」的典型戰例。騎兵第 4 軍是 1937 年 9 月由騎兵第 10 師擴編，但該軍只轄一個騎兵第 10 師，12 月軍委會命該軍縮編為新編第 5 師，檀自新決心抗命，就要自謀出路。

檀自新將自己所率領的部隊帶到豫西山地東邊緣──寶豐縣香山寺一帶，與當地匪首高老末（即高凌雲）會合，打算憑藉自己部隊在武器彈藥上的優勢，將部隊拉進伏牛山，占山為王，待兵強馬壯後再做打算。12 月 13 日，檀自新率眾沿魯寶公路進入魯山縣境，很快和趙材鄉通匪的趙子登拉上關

係，因山道崎嶇，汽車難行，檀先將妻子老小、金銀細軟送至趙子登處寄存。因當時魯山縣長楊必昶接到劉峙來電，城門緊閉，檀只好將人馬輜重拉到城北王莊一帶駐紮，等待趙子登利用地方勢力，修通山路後，即攜帶輜重率軍進山。

時抗日戰爭正在緊張進行，豫東尚未淪陷。河南地區綏靖主任劉峙，在開封聞知檀軍叛變，逃往豫西，即派河南很能作戰的省保安團團長周俞，帶領一個加強團跟蹤追來。魯山城內軍民，擔心檀部攻城，縣城不保，一夜數次向當時駐守洛陽的國民黨軍 166 師去電呼救。之所以舍近求遠，關鍵在於該師師長郜子舉係魯山縣人，素來愛護鄉里。但該師此時負責鞏縣、洛陽沿線防務，與日軍土肥原師團隔河對峙，駐地營房並無幾人。因此郜子舉接電後，左右為難，不發兵救援，對不住自己的鄉鄰。一旦縣城失守遭受土匪蹂躪，將受到鄉鄰的指責。發兵，無兵可發，且又沒有上級劉峙的命令（當時該師歸劉峙指揮），私自發兵，將來上級怪罪，個人又擔當不起。最後心生一計「不救亦救」。當夜回電魯山，說是已發兵一團，星夜起程，明日到達。他打電話給 166 師 991 團副團長李文定說：「寶豐西南地區，有匪眾約三百餘在我河防背後搗亂，你可率領李文章營（即李文定擔任過多年營長的步兵營）即日出發前往剿除。」

李文章亦為魯山人，為了加強火力，郜子舉還加強重機槍一連（五挺重機槍，連長為魯山人朱治興）。12 月 17 日後半夜，李文定率部從洛陽駐地乘十三輛卡車出發，出發前沒有報告劉峙，他叮囑李文定和李文章，到達魯山後，駐軍縣城，只保護縣城安全，牽制敵人，不作正面攻擊，以免暴露目標，造成傷亡，無法交待。就這樣平定了檀自新的叛亂，詳情已經在第 91 軍條中敍述，不再重複。這一戰鬥，李文定部無一傷亡，並繳獲新式裝甲汽車十一輛，迫擊炮多門，炮彈數千發，步槍數十枝，大量輜重以及當時在中國算是新鮮玩意的檀自新自用彈簧床等。

檀自新於 1938 年 6 月間被槍決，騎 4 軍餘部編為新 5 師。番號轉給晉綏軍傅作義部。1940 年時，騎兵第四軍軍長孫蘭峰轄暫編第 10 師，王贊臣（原綏察騎兵新編第三師），暫編第 11 師，王子修（原綏察騎兵新編第四師）。後袁慶榮為軍長。在察綏地區與日軍作戰。解放戰爭在張家口一帶被殲。

騎兵第五軍　青海騎兵　從未與日軍對陣

抗戰初期，蔣介石令青海馬步芳派出一個騎兵師上前線，馬步芳不動用自己的 82 軍隊伍，卻從馬步青騎 5 軍中，要了一個旅再加一團人馬，補充一些民團，組成一個八千人的騎兵師派往前線應付。馬步青、馬呈祥先後為軍長。駐青海，未與日軍對陣。

直到 1943 年 7 月，第 82 軍與騎 5 軍合編為第 40 集團軍，馬步芳、馬步青分任正副總司令。1944 年春，馬步芳把馬步青的騎 5 軍軍長一職交給外甥馬呈祥。馬步青不知是計，表示同意。但馬步青交權後，逐漸受到馬步芳的冷落，成了個光杆副司令。最後，馬步青只好以養軍鴿為消遣，不久，帶了一營老弱殘兵去察漢烏蘇開墾。轉而到重慶向蔣介石投狀「控訴」馬步芳，但已無濟於事，只掛了個國民政府蒙藏委員會委員的空銜。這樣，馬步芳實際吞併了馬步青的騎 5 軍。1945 年，馬步芳派馬呈祥率騎 5 軍進入新疆，向新疆發展。解放戰爭時騎 5 軍也在 9 月下旬參與了陶峙岳、包爾漢的起義，軍長馬呈祥不願參加起義，被「禮送」出境。馬呈祥和第 78 師師長葉成等於 9 月下旬離開迪化（現名烏魯木齊）經南疆逃到國外。後馬呈祥輾轉到了臺灣。

騎兵第六軍　中央組軍　騎兵中抗日戰績最佳

中央組軍。門炳岳為軍長。在綏遠地區與日軍作戰，受傅作義指揮。1936年 12 月 10 日，傅作義部向大廟發起攻擊。困守之敵已是驚弓之鳥，一擊即潰，所有輜重、彈藥全部被繳獲。12 月 17 日，偽軍安華亭、王子修兩個旅長又率部 2500 餘人通電反正，均編入騎兵第六軍。平型關戰役中，門炳岳騎兵第 6 軍加馬占山東北挺進軍西撤至豐鎮、平地泉，警戒綏東方向。大同失守以後，閻錫山於九月十一日下令各軍在桑乾河南岸佈防。門炳岳所部退至集寧方面和馬占山的挺進軍共同警戒綏東。

1938 年秋，八路軍派於占彪帶領八路軍工作人員在包頭以西的中灘一帶成立了中灘游擊隊。在日軍向河套進犯時，中灘游擊隊與門炳岳騎 6 軍，阻敵作戰，合作抗日，形勢很好。當年騎兵第六軍第七師周卓然師長奉命率領騎兵西進增援中條山，牽制日軍兵力，配合整個抗日戰場。當時陝西對日作戰的潼關戰役正在激戰之中，當周卓然率領的騎兵師奔赴潼關，行至黃河岸邊的山西芮城風陵渡鎮時與日軍遭遇。面對氣焰囂張的侵華日軍，周卓然沉著應戰。日軍在飛機和大炮的掩護下，向周卓然堅守的陣地發起猛攻，戰鬥打得十分殘酷。突然一發炮彈落在前線指揮戰鬥的周卓然身邊爆炸。當時周

卓然渾身鮮血直流，他口裏在不停地指揮：「給我狠狠地打，消滅這幫小日本鬼子。」瞬間，這位浴血奮戰的抗日將領，犧牲在抗日戰鬥的最前線。周卓然這位愛國的抗日將領，在與日軍作戰中為國捐軀後，他的英雄事蹟很快傳遍了中華大地，並鼓舞了一大批抗日將士前赴後繼。

1940 年國民革命軍騎兵第 6 軍軍長門炳岳已轄王家文騎兵第 4 師，石玉山騎兵第 7 師，朱巨林步兵第 5 旅，安華亭騎兵第 8 師，隊伍不斷擴大。

1945 年「八‧一五」，日本宣告無條件投降以後，蔣介石委派李守信任熱河省人民自衛軍總司令，騎兵第 6 軍軍長等職。1949 年 12 月 28 日，他和德王一起逃至蒙古人民共和國邊境察干套老蓋。1950 年 2 月 27 日被蒙古人民共和國邊防軍逮捕，於當年 9 月 18 日引渡回國，在北京入獄。

第六篇　敵後戰場抗日先鋒隊
第十八集團軍

抗戰緊要關頭八路軍的建立

　　1937 年 7 月 15 日，迫於國難的壓力和中國共產黨的積極爭取，蔣介石正式承認了中國共產黨的合法地位。8 月 22 日，蔣介石公佈了將中國工農紅軍改編爲國民革命軍第八路軍的命令，任命朱德爲總指揮、彭德懷爲副總指揮。

　　8 月 25 日，中共中央革命軍事委員會發出改編命令，宣佈中國工農紅軍第 1、第 2、第 4 方面軍和陝北紅軍等部，改編爲國民革命軍第 8 路軍（9 月 11 日改稱第 18 集團軍），簡稱「八路軍」。紅軍前敵總指揮部改爲八路軍總指揮部，由朱德、彭德懷任正副總指揮（9 月 11 日改稱正副總司令），葉劍英、左權爲正副參謀長，任弼時、鄧小平爲政治部正副主任，下轄 3 個師和 1 個特務團。八路軍總部直屬隊 3000 多人，全軍共有 4.6 萬人。3 個師分別爲 115 師（師長林彪、副師長聶榮臻）、120 師（師長賀龍、副師長蕭克）、129 師（師長劉伯承、副師長徐向前），每師 15000 人。完成改編之後，八路軍很快就從陝西韓城、潼關兩處東渡黃河，開赴抗日前線，衝鋒陷陣，奮勇殺敵，開闢敵後戰場，成爲抗日戰爭的先鋒隊。

　　八年抗戰，共產黨領導的人民抗日武裝對敵作戰 12.5 萬次，消滅日、僞軍 171.4 萬人，其中日軍 52.7 萬人。1944 年 9 月統計，敵後的解放區擁有居民 9,200 萬人，占淪陷區總人口 2.078 億的 44％；收復國土 83.7 萬多平方公里，占淪陷區總面積 126.3 萬多平方公里的 66％。日本侵略軍深入中國國土，不但沒有能充分利用佔領地區的人力物力作爲自己的後備，反而陷入了人民

戰爭的海洋，使它自己的有生力量不斷爲此而消耗。在八年中，共產黨軍隊與日、僞軍艱苦的連續作戰。敵後戰場的存在是日本侵略者由優勢逐漸轉爲劣勢的原因之一。

開赴抗日前線

1937 年 9 月中旬，沿平綏路西進的侵華日軍佔領大同後，分兵兩路向雁門關、平型關一線進攻，企圖進逼太原。國民黨軍隊節節失利的危急時刻，八路軍進入山西境內，迎擊日軍。爲了配合友軍作戰，阻擋日軍的攻勢，賀龍率 120 師馳援雁門關，第 115 師在師長林彪、副師長聶榮臻指揮下，奉命開抵平型關地區集結待機。平型關是山西和河北兩省交界的要隘。9 月 23 日，第 115 師派出獨立團和騎兵營插到靈丘——淶源——廣靈之間地區活動，以鉗制和打擊增援平型關之日軍。24 日夜，又以 3 個團的兵力冒雨設伏於平型關東北公路兩側山地，等待來犯之敵。25 日 7 時許，號稱「皇軍精銳」的日軍第 5 師團（板垣師團）第 21 旅團後續輜重部隊全部進入設伏地域，八路軍預伏部隊居高臨下，迅速向敵發起猛烈攻擊，頓時打亂了日軍的指揮系統，敵軍的車輛自相碰撞，人仰馬翻，亂成一團。這時，我軍戰士勇猛地衝向公路，對敵實行分割圍殲，雙方展開了短兵相接的白刃肉搏戰。經過一天的激戰，八路軍取得了平型關戰役的勝利。戰役中共擊斃日軍 1000 餘人，擊毀汽車 100 餘輛，馬車 200 餘輛，繳獲步槍 1000 餘支，機槍 20 餘挺，火炮 1 門，以及大批軍用物資，取得了全國抗戰開始以來中國軍隊的第一個大勝利。也是中國抗戰以來第一個獲得全勝的殲滅戰，鼓舞了全國人民的抗戰信心。

1937 年 10 月 19 日，劉伯承的 129 師第 769 團第 3 營夜襲山西代縣，火燒陽明堡敵軍機場，24 架敵機全部被燒毀，殲敵百餘人，打擊了日軍的忻口會戰空中支持能力。賀龍的 120 師深入大同附近，開展雁北游擊戰，有力地支持了正面戰場。

1937 年 11 月 8 日太原失陷後，國民黨軍隊向西南撤退。八路軍成爲華北抗戰的主力軍，大力開展獨立自主的游擊戰爭，創建了以五臺山區爲中心的晉察冀根據地、以太行山區爲中心的晉東南根據地、以泰沂山區爲中心的魯中根據地、冀中平原根據地、冀東根據地等一批抗日根據地。隨著抗戰的發展，愛國青年踴躍參加抗日的革命軍隊，八路軍領導的抗日根據地不斷得到鞏固，並將華北游擊戰擴展到最早被敵人侵佔的綏遠、冀東和熱河一帶地方。

　　從太原失陷到徐州會戰期間，八路軍在華北猛烈地襲擊日軍，大小戰鬥達400多次，打死日軍2萬多人，繳獲步槍3000多支、輕重機槍100多挺，擊毀敵人汽車500多輛。在日軍進攻武漢時，八路軍配合保衛武漢，在所有干線上炸毀火車，破壞鐵路，進行大小戰鬥1000多次，打死日軍2萬多人，繳獲步馬槍8000多支、輕重機槍150挺，擊毀敵人汽車800多輛。八路軍遍地開花的游擊戰在華北戰場上拖住了日軍30萬人、13個半師團。1938年，日軍曾兩次更換主帥，仍然擺脫不了困境。

　　日軍一面向正面戰場進攻，一面調集大批兵力向抗日根據地進行「大掃蕩」。1937年7月至1940年7月，僅在華北戰場，日軍出動千人以上的「掃蕩」就達109次，用兵50萬人。自1939年冬以來，日軍以鐵路、公路為支柱，對抗日根據地進行頻繁掃蕩，並企圖割斷太行、晉察冀等戰略區的聯繫，推行所謂「以鐵路為柱，公路為鏈，碉堡為鎖」的「囚籠政策」。八路軍總部決定發動交通破擊戰，重點破襲正太鐵路和同蒲路北段，給日本華北方面軍以有力打擊。這次戰役經歷了兩個主動進攻階段和一個反「掃蕩」階段。

　　第一階段（8月20日至9月10日）。八路軍在正太、同蒲、平漢、津浦等主要交通線發動總攻擊，重點破壞了正太鐵路。經過20天的戰鬥，預定計劃全部完成。正太鐵路線的路軌、橋樑、隧道、水塔、車站等均被破壞；平漢、同蒲（北段）、石德、北寧鐵路以及主要公路也被切斷；華北各交通線陷於癱瘓。

　　第二階段（9月22日至10月上旬）。任務是繼續擴大戰果，摧毀交通線兩側和深入各抗日根據地的敵偽據點。在這段時間裏，我晉察冀軍區主要進行了淶靈戰役，第129師主要進行了榆遼戰役，第120師主要破襲了同蒲路。在這些戰鬥中，八路軍給敵人以沉重打擊；但是，我軍計劃要拔除的敵據點未能全部拔除。

　　第三階段（10月6日至翌年1月24日），主要任務是反擊日偽軍的報復掃蕩。在這段時間裏，八路軍先後粉碎了日偽軍對太行、太岳、平西、北嶽、晉西北等抗日根據地的大規模掃蕩。

　　1940年8月至12月，八路軍在華北發動的「百團大戰」，出動115個團、近40萬兵力，全面出擊，攻擊正太、同蒲、平綏、津蒲、德石等5000公里交通線及沿線日軍，拔除敵偽據點2900個，破壞鐵路470多公里、公路1500公里，百團大戰歷時5個多月。從8月20日至12月5日的3個半月中，八

路軍共進行大小戰鬥 1824 次，共計斃、傷、俘和投誠日偽軍達 46480 人。其中包括：斃、傷日軍 20645 人，偽軍 5155 人；俘虜日軍 281 人，偽軍 18407 人；日軍自動攜械投誠者 47 人，偽軍反正者 1845 人。同時，繳獲各種槍 5942 支（挺），各種炮 53 門；破壞鐵路 474 公里，公路 1502 公里，橋樑 213 座，火車站 37 個，隧道 11 個；破壞煤礦 5 個，倉庫 11 所。此外，還繳獲和破壞了其它大量軍用物資。沉重地打擊了日軍，令日軍大本營大為震驚，撤換了華北派遣軍總司令。百團大戰粉碎了日軍的「囚籠政策」，推遲了日軍的南進步伐，增強了全國軍民取得抗戰勝利的信心，提高了中國共產黨和八路軍的聲望。

1941～1942 年，陝甘寧邊區和各抗日根據地，在日軍大規模「掃蕩」和國民黨軍隊的封鎖下，糧食、布匹、日用品和軍用品普遍匱乏。在困難面前邊區軍民掀起了一個轟轟烈烈的大生產運動。大生產運動結出了豐碩的果實，使解放區軍民順利地度過了最艱難的歲月。1943 年以後，陝甘寧邊區和各抗日根據地又很快發展壯大了。1943 年，八路軍對日偽軍作戰 2.4 萬多次，斃傷日偽軍 13.6 萬多人；新四軍對日偽軍作戰 5000 多次，消滅日偽軍 6.6 萬多人。

1942 年以後，日軍重點「掃蕩」華北解放區。有些「掃蕩」長達二、三個月，出動的兵力多達 5 至 10 萬人。僅 1942 年 1 月，日軍對解放區的「掃蕩」就達 1600 多次，平均每天五六十次。日軍在「掃蕩」中實行殘酷的殺光、燒光、搶光的「三光政策」，致使很多地方出現「無村不帶孝，到處聞哭聲」的淒慘局面。

根據中共中央抗日戰爭的戰略方針，八路軍開赴抗日前線後，與共產黨的地方組織配合，展開獨立的游擊戰手，創建了晉綏、晉察冀、晉冀魯豫和山東等敵後抗日根據地。1940 年後，日軍在國民黨頑固派的配合下，對華北抗日根據地多次進行「掃蕩」，妄圖達到摧毀八路軍的生存條件，徹底消滅八路軍的目的，給八路軍造成嚴重困難的局面。根據中央制定的對敵鬥爭方針，八路軍堅持鬥爭，深入發動群眾，實行精兵簡政，開展生產和整風運動，大力發展民兵，廣泛開展游擊戰爭。經過艱苦卓絕的鬥爭，粉碎了日偽的「掃蕩」，打退了國民黨頑固派的多次進攻。1944 年轉入局部反攻。1945 年 8 月，抗日戰爭進入決戰階段，八路軍、新四軍和其它人民武裝一起，開始大反攻，取得了抗日戰爭的最後勝利。八路軍也在鬥爭中發展壯大，由原來的 3 萬餘

人發展到 100 萬人。第三次國內革命戰爭中改稱爲中國人民解放軍，繼續爲中國人民解放戰爭而英勇戰鬥。

第一一五師　平型關威震敵膽　發展山東根據地

1937 年 8 月中國工農紅軍改編爲八路軍，同時將原第 1 軍團、15 軍團及 74 師合編爲陸軍第 115 師。師長爲林彪，副師長爲聶榮臻，參謀長爲周昆，師政訓處主任爲羅榮桓，副主任爲蕭華，供給處長爲任農。轄第 343 旅（轄 685、686 團）、344 旅（轄 687、688 團）和獨立團、4 個直屬營、一個教導隊。各旅、團主要負責人是：343 旅旅長爲陳光，副旅長爲周建屏；344 旅旅長爲徐海東，副旅長爲黃克誠。685 團團長爲楊得志，686 團團長爲李天祐，687 團團長爲張紹東，688 團團長爲陳錦秀，直屬獨立團團長爲楊成武。各旅和其它負責人是：343 旅參謀長爲陳士榘，集政訓處主任爲唐亮，685 團副團長爲鄧華，686 團副團長爲楊勇；344 旅參謀長爲盧紹武，687 團副團長爲韓振紀，688 團副團長爲田守堯。10 月中共中央決定恢復政治委員制度和政治部名稱，政委爲聶榮臻，政治部主任爲羅榮桓，政治部副主任爲蕭華，兼 343 旅政委，344 旅政委爲黃克誠。

8 月 22 日和 25 日，第 115 師（炮兵、輜重營留屬延安八路軍總留守處）奉命分兩批由陝西三原縣出發，經韓城縣芝川鎮東渡黃河。9 月 25 日，在平型關設伏殲日軍第 5 師團第 21 旅團一部 1000 餘人，威震敵膽，大揚八路軍聲威。

之後，奉中央軍委、八路軍總部關於轉入日軍翼側和後方開展游擊戰爭，建立抗日根據地的指示精神，林彪、羅榮桓率第 343 旅隨總部南下正太鐵路陽泉至壽陽段兩側地區作戰；聶榮臻率師獨立團、騎兵營等共約 2000 餘人，留在太行山地區創建晉察冀邊抗日根據地。11 月 7 日，成立晉察冀軍區，司令員兼政委爲聶榮臻；第 344 旅在總部直接指揮下，轉戰於晉東北、正太鐵路東段地區。

1937 年 11 月，師部率 343 旅於晉南擴充一個補充團。爲保衛黃河河防和陝甘寧邊區，師部率 343 旅艱苦轉戰於晉西廣大地區。3 月 2 日，林彪受傷離職，代師長爲陳光。3 月數次伏擊日寇於午城等地，予敵一定殺傷。9 月，連續伏擊敵寇三戰三捷，挫敵犯我黃河河防企圖。1938 年 1 月，按總部指示 344 旅屬 129 師指揮，仍在正太鐵路東段作戰，並增建了第 689 團。3 月，第 344 旅同 115 師由 685 團 M 營擴編的第 5 支隊，進至晉東南地區，配合 129 師粉

碎了日軍的九路圍攻。隨後 344 旅、第 5 支隊隨徐向前副師長率領的 129 師挺進冀南。第 344 旅則在 1939 年 1～3 月，配合 129 師在晉南粉碎了日偽軍 3 萬餘人的「掃蕩」。11 月，688 團劃歸 129 師 386 旅旅長陳賡統一指揮。是年 2 月，第 344 旅特務團、獨立團進入冀魯豫地區，4 月與當地武裝合編為冀魯豫支隊，下轄 3 個大隊。

1940 年 2 月，第 344 旅編入八路軍第 2 縱隊。1938 年 7 月，第 5 支隊和 129 師津浦支隊轉赴冀魯邊地區，不久蕭華率 129 師機關一部由山西至山東樂陵，成立冀魯邊區軍政委員會，蕭華任書記。整編當地武裝為八路軍東進抗日挺進縱隊，司令為蕭華並兼政委。下轄 5、6 支隊和津浦支隊。到 1939 年上半年武裝擴大 2 萬餘人，開闢 15 個縣的地區。創建了冀魯邊平原抗日根據地。1938 年 10 月，第 343 旅、第 685 團奉命由晉西南開往山東微山湖以西，685 團與山東縱隊合編為八路軍蘇魯南支隊，轄 1、2、3、4、7 大隊，後一部偽軍反正編為獨立大隊。至 4 月，隊伍增至 8000 餘人，創立了以湖西為中心之革命根據地。後支隊整編，轄 1、4、7 大隊。

1938 年 12 月，除留守 343 旅補充團與晉西 3 個游擊大隊編為獨立大隊堅持晉西鬥爭外，115 師 343 旅 686 團主力，在代理師長陳光、政委羅榮桓帶領下挺進山東。首戰樊壩殲敵 500 餘人，繼續東進，會合山東第 6 縱隊後，在肥城以南粉碎日偽軍「九路圍攻」，殲敵 1300 餘人。此間，留運河以西之 686 團 3 營擴編為師獨立團，師直 2 個連擴編為游擊第 7 支隊，不久，師獨立團和游擊第 7 支隊合編為師獨立旅，旅長兼政委為楊勇（10 月編入山東縱隊第 2 支隊）。8～10 月，115 師師直屬隊一部，在魯西南又殲敵 5000 人，686 團一部會合山東縱隊蘇魯支隊，創立了以抱犢崗山區為中心的抗日根據地。9 月，7 大隊奉調由蘇北返回湖西，改稱第 3 大隊。將湖西 4 大隊改為 2 大隊 1 月入魯南。

1940 年初，115 師改編了魯南的地方武裝，實施統一領導。3 月擊退日偽 8000 餘人對抱犢崗的進攻。開闢了天寶地區。從 3 月～10 月，協同冀中、冀南軍區部隊兩次討伐石友三部，恢復了 343 旅番號，成立魯南、魯西、湖西、晉冀邊軍區，部隊發展到 7 萬人。

1941 年，敵後抗戰進入困難時期，115 師與山東縱隊等部隊密切配合，多次粉碎敵人的「掃蕩」和「蠶食」，取得了重大勝利。1943 年，115 師和山東軍區合併為新的山東軍區，司令員兼政委為羅榮桓，併兼 115 師政委、代師

長，副政委爲黎玉，政治部主任爲蕭華。下轄魯南、魯中、膠東、清河、冀魯邊、濱海軍區。爲迎接大反攻，115 師等番號取消，統一整編爲 13 個主力團。一年中共開闢 7000 多個村莊地區。

　　1944 年和 1945 年趁敵兵力不足，重點守備之際，連續發動進攻，共殲日僞軍 11 萬眾，迫使僞軍反正 1.5 萬人，收復縣城 10 座，爲大反攻創造了條件。1945 年根據中央大反攻的命令，山東軍區將部隊編成 8 個師、12 個警備旅、一個海軍支隊，近一個月作戰殲滅日僞軍 6 萬，解放除鐵路沿線外大片國士。抗戰勝利後，羅榮桓率 6 萬餘部隊由陸路海路分三批開赴東北。115 師從 1937 年 8 月一 1943 年春，進行戰役戰鬥 3840 餘次，殲滅日僞軍 18.2 萬餘人。1943 年與山東軍區合併後，又進行了艱苦卓絕的反「掃蕩」反「蠶食」鬥爭，積極開展攻勢作戰及大反攻，爲奪取抗日戰爭的勝利作出了重大貢獻。

第一二〇師　挺進晉察冀　參加百團大戰

　　1937 年 8 月，中國工農紅軍改編爲八路軍，同時紅軍第 2 方面軍和西北紅軍及總部直屬隊各一部改編爲國民革命軍第八路軍第 120 師。師長爲賀龍，副師長爲蕭克，參謀長爲周士第，政訓處主任爲關向應，副主任爲甘泗淇。下轄第 358 旅、第 359 旅、教導團和騎兵、工兵、炮兵、輜重、特務等營。全師共 1.4 萬人。8 月下旬，按中央軍委和八路軍總部命令，120 師師部率 358 旅挺進到晉西北，第 359 旅挺進到五臺平山地區，創建抗日根據地。不久，120 師以 716 團 2 營爲基礎組成雁北支隊深入雁門關以北開展游擊戰爭，直逼大同。在忻口戰役中取得雁門關、王董堡戰鬥的勝利。

　　1938 年部隊整編，將由地方游擊隊發展起來的獨立團，分別編爲第 358 旅第 714 團和第 359 旅第 718 團、719 團。全師發展到 2.5 萬多人。2 月下旬，敵僞 1 萬餘人對晉西北根據地進行首次圍攻。經 40 天艱苦作戰殲滅日僞軍 1500 多人，收復縣城 7 座，鞏固了晉西北革命根據地。5 月，雁北支隊奉命進至北平以西與晉察冀軍區鄧華支隊合編爲 4 個縱隊，挺進冀東，第 359 旅挺進恒山地區，開展抗日鬥爭。8 月，以 715 團等編成大青山支隊，進軍塞外，協助當地蒙漢人民游擊隊開展大青山革命根據地。9～11 月間，日軍 5 萬餘人向晉察冀多路圍攻。359 旅在晉察冀軍區指揮下，參加反圍攻作戰，取得了邵家莊等戰鬥的勝利。第 120 師其它部隊爲配合反圍攻作戰，積極向同蒲鐵路北段和平綏鐵路西段出擊，取得了滑石片等戰鬥的勝利。

1938 年 12 月受中共中央、八路軍總部命令，120 師挺進冀中，幫助八路軍第 3 縱隊和擴大自己，爲統一指揮，成立了冀中總指揮部。總指揮爲賀龍，副總指揮爲呂正操，政委爲關向應。隨後連續取得了黑馬張莊伏擊戰和齊會戰鬥的勝利，以及上下細腰澗戰鬥的勝利。共殲敵 1200 餘人。此間，715 團與冀中軍區獨立第 4 支隊合編爲師獨立第 1 旅，716 團與冀中軍區獨立第 5 支隊合編爲師獨立第 2 旅（後改爲 358 旅）。調張宗遜、張平化到冀中，組成縱隊指揮部，統一指揮獨立第 1、第 2 旅。同時，將留晉西北部隊擴編爲 358 旅，旅長爲彭紹輝（後改爲獨立第 2 旅）。1939 年除 359 旅因保衛陝甘寧邊區未隨隊行動外，120 師始終轉戰於晉察冀區，先後進行了陳莊戰鬥，殲敵 1200 餘人，打退了閻錫山舊部發動的進攻，並組成了晉西北新軍總指揮部，總指揮爲續範亭，政委爲羅貴波。下轄暫編第 1 師，青年抗日敢死隊，第 2、4 縱隊和工人武裝自衛旅等。1940 年 6 月，120 師參加夏季反「掃蕩」戰鬥，取得了米峪戰鬥的勝利，殲滅日軍 500 餘人。

從 1940 年 8 月起，120 師參加了著名的百團大戰，殲滅日軍 3500 餘人。11 月成立晉西北軍區，司令員爲賀龍兼，政委爲關向應兼，副司令員爲續範亭，參謀長爲周士第兼，政治部主任爲甘泗淇。轄 6 個軍區，部隊發展到 5.1 萬多人。從 1940 年開始，奉中央指示，359 旅在駐地南泥灣開展大生產運動，生產自給，減輕人民負擔。在抗戰極端困難階段，爲爭取勝利，晉西北兩次精兵簡政，部隊由 3.9 萬多人，減至 2.5 萬人，並調整了軍分區機關。建立了主力軍、地方軍、民兵三結合的武裝體制，開展整風、生產和擁政愛民活動，大大增強了部隊實力。

1942 年 6 月，陝甘寧晉綏聯防軍司令部成立，120 師及西北軍區隸屬於聯防軍建制。9 月晉西北軍區改爲晉綏軍區。並開始按中央指示「把敵人擠出去」，到 1943 年上半年基本實現了上述戰略意圖。1943 年秋，呂正操率八路軍第 3 縱隊主力 9 個團到達晉綏地區，隨即中央任命晉綏軍區司令員爲呂正操，政委爲林楓，副司令員爲續範亭和周士第。10 月，粉碎日軍秋季掃蕩，並在山西興縣以南殲滅日軍 700 餘人。1944 年至 1945 年夏，晉綏軍區部隊連續舉行三次攻勢作戰，全區面積由 1944 年的 8.3 萬餘平方公里，擴大到 8.7 餘萬平方公里。爲建立以五嶺山脈爲依託的抗日根據地，把中原地區和廣東東江地區的游擊戰爭聯結起來，使華南成爲戰略一翼。

1944 年 10 月，中共中央決定，以 359 旅爲基礎，組成第 18 集團軍獨立

第 1 游擊支隊（又稱南下支隊），挺進湘粵邊。1945 年 8 月，到達廣東南雄地區，此時正逢日本投降。同時遭到國民黨頑固派重兵圍攻，遂旋師北返，10 月抵達中原地區，同新四軍第 5 師共同堅持中原地區的鬥爭。1945 年 8 月，晉綏軍區部隊在賀龍、李井泉指揮下，向日偽軍展開大反攻。爲加強組織指揮，成立了呂梁、雁門、綏蒙 3 個軍區。呂梁軍區司令員兼政委爲張宗遜，雁門軍區司令員爲呂正操兼、政委爲高克林，副司令員爲許光達，綏蒙軍區司令員爲姚紹，政委爲張達志。晉綏軍區之大反攻作戰，共分南北兩線：南線以太原爲中心，由張宗遜指揮；北線以歸綏爲中心，由呂正操、許光達指揮。9 月初，賀龍、李井泉率領 358 旅和獨立第 1 旅從陝甘寧邊區出發東渡黃河，參加反攻作戰。經連續奮戰，收復了離石、中陽、文水、交城、陶林、武川、左雲、右玉、朔縣等許多城鎮，斃傷日偽軍 1.6 萬餘人，俘日偽軍 5100 餘人。在大反攻中主力軍發展到 4.5 萬餘人，地方武裝發展到 4 萬餘人，民兵發展爲 10 萬眾。在八年抗戰中，120 師及晉綏部隊作戰近兩萬次，還協同晉察冀軍區部隊開闢了恒山區，加強了平西區，鞏固了冀中區，並保衛了陝甘寧邊區，爲抗戰勝利作出了重大貢獻。

第一二九師　初戰陽明堡揚威　建立晉冀魯豫根據地

1937 年 8 月，中國工農紅軍改編爲八路軍，同時紅軍第 4 方面軍，第 4、第 31 軍、西北紅軍第 29、30 和獨立第 1～第 4 團，以及 15 軍團的騎兵團等，改編爲國民革命軍第八路軍第 129 師。全師共 1.3 萬餘人，師長爲劉伯承、副師長爲徐向前，參謀長爲倪志亮，政訓處主任爲張浩，副主任爲宋任窮。下轄第 385、386 旅及教導團和特務、工兵、炮兵、輜重、騎兵等營。385 旅旅長爲王宏坤，副旅長爲王維舟，下轄第 769、770 團。9 月 30 月，第 129 師師部率第 386 旅及第 769 團、教導團、騎兵營等 9100 餘人，東渡黃河牙赴抗日前線。第 385 旅旅部率第 770 團及工兵、輜重、炮兵、特務營等留守陝甘寧邊區。10 月，根據中央決定，團以上單位恢復政治委員制度，張浩改爲師政委（1938 年 1 月，由鄧小平接任）。王維舟任第 385 旅政委，王新亭任第 386 旅政委。

10 月 19 日，第 129 師的先遣部隊第 769 團夜襲山西代縣陽明堡日軍前線飛機場，毀傷敵機 24 架。隨後師主力挺進正太鐵路以南，打擊沿正太鐵路西進之日軍，取得了長生口、七亙村等戰鬥的勝利。11 月中旬，奉命建立以太行、太岳爲依託的抗日根據地。爲配合晉南國民黨軍和晉西北、晉西南的八

路軍作戰，129 師在晉西北、晉西南和邯（鄲）長（治）公路沿線展開交通破襲戰、伏擊戰，殲敵 2000 餘人。粉碎日軍 3 萬人的「九路圍攻」，收復縣城 18 座，鞏固了晉冀豫抗日根據地。4 月下旬，擴大了冀南根據地，開闢了豫北安陽、林縣、輝縣山區抗日根據地，成立了晉冀豫軍區。

一年多的鬥爭，129 師擴大發展了不少旅、團建制，隊伍達到 5 萬餘人。12 月下旬，第 129 師師部率第 386 旅主力及先遣支隊一部，挺進冀南和魯西北地區，於 1939 年 1～3 月與冀南軍區部隊一道粉碎日偽軍 3 萬人的「掃蕩」，取得了香城固戰鬥的勝利。3 月以後，當日軍「掃蕩」重點轉向山區時，129 師主力返回太行抗日根據地，粉碎日軍對太行山區的夏季「掃蕩」。1939 年冬，當國民黨頑固派掀起第一次反共高潮，瘋狂向我晉西等地區八路軍和山西青年抗敵決死隊進攻時，129 師奮起反擊，粉碎了敵人的反共高潮。山西青年抗敵決死隊編入 129 師序列。5～6 月，129 師進行了整編，共編 9 個旅，調整了軍區和軍分區的機構和區劃。撤銷晉冀豫軍區，成立太行、太岳、冀南軍區。整軍同時，連續對正太路之敵實行破襲戰，予敵沉重打擊。1941 年抗日戰爭進入極端困難階段，129 師主動實行主力軍地方化，分期分批將一部分主力旅與軍分區合併，加強地方武裝力量。8 月，以第 386 旅、山西青年抗敵敢死隊第 1 縱隊，政治保衛隊第 212 旅編成太岳縱隊，司令員為陳賡，政委為薄一波，縱隊機關兼太岳軍區機關。針對日軍實行的所謂軍事、政治、經濟、文化的「總力戰」，129 師採取以武裝鬥爭為核心的全面對敵鬥爭方針，挫敗敵人「掃蕩」、「蠶食」、「治安強化運動」，開闢了太嶽以南的新區。

太平洋戰爭爆發以後，日軍為了實現「變華北為大東亞戰爭兵站基地」的野心，對抗日根據地實行頻繁地「掃蕩」，實行殘酷的「三光」政策，使各根據地受到嚴重損失，許多根據地淪為游擊區。129 師沒有因困難而後退，相反採取了「敵進我進」方針，派出大批武裝工作隊和小部隊，深入敵佔區，開展軍事、政治攻勢，建立小塊根據地。

1943 年伊始，華北各根據地進入恢復和發展時期，129 師派出近千支武裝工作隊和小部隊深入淪陷區打擊偽軍。7～8 月，進行了衛南——林南戰役，殲敵 1.2 萬餘人，恢復了老根據地，開闢了新區，勝利地打退三次反共高潮中頑固派的進攻，有力地配合了陝甘寧邊區的鬥爭。10 月，應中共中央的指示，129 師機關與八路軍總部機關合併（保留 129 師番號）。太行、太岳、冀南、

冀魯豫等軍區由八路軍總部直接指揮。同時，另組建太行軍區機關（原由 129 師兼），司令員為李達，政委為李雪峰。

　　1944 年 4 月，129 師在繼續深入開展整風、生產運動同時，開展攻勢作戰，拔除日偽軍大量據點。5 月，冀南與冀魯豫軍區合併為新的冀魯豫軍區。司令員為宋任窮，政治委員為黃敬。7～9 月，129 師先後派部隊挺進豫西，開闢革命根據地。1945 年 2 月，成立河南軍區，司令員為王樹聲，政委為戴季英。從 1945 年繼軍、政整訓，提高部隊戰術和技術水平，為大規模正規兵團培養骨幹的同時，各部隊於 1945 年春、夏，開展了大規模攻勢作戰，收復縣城 28 座，將日偽軍壓縮到大、中城市及主要交通線上，為舉行大反攻創造了條件。從 8 月 11 日開始，129 師所屬各部隊，熱烈響應毛澤東《對日寇的最後一戰》的號召，遵照中國解放軍抗日軍司令員朱德的命令，參加大反攻，向平漢、津浦、德石、正太、同蒲、隴海等鐵路線和部分中小城鎮的日偽軍發起進攻，收復縣城 59 座，解放大片國土，使太行、太岳、冀南冀魯豫邊 4 個區連成一片。8 月 20 日，成立晉冀魯豫軍區，司令員為劉伯承，政委為鄧小平，副司令員為滕代遠、王宏坤，副政委為薄一波，副政委兼政治部主任為張際春，參謀長為李達。下轄太行、太岳、冀南、冀魯豫 4 個軍區。

　　在八年抗戰中，129 師殲滅日偽軍達 42 萬餘人，解放城鎮 109 座。在 115 師一部配合下，創造了東起津浦鐵路，西抵同蒲鐵路，南跨隴海鐵路，北至德石、正太鐵路的晉冀魯豫解放區，面積達 18 萬平方公里，人口達 2400 餘萬，為抗日戰爭做出了重大貢獻。部隊發展到近 30 萬人，成為解放戰爭時期中國人民解放軍晉冀魯豫野戰軍的基礎。

發展壯大軍事縱隊

　　按抗日戰爭時期的軍隊的指揮系統，各軍由若干集團軍指揮軍事行動。集團軍下轄為軍。只有共產黨領導的 18 集團軍未給軍的番號。1937 年將紅軍主力部隊改為國民革命軍第八路軍。下轄 115 師、120 師、129 師。遠遠不能適應抗戰的軍事需要。國民黨當局又不給新番號，各方面加以限制。於是就以縱隊的形式發展軍事力量。共有五個縱隊：

八路軍第 1 縱隊

　　1939 年 5 月 4 日，中央書記處決定組建八路軍第 1 縱隊。司令員為徐向前，政委為朱瑞。下轄陳光、羅榮桓率領的八路軍 115 師一部，蕭華率領的東

進抗日挺進縱隊以及一些游擊隊。在成立第 1 縱隊不久，徐向前、朱瑞率部到達山東沂水、蒙陰地區，領導魯中地區軍民粉碎了日偽軍 2 萬餘人的大「掃蕩」；在萊蕪、新泰、蒙陰、沂水、臨朐、東平，平陰、寧陽、長清、泰安等縣相繼成立了抗日民主政權。8 月 1 日，徐向前、朱瑞通電就職，第 1 縱隊正式成立。8 月 9 日，組成了山東軍政委員會，書記為朱瑞（兼），委員為徐向前、郭洪濤、羅榮桓、黎玉、張經武。軍政委員會為統一該地區黨政軍民工作的領導機關，第 1 縱隊屬於軍委直接指揮；第一縱隊領導統一指揮山東省與江蘇省北部地區的八路軍各部隊。8 月下旬，第 1 縱隊根據中共中央對國民黨頑固派採取的「又鬥爭又團結，以鬥爭求團結」的方針，指揮山東縱隊第1、第 3、第 4 支隊，在魯中區的淄河流域反擊了國民黨頑固派軍隊的挑釁，收復了淄川、博山以東的峨莊、大河、朱崖等地。10 月 13 日第 1 縱隊機關與山東縱隊機關合併，組成統一的指揮機關。爾後，第 1 縱隊先後粉碎了日偽軍對泰（山）西、冀魯邊等地區的「掃蕩」，取得了五井、孫祖、楊家橫等戰鬥的勝利。1940 年 6 月，徐向前返延安後，指揮機關做了新的調整，第 1 縱隊番號延用至 1941 年。

八路軍第 2 縱隊

是由 115 師 344 旅和冀魯豫支隊等合編而成。1940 年 2 月 6 日，集總根據當時形勢，有力擊退國民黨的反共逆流，鞏固太南根據地，決定成立八路軍第 2 縱隊。縱隊司令員為集總副參謀長左權（兼），政委為黃克誠，副司令員為楊得志（兼冀魯豫支隊司令員），參謀長為韓振紀。下轄 344 旅，新編第 1 旅，決死 3 縱隊，獨立游擊支隊，民軍第 4 團等部。1940 年 2 月 16 日，第 2 縱隊主力離開晉東南東進。2 月 20 日，冀魯豫支隊發動第 1 次討伐叛逆石友三戰役。4 月上旬，留新 1 旅堅持太行區鬥爭，344 旅取道冀南進入冀魯豫，與新 2、3 旅會師。4 月底，2 縱隊和冀魯豫支隊統一整編，成立冀魯豫軍區，第 2 縱隊兼冀魯豫軍區。縱隊司令員為楊得志，政委為黃克誠，軍區司令員為黃克誠（兼），政委為崔田民，下轄第 344 旅，新編第 2 旅、第 3 旅及河北民軍第 1 旅。5 月下旬，黃克誠奉命率第 344 旅和新編第 2 旅主力南下豫皖蘇邊區，參加華中的抗日鬥爭。楊得志率第 2 縱隊的新編第 3 旅，河北民軍第 1 旅，繼續堅持冀魯豫邊區的抗日鬥爭，粉碎了日軍的多次「掃蕩」，擊退了國民黨頑固派頻繁的軍事進攻。1941 年 7 月，為便於統一領導和加強根據地建設，經集總批准魯西軍區與冀魯豫軍區合併為冀魯豫軍區，第 2 縱隊仍兼軍

區機關，軍區司令員爲崔田民，政委爲蘇振華（兼），政治部主任爲唐亮。下轄7個軍分區。第2縱隊司令員爲楊得志，政委爲蘇振華，副司令員爲楊勇，參謀長爲盧紹武，政治部主任爲崔田民，副主任爲唐亮、下轄教導第3旅、第7旅，河北民軍第1旅和冀中南進支隊等，仍屬八路軍總部指揮。12月根據中共中央軍委指示，第2縱隊領導機構與冀魯豫軍區合併。1942年6月，第2縱隊進行第二次整編，2縱隊番號取消，一切武裝歸軍區指揮。

八路軍第3縱隊

是以河北游擊軍和國民黨東北軍一部爲基礎擴編而成的。1938年4月，第3縱隊成立，司令員爲呂正操，政委爲王平（後爲程子華），副司令員爲孟慶山，參謀長爲孫毅，政治部主任爲孫志遠。同時，成立了冀中軍區，縱隊首長兼軍區首長。軍區下轄4個軍分區，部隊改編後曾發展爲第7、8、9、10支隊，獨立第1支隊共21個團及1個回民支隊。第3縱隊歸晉察冀軍區指揮，以後又組成第5軍分區。第3縱隊依靠冀中人民，粉碎了日僞軍多次圍攻。至9月，北起平津鐵路，南至倉（縣）石（家莊）公路，西起平漢鐵路，東至津浦鐵路之間的冀中抗日根據地初步形成。1939年1月，八路軍第120師主力由晉西北挺進冀中。在第120師的幫助下，第3縱隊進行了整訓，軍政素質得到提高。9月，120師主力回師晉西北，第3縱隊繼續堅持冀中的抗日鬥爭。至1940年底，第3縱隊下轄警備旅、第6至第10支隊、回民支隊和騎兵團共4.6萬餘人。1941年，日軍對冀中加緊進行「掃蕩」、「蠶食」和「治安強化運動」的鬥爭。1942年5月1日石萬餘日僞軍開始對冀中瘋狂「『掃蕩』。第3縱隊主力轉到外線打擊敵人，留一部配合民兵、游擊隊就地堅持鬥爭，經兩個月激戰，殲滅日僞軍1.1萬餘人，頑強地堅持了冀中平原的抗日游擊戰爭。1943年8～9月間，第3縱隊主力9個團開赴晉西北地區，編入晉綏軍區建制，第3縱隊番號撤消。

八路軍第4縱隊

史載第4縱隊有兩支。一支爲宋鄧支隊改編的第4縱隊；一支爲八路軍第2縱隊一部與新四軍第6支隊合編而成。1937年9月28日，八路軍120師以第716團第2營組成支隊，支隊長爲宋時輪。宋支隊深入敵後大同西南等地區活動；1938年3月爲進一步開闢平西地區以晉察冀軍區1分區1支隊3大隊爲主組成鄧華支隊。5月25日，宋鄧支隊合編爲第4縱隊，司令員爲宋

時輪,政委爲鄧華,參謀長爲李鍾奇,政治部主任爲蘇梅。同時組成 7 人縱委,書記爲鄧華。宋鄧支隊分別改稱爲第 11、第 12 支隊,改編後的 4 縱歸聶榮臻司令員指揮。6 月 8 日,第 4 縱挺進冀東。沿途連克昌平、延慶、興隆等縣城 i 主力於 6 月下旬抵薊縣以北將軍關、靠口山集等地區。7 月,4 縱配合中共冀熱邊特委發動和領導了冀東 20 餘縣及開灤煤礦 20 多萬人的抗日武裝暴動,建立了 10 萬人的抗日武裝。1939 年 1 月,在八路軍第 4 縱隊基礎上,成立冀察熱挺進軍,司令員爲蕭克,統一指揮平西、冀東、平北地區的武裝鬥爭。一支爲 1940 年 6 月底,以新四軍第 6 支隊與八路軍南下之 344 旅、新 2 旅合編爲八路軍第 4 縱隊。司令員爲彭雪楓,政委爲黃克誠,新編第 2 旅改爲第 2 旅;第 344 旅改爲第 4 旅,其第 687、688、689 團改爲第 7、第 8、第 9 團;第 6 支隊第 1、第 2、第 3 團編爲第 5 旅;第 6 支隊第 1、第 3 總隊編爲第 6 旅;另設 1 個游擊司令部。同年 8 月,第 2 旅和第 7 團編入第 5 縱隊。1941 年皖南事變後,第 4 縱隊改編爲新四軍第 4 師。

八路軍第 5 縱隊

是 1940 年 8 月,由蘇魯豫支隊和八路軍第 2 縱隊新 2 旅、687 團以及八路軍隴海支隊、新四軍第 6 支隊第 4 總隊合編而成,司令員兼政委爲黃克誠。下轄第 1、第 2、第 3 支隊,共 9 個團,近兩萬人,歸中共中央中原局指揮。8～9 月,第 5 縱隊主力東渡運河,打退日軍和國民黨頑固派軍隊的多次進攻,開闢了淮海區抗日根據地。與此同時,留在皖東北地區堅持抗日鬥爭的第 5 縱隊第 2 支隊一部,配合新四軍第 5 支隊開闢了淮安、寶應地區抗日根據地。10 月初,第 5 縱隊主力挺進鹽城、阜寧地區,配合新四軍開闢蘇北抗日民主根據地。同月 10 日,與新四軍蘇北指揮部所屬部隊會師於東臺以北之劉莊、白駒鎮一線地區。此後,隸屬於華中總指揮部。1941 年皖南事變後,第 5 縱隊改編爲新四軍第 3 師。

八路軍駐各地辦事處爲抗日戰爭時期設在各地的公開辦事機構。1936 年 12 月西安事變後,紅軍曾在西安、太原、南京等地設立辦事處。1937 年 9 月中央紅軍改編爲八路軍後,各紅軍辦事處遂改爲八路軍辦事處。先後在西安、太原、上海、南京、長沙、桂林、重慶、成都、貴陽、迪化(今烏魯木齊)、蘭州、香港、南寧、韶關、洛陽、豫北、隴東等地設立了八路軍(或第 18 集團軍)辦事處。其主要任務是:開展抗日民族統一戰線工作,向國民黨當局沿領軍餉,採購和轉運軍需品,宣傳八路軍抗戰活動,接待過往八路軍人員,

營救被國民黨政府關押的政治犯等。隨著抗戰形勢的發展，各地八路軍辦事處陸續撤銷。駐重慶辦事處一直工做到 1947 年 3 月 7 日。

抗戰勝利後，內戰隨立即開始。縱隊是主要戰鬥組織，規模相當於軍，受野戰軍領導。解放戰爭勝利後，縱隊又改稱軍，上級領導單位是兵團。

第七篇　戰功卓著的新編第四軍和地方抗日武裝

新編第四軍的建立

1937 年 10 月 12 日，國民政府軍事委員會宣佈，將南方 8 省和 14 個地區的紅軍游擊隊改編為國民革命軍陸軍新編第四軍，簡稱「新四軍」。1938 年 1 月，新四軍軍部在南昌成立，葉挺任軍長，項英任副軍長，張雲逸、周子昆任正副參謀長，袁國平、鄧子恢任政治部正副主任。軍部下轄 4 個支隊：第一支隊司令員陳毅，副司令員傅秋濤，參謀長胡發堅，政治部主任劉炎。第二支隊 1938 年春組建。司令員張鼎丞，副司令員粟裕，參謀長羅忠毅。張雲逸同志為新四軍參謀長兼第三支隊司令員。高敬亭任新四軍第四支隊支隊司令員。高敬亭被處決後，1939 年 6 月 15 日，第 4 支隊由徐海東兼司令員，政治委員兼政治部主任戴季英。全軍共有 10300 餘人。建立抗日根據地，打擊日、偽軍。

八路軍在華北抗擊日軍的同時，新四軍在華東地區英勇抗戰。1938 年 6 月間，新四軍進至南京、鎮江、丹陽、句容、金壇、武進、深水、高淳、蕪湖一帶，四出打擊日寇，從敵偽手中解放了廣大的農村地區，建立起以江蘇南部茅山山區為中心的抗日根據地。在江北，新 4 軍進至安徽的巢縣、無為地區，解放了淮南鐵路和津浦鐵路南段兩側地區，開闢了皖中和淮南根據地。

鞏固抗日根據地

1940 年以後國共兩黨關係惡化，不斷出現摩擦。5 月 4 日，黨中央在給

東南局的指示中強調，在江蘇境內，應不顧顧祝同、冷欣、韓德勤等反共分子的批評、限制和壓迫，西起南京、東至海邊、南至杭州、北至徐州盡可能迅速地、有步驟有計劃地將一切可能控制的區域控制在手，獨立自主地擴大軍隊，建立政權。陳毅接到中央指示後，迅速調集兵力，部署渡江北上，執行發展蘇北的既定任務。

6 月，南下華中的八路軍第 2 縱隊（第 344 旅、新編第 2 旅主力），在黃克誠率領下，於永城以南新興集與新 4 軍第 6 支隊會合。同時，八路軍蘇魯豫支隊全部由湖西南下，7 月初到達皖東北泗縣地區。八路軍的南下，為華中對敵鬥爭和發展根據地增添了新的力量。6 月底，韓德勤策動李明揚等部向剛進入泰州西南部之大橋、郭村等地軍隊進犯。黨中央為打開蘇北抗戰爭局面，指出：「華中目前鬥爭策略，應以全力反對韓德勤及蘇北其它頑軍，切實發展蘇北，對李品仙應取守勢，力爭和緩，以防蔣桂聯合對我。」同時，確定南下的八路軍和新四軍第 6 支隊統歸中原局直接指揮。中原局根據黨中央指示精神，制定了「向東發展、向西防禦」的方針，同時整編了部隊，以第 6 支隊與 344 旅（欠 687 團）合編為 8 路軍第 4 縱隊，轄第 4、5、6 旅，共 9 個團 1.7 萬餘人，彭雪楓任司令員，執行向西防禦任務；以新 2 旅及第 687 團與皖東北的蘇魯豫支隊、隴海南進支隊、第 6 支隊第 4 總隊合編為 8 路軍第 5 縱隊，轄第 1、2、3 支隊，共 9 個團近 2 萬人，黃克誠任司令員兼政委，執行東進任務；並確定豫皖蘇邊區保安司令部所轄 3 個獨立團，擔任鞏固根據地的任務。

當韓德勤策動的李明揚等部向郭村我挺進縱隊突然發起攻擊時，江南指揮部一面呼籲團結，要求「兩李」停止進攻；一面令挺進縱隊堅守，並急調蘇皖支隊及江南主力馳援。蘇皖支隊到達後，連續組織反擊，先後殲滅李軍 3 個團，李向泰州潰退。為孤立韓德勤，此時，我軍主動向「兩李」做了團結工作，爭取了他們的中立。

江南指揮部渡江後，根據中央指示，改稱蘇北指揮部，仍由陳毅、粟裕擔任正副指揮，下轄第 1、2、3 縱隊共 9 個團 7000 餘人。為打開蘇北抗日局面，7 月下旬，我軍揮戈東進，一舉佔領黃橋等地。9 月，韓德勤糾合 1.5 萬餘人分兩路向我進犯。我首殲獨 6 旅，再殲第 33 師，最後聚殲了第 89 軍軍部及第 117 師第 349 旅等部，斃傷俘 1.1 萬餘人，89 軍軍長李守維溺水而亡，韓德勤率殘部 1000 餘人向興化逃竄。黃橋戰役的勝利，奠定了蘇北抗日根據

地的基礎。這時蘇北指揮部所屬主力增至 1.2 萬餘人。黃橋戰役的勝利，奠定了蘇北抗日根據地的堅實基礎，打開了華中抗戰的新局面。

　　1940 年 10 月 19 日，蔣介石指使何應欽、白崇禧以國民黨政府軍事委員會正、副參謀總長名義致電 8 路軍朱德、彭德懷和新 4 軍葉挺、項英，強令將在黃河以南的八路軍、新 4 軍於 1 個月內開赴黃河以北。這明顯地暴露了國民黨製造分裂、挑動內戰的險惡用心。11 月 9 日，朱德、彭德懷、葉挺、項英覆電何應欽、白崇禧，據理駁斥了國民黨的無理要求，但爲顧全大局，仍答應將皖南新 4 軍部隊開赴長江以北。而蔣介石對此不予理睬，仍按原定計劃密令第三戰區顧祝同、上官雲相將江南新 4 軍立即「解決」。1941 年 1 月 4 日，皖南新 4 軍軍部直屬部隊等 9 千餘人，在葉挺、項英率領下開始北移。1 月 6 日，當部隊到達皖南涇縣茂林地區時，遭到國民黨 7 個師約 8 萬人的突然襲擊。新 4 軍英勇抗擊，激戰 7 晝夜，終因眾寡懸殊，彈盡糧絕，除傅秋濤率 2000 餘人分散突圍外，少數被俘，大部壯烈犧牲。軍長葉挺被俘，副軍長項英、參謀長周子昆突圍後遇難，政治部主任袁國平犧牲。這就是震驚中外的皖南事變，是國民黨第二次反共高潮的高峰。事變發生後，蔣介石於 1941 年 1 月 17 日發佈命令，宣布新 4 軍爲「叛軍」，取消新 4 軍番號，下令進攻新 4 軍江北部隊。中國共產黨對此進行了堅決的回擊，命令重建新 4 軍軍部，任命陳毅爲代理軍長，劉少奇爲政治委員，張雲逸爲副軍長，賴傳珠爲參謀長，鄧子恢爲政治部主任。不久，新 4 軍新軍部在蘇北鹽城正式成立。通電稱陳毅等遵照中共中央革命軍事委員會命令宣誓就職，「誓遵三民主義，服從總理遺囑，與萬惡敵人日本帝國主義及其走狗中國親日派奮鬥到底」。號召國民黨軍隊「勿爲姦邪所蒙蔽，拒絕內戰，一致對敵」。隨後，新 4 軍擴編爲 9 萬餘人。同時，毛澤東以中央軍委發言人的名義發表談話，揭露蔣介石發動皖南事變的眞相。在一片反對聲中，國民黨蔣介石集團更陷於孤立。1941 年 3 月，蔣介石被迫「保證」決不再有「剿共」的軍事行動。至此，國民黨發動的第二次反共高潮被徹底擊退。

　　此後，根據中共中央命令，將活動於隴海路以南的八路軍、新四軍部隊統一整編爲 7 個師和 1 個獨立旅：第一師師長粟裕、政委劉炎，第 2 師師長張雲逸（兼）、政委鄭位三，第 3 師師長兼政委黃克誠，第 4 師師長兼政委彭雪楓，第 5 師師長兼政委李先念，第 6 師師長兼政委譚震林，第 7 師師長張鼎丞、政委曾希聖；八路軍教導第 5 旅改編爲獨立旅。新四軍新的戰略部署

是：第 2、第 4 師分別在淮河活動，鞏固津浦路東，堅持津浦路西，防禦國民黨頑軍的進攻；第 5 師獨立堅持鄂豫地區，並以一部沿江而下，打通與第 7 師的聯繫；第 7 師堅持皖中地區，並在皖南敵後開展游擊戰爭；第 6 師堅持蘇南；第 1、第 3 師堅持蘇北，建立以蘇北爲中心的華中抗日根據地。

新四軍抗日業績

新四軍抗日重要戰役有：淮南反掃蕩；江蘇淮北反掃蕩；湖北大悟山反掃蕩；車橋戰役等。

淮南反掃蕩

1940 年 10 月初，日軍調集了第十五師團、第十七師團和第一一六師團等各一部兵力，共 1 萬餘人，在空軍掩護下，兵分 3 路向皖南新四軍進行了空前規模的大「掃蕩」。日軍出兵後，駐守青弋江、南陵、繁昌和青陽等地的國民黨軍隊，有的只和日軍稍稍交火便敗退下來，有的根本沒有抵抗便往後撤。日軍佔領了南陵、青陽等地後，繼續向涇縣進犯，其中一部日軍已逼近雲嶺，情況十分危急。由於新四軍主力部隊大都分佈在大江南北敵後抗日前線，駐紮在雲嶺地區的新四軍指戰員總共還不到 5000 人，而且大多是軍部直屬機關的後勤保障人員。因此，能否粉碎日軍的「掃蕩」，保衛皖南人民及新四軍軍部的安全，是對新四軍在皖南抗日的一次嚴峻考驗。新四軍軍長葉挺決定一馬當先，率領指揮所和軍部特務營赴前線指揮戰鬥。

10 月 4 日中午，由繁昌出動的日軍，以先頭部隊 200 餘騎兵充當開路先鋒，其主力隨後跟進，在空軍掩護下，沿繁昌南陵大道，進抵三里店。三里店位於雲嶺北端，是日軍由繁昌、南陵進犯雲嶺的必經之地。這一帶地勢險要，山巒疊嶂，有利於部隊隱蔽和伏擊。葉挺在認真分析了日軍的進犯企圖，並在深入研究我軍的態勢和戰場地形特點後，果斷地下決心以一團和三團主力，在當地群眾的配合下，利用有利地形，在三里店和汀潭沿線設下層層埋伏，並以出其不意的動作連續打擊、消耗和疲憊日軍，直至粉碎其「掃蕩」。

葉挺在作好戰前部署和動員後，隨即帶領手槍團、三團以及直屬機關的工作人員，迅速開赴離軍部 7 公里以外的三里店。當新四軍部隊通過恬靜的村莊，行至一座小山岡附近時，葉挺下令部隊進入指定的埋伏地點，待機殲敵。不一會兒，日軍騎兵進入三里店我軍埋伏圈。隨著葉挺一聲令下，新四

軍部隊如猛虎下山，猛烈地向日軍行軍隊形發起衝擊。頓時，機槍、步槍和手榴彈如暴風雨般傾瀉而下，日軍騎兵部隊被打得人仰馬翻，死屍累累。

　　葉挺認為，日軍如遭到我軍伏擊，勢必會動用主力投入戰鬥。因此，在三里店第一個伏擊圈的前方，他事先又佈設了第二個伏擊圈，並指示部隊埋設地雷，誘敵進入雷區而殺傷之。果然不出所料，日軍在其先頭部隊遭到我軍打擊後，惱羞成怒，立即使用主力向三里店東的螺絲橋進犯。當日軍一部跨過螺絲橋時，新四軍伏擊部隊突然勇猛地再次出擊，日軍頓時亂了陣腳，四下逃散，不時踩響地雷，死傷50餘人。時近黃昏，新四軍部隊完成了伏擊任務後，按預定計劃，向三里店山區迅速轉移。葉挺預料日軍佔領三里店後，將會繼續向汀潭進犯，這樣，它可南犯雲嶺，東取涇縣。於是葉挺又決定在汀潭一帶繼續組織伏擊。次日清晨，由蕪湖、繁昌方向出動的敵機，在三里店和汀潭一帶上空不斷盤旋偵察，這預示著敵人將要開始大規模的進攻。果然不出葉挺所料，日軍先頭部隊 500 餘人，在空軍掩護下，從三里店整隊出發了。日軍繞道北貢裏插向汀潭附近的徐村橋。徐村橋北側是一片開闊地，南側就是通往汀潭、雲嶺村的一條傍山險道。正當日軍先頭部隊一部約 200 餘人越過橋面進入狹道，另有 200 餘人擁擠在橋上和被阻於橋北的時候，新四軍事先隱蔽埋伏在橋頭兩側的部隊，看準時機，突然猛烈開火，打得日軍懵頭轉向。戰鬥持續了僅 20 分鐘，共打死打傷日軍 70 餘人，日軍被迫後退。日軍吃了敗仗，氣急敗壞，稍作休整後，便又集中火力發起攻擊。然而此時，新四軍大部分伏擊部隊早已根據葉挺的命令，悄然向汀潭以東山地轉移。結果日軍撲了個空，一無所獲。入夜，日軍進入小嶺坑，原想在這一帶宿營，但由於群眾實行了堅壁清野，敵人找不到吃喝，只好空著肚子繼續前行。從小嶺坑往山裏前行，有一條長達 5 公里的羊腸小道。新四軍指戰員埋伏在這條山路兩旁的山頭上，等日軍進入伏擊口袋時，葉挺一聲令下，剎那間槍聲齊鳴，喊聲大作，日軍被打得喪魂落魄，人仰馬翻。新四軍火力封鎖住了谷口，日軍前後被堵，到處挨打，完全陷於新四軍的包圍之中。夜裏，日軍又餓又冷，曾多次試圖突圍，但均被新四軍的密集火力擊回，只好蜷伏在寒冷的山溝裏固守待援。第二天黎明，日軍又從蕪湖出動了 36 架飛機來掩護被圍困的部隊，這些敵機在大嶺、小嶺四面山頭上低飛，竭力尋找新四軍主力。被圍困的日軍借助飛機的掩護，向新四軍陣地發起了猛攻。為堅守陣地，保衛雲嶺，新四軍在葉挺的親自指揮下，與敵人展開了一場殊死惡戰。在大嶺、

小嶺等陣地，新四軍與日軍反覆爭奪，多次進行白刃搏鬥。正當戰鬥激烈進行之時，雲嶺一帶的群眾也紛紛趕來支持。他們幫助新四軍運送物資彈藥，抬擔架，救傷員。群眾的大力支持，增強了新四軍指戰員消滅日軍的決心，最後日軍被迫突圍，倉皇撤退。

日寇在飛機的掩護下，狼狽地逃出了小嶺坑，隨後又東渡青弋江，向涇縣城南水關進犯。涇縣縣城是國民黨守軍 52 師的駐地，國民黨軍隊還未與日軍交火，便棄城逃跑，縣城遂被日軍佔領。此時，葉挺果斷決定：率指揮所和預備隊迅速向涇縣開進，追擊東逃日軍。指揮所進至涇縣東北的西峰山附近高地後，葉挺抓住時機，派員聯絡涇縣附近的國民黨軍隊，趁日軍立足未穩，迅速發起攻擊，襲擊涇縣及西峰山的敵人。

此時，日軍數 10 架飛機瘋狂地對新四軍實施輪番轟炸掃射，炸彈不斷落在軍部指揮所附近。但葉挺鎮定自如，他一手拿著望遠鏡，不時地觀察前線戰況的發展變化；一手拿著照相機，冒著生命危險拍攝戰場實況。他的勇敢和鎮定，激勵了新四軍廣大指戰員奮勇殺敵的勇氣和信心。經過多次衝殺，涇縣及西峰山之敵紛紛向楊鋪撤退，逃回蕪湖，新四軍勝利收復了涇縣縣城。歷時一周的涇縣雲嶺保衛戰，新四軍共斃、傷日寇 1000 餘人，粉碎了日軍的「掃蕩」。這一重大勝利，震動了大江南北，大大提高了新四軍的政治威望。

1939 年 11 月，時任新四軍江北指揮部副指揮、第 4 支隊司令員的徐海東，輾轉來到皖東，開闢淮南津浦路西根據地，以抗擊日本侵略者。此時，日軍趁我軍立足未穩，對周家崗等根據地進行了瘋狂「掃蕩」。徐海東率領第四支隊指戰員與日軍鬥智鬥勇，周旋、激戰 3 晝夜，徹底粉碎了敵人的陰謀，取得了津浦路西首次反「掃蕩」鬥爭的勝利。12 月 18 日，新四軍偵察員報告，日軍第 6 師團師團長谷壽夫糾集了盤踞在南京、明光、蚌埠和巢縣的日偽軍共 3000 餘人，集結於滁縣、沙河集、全椒等地，準備對周家崗等根據地發動「掃蕩」。

次日，駐全椒的日偽軍 1000 餘人經東王集進至大馬廠，另一路 300 餘日軍經石沛橋和棗嶺集，竄犯周家崗，與此同時，駐滁縣的日偽軍 1700 餘人也兵分兩路，其中一路經赤湖鋪、關山店和珠龍橋竄入施家集，企圖與全椒之敵會合後合擊周家崗。日軍配有 92 步兵炮和山炮 10 餘門，運送彈炮的騾馬輜重緊隨其後，並有騎兵配合。日軍依仗優勢裝備，沿途瘋狂燒殺，實行滅絕人性的「三光」政策，廣大群眾陷於日軍的鐵蹄蹂躪之下。

　　面對大敵當前的嚴峻形勢，劉少奇和新四軍江北指揮部決定，由徐海東指揮這次反「掃蕩」戰鬥，以擴大我軍的政治影響，確保皖東民眾的安全，提高根據地人民的抗日信心。徐海東受命後，迅速從滁縣太平集趕到周家崗七團團部，召集第7、第9團團幹部會議，研究作戰方案。確定部署之後，徐海東親自率領一支部隊出發了。20日上午，一路日軍以小鋼炮開路，向周家崗進犯。徐海東在望遠鏡中看到日軍進攻來勢兇猛，為避其銳氣，他命令部隊暫時撤退，並沿途故意丟下些破衣爛鞋，佯裝成丟盔棄甲的逃命狀。部隊撤到周家崗西南山地後，全部埋伏，以伺機出擊。日軍到了周家崗後，見無人阻攔，傍晚便安營紮寨休息。他們燃起一堆堆篝火，把山頭映得通紅，而在我方陣地上，則寂然無聲。次日拂曉，日軍開始向三合集方向移動。徐海東見時機已到，果斷作出決定：7團一部迅速殲滅敵人，另一部從周家崗經窩子李、西何家到三合集一線，利用沿途起伏的山地和丘陵地形，瞅準機會狠狠打擊敵人；9團待敵到大馬廠後再與敵人交手。

　　當日軍南竄三合集至陳郢後山村時，新四軍7團一營已搶先守伏在陳郢山頭，佔據了制高點。7團一營放過了日軍前衛部隊，待後邊隨行的騾馬輜重和偽軍剛一露頭，便以猛烈火力給予突襲，戰士們如虎下山，衝入敵陣，頓時將敵截為數段，首尾不能相顧。被截斷的後隊多數是偽軍，戰鬥力不強，有的當場斃命，有的奪路逃竄或舉槍投降；輜重彈藥軍用物資丟棄滿地，騾馬東奔西竄，四處逃散。日軍連遭新四軍伏擊後，倉皇向復興集、大馬廠方向潰退。此時，9團2營已運動至復興集北小高地，嚴陣以待。當日軍行至此地時，新四軍再次向日軍發起攻擊，日軍死傷慘重。由於各路日偽軍屢遭打擊，接連受挫，不得不於12月23日開始撤退，新四軍第7、第9團官兵按照徐海東的部署，立即跟蹤追擊，日偽軍且戰且退，當退到大小童的中心村時，又遭到新四軍十幾挺機槍和無數手榴彈的突擊，驚魂未定的日偽軍無力還手，奪路逃命。新四軍奮起直追，越戰越勇，當天便收復了周家崗、復興集、大馬廠和古河等地。新四軍此役共斃、傷、俘敵160多人，繳獲子彈2萬餘發及槍支等大批軍用物資。

江蘇淮北反掃蕩

　　1942年11月12日敵偽出動6000人，新四軍第四師，殲敵偽700人。日軍第17師團、獨立混成第13旅團各一部及偽軍共6000餘人，附以騎兵、坦克，在航空兵支持下，以淮北中心區的青陽、半城為主要目標，進行大規模

的分區掃蕩，企圖殲滅新四軍第 4 師主力，摧毀淮北抗日根據地。彭雪楓將通報遞給身邊的師參謀長張震，然後命令通知團以上幹部到司令部開作戰會議。作戰會議上，首先由張震介紹敵情。張震認爲，敵此次掃蕩採取的是分進合擊戰術，來勢兇猛，裝備精良，我軍不宜正面抵抗。彭雪楓同意張震的看法，認爲應採取靈活的游擊戰術，先讓日軍逞兇一陣，看其弱點，再反擊。在兵力部署上，主力跳到外線，迂迴到敵人側後，集中兵力尋找機會，殲其一部。作戰會議決定：以主力一部協同地方武裝就地堅持游擊，襲擾、疲憊敵人；師主力大部跳出敵之合圍圈，向泗縣、靈璧方向轉移，襲擊敵側後據點及交通線，迫敵回援；在敵回援或撤退時，則集中兵力，相機殲敵一路或數路，粉碎敵之「掃蕩」。會後，彭雪楓、鄧子恢率師部機關轉移到淮河和女山湖之間的郭家村。

11 月 15 日，日僞軍分五路向以新四軍 4 師駐地半城爲中心的地區進行掃蕩，於 11 月 27 日會師泗縣城。他們除殺害 500 多群眾，一個新四軍也沒抓到。即使這樣，日僞軍還是召開了「祝捷大會」，並宣佈洪澤湖 10000 餘名新四軍被皇軍一網打盡，無一漏網。消息傳到日本東京，天皇下令舉行提燈晚會，慶祝淮北掃蕩大捷。

彭雪楓、鄧子恢在認眞分析敵情後，認爲日僞軍築據點，分兵把守，是我們逐個殲滅據點的戰機。於是下達命令：留在內線的 26 團，開始集中兵力拔據點。外線部隊，一部分打擊敵後方據點，一部分配合 26 團向內線進攻。各部隊接到命令後，從 12 月 1 日起進行大規模的拔據點戰鬥。

日軍淮北大掃蕩，除了屠殺一些手無寸鐵的農民，燒毀一些房屋外，沒有任何收穫。其所築的據點反而大部分都被拔掉了。因此不得不於 12 月 8 日草草收兵，結束掃蕩。新四軍第 4 師在歷時 33 天的反「掃蕩」中，共作戰 37 次，殲敵 800 餘人，打破了敵聚殲第 4 師主力和摧毀淮北根據地的企圖，保存了主力，鍛鍊和加強了地方武裝，並使根據地面積略有擴大，對堅持淮北敵後抗戰起了重要作用。

湖北大悟山反掃蕩

1942 年 12 月 16 日，日僞軍出動萬餘人，我軍新四軍第五師，斃傷日、僞軍 500 人。1944 年 1 月，第 5 師爲鞏固和發展鄂南，以一部開闢了嘉（魚）蒲（圻）臨（湘）地區。1 月至 5 月間，粉碎了日僞軍數百至數千人對荊（門）南、桃花山、襄（河）南、襄西和平漢鐵路兩側等地頻繁的分區「掃蕩」。3

月 21 日，第 3 軍分區部隊乘監利日偽軍侵佔周老嘴立足未穩之際，發起攻擊，激戰 8 小時，殲偽軍暫編第 6 師特務旅大部，擊斃其副旅長，收復周老嘴。4 月 25 日，駐花園、小河口日軍 500 餘人向大悟山「掃蕩」。當進至胡家河時，第 5 師第 13 旅第 37 團頑強阻擊，激戰終日，斃傷日軍近百人，迫其撤退。5 月 22 日，日偽軍 2000 餘人由麻城宋埠向陂安南「掃蕩」。第 5 師第 1、第 4 軍分區主力第 40、第 42 團及膛安南地方武裝，為保衛大、小悟山，於 23 日拂曉，在黃安（今紅安）龍王山地區乘敵立足未穩之際將其包圍，激戰終日，敵不支突圍撤逃。此戰計斃傷偽第 11 師師長以下 90 餘人，俘日軍顧問、偽軍需主任以下 32 人。大小悟山反「掃蕩」結束後，各部主動出擊日偽據點，破壞敵之交通線。6 月 2 日，第 3 軍分區部隊襲擊鍾祥羅漢寺，殲滅偽軍第 4 師大部。17 日，第 2 軍分區部隊襲擊雲夢伍洛寺，殲偽軍第 3 師師部。20 日，鄂南地方武裝夜襲武漢近郊青山機場，斃傷日偽軍 30 餘人，繳獲長短槍 15 支。震驚了敵人，武漢戒嚴數日，青山機場從此停建。8 月，第 3 軍分區部隊圍攻監利汪家橋日偽軍新設據點，迫其逃竄。9 月 5 日，在兩陽沙湖地區的管家棚，進攻偽定國軍殘部，殲其一部，俘偽副軍長汪步青、參謀長張維善等 20 餘人。12 月，在潛（江）沔（陽）邊襲擊長塪坑據點，殲偽軍一部。與此同時，第 2 軍分區部隊攻克李家店、同興店等日偽據點。第 5 師在與日偽軍作戰的同時，還先後粉碎了國民黨軍對大悟山的 3 次進攻。2 月 21 日，國民黨軍第 39 軍暫編第 51 師 1 個團及第 4 游擊縱隊一部，進攻位於大悟山東北部的新四軍第 5 師第 13 旅。第 13 旅全部及第 15 旅第 43 團被迫自衛，激戰兩晝夜，殺傷其一部，將其擊退。5 月 8 日，國民黨軍第 84 軍第 189 師 1 個團及第 4 游擊縱隊一部，再次向大悟山進攻。第 5 師第 13 旅英勇反擊，激戰 3 日，將其擊退。8 月 22 日，第 189 師等部 10 個營兵力又向大悟山，進攻，第 13 旅在第 1、第 4 軍分區第 40、第 41、第 42 團等部的配合下，激戰 5 日，將頑軍擊退。這三次作戰，雙方都有較大傷亡。大悟山三次保衛戰，粉碎了國民黨軍攻佔大悟山的企圖，保衛了邊區指揮機關，鞏固了鄂豫邊區之中心區。1944 年 10 月 19 日，中共中央軍委批准劃第 5 師活動地區為湘鄂豫皖軍區。軍區領導機關由第 5 師領導機關兼。此後，隨著根據地的擴大，又稱鄂豫皖湘贛軍區。浙東游擊縱隊堅持抗日陣地，我新 4 軍第 1 師 5 個團，擊斃日軍 441 人，偽軍 483 人，俘日軍 24 人。1944 年，在華中敵後解放區軍民抗日力量進一步恢復發展，日偽軍力量不斷削弱，以及華北敵後戰場八路軍連

續發起攻勢作戰的新形勢下，新四軍軍部根據中共中央的指示，決定在華中敵後戰場進一步恢復原有地區，爭取新的發展，主動地有重點地對日偽軍展開攻勢作戰。

此時，日軍採取放棄若干次要據點，以偽軍接替部分防務等措施，以相對集中兵力，繼續對抗日根據地進行「清鄉」、「治安肅正」，及在沿海地區實行「屯墾」計劃，進一步掠奪棉鹽資源。蘇中軍區為打破日偽軍對江都（今揚州）、泰州、海安及李堡以南進行的「清鄉」和在東臺沿海地區實行「屯墾」計劃，於1944年1、2月間，以高郵，興化、寶應、東臺以北和泰州、泰興、如皋地區為重點，對日偽軍連續發動攻勢，相繼攻克寶應以南之大官莊、王家營，如皋以西之運糧河，古溪鎮以及東臺以南之安豐等17處據點，並爭取偽軍1000餘人反正。隨後，蘇中軍區為貫通蘇中與蘇北、淮南、淮北的戰略聯繫，進一步改善蘇中的鬥爭局面，於3月上旬在淮安、寶應以東發起以奪取車橋為目標的攻勢作戰。

車橋戰役

車橋是位於淮安東南約20公里處的一個大鎮，是聯繫蘇中和蘇北的戰略樞紐，是日偽軍控制淮安東南及寶應地區的重要據點，也是日軍第65師團和第64師團的接合部。日偽軍在車橋高溝深壘，四周築有大小土圍子、外壕及明暗地堡，並以日軍1個小隊和偽軍1個大隊及補充大隊、別動隊等部共500餘人駐守。但車橋據點相對突出、孤立。據此，蘇中軍區決心集中5個多團的兵力，採用攻點打援的戰法，攻取車橋，並殲滅援敵一部。根據攻點打援的需要，蘇中軍區將參戰部隊統一編組為3個縱隊和1個總預備隊。具體編成和部署是：以第3旅第7團和炮兵大隊編組成第2縱隊，擔任攻取車橋，殲滅車橋守敵的任務；以第1旅第1團、第3軍分區特務營、泰州獨立團1個營編組成第1縱隊，於蘆家灘及其附近地區阻殲由淮陰、淮安來援之敵；以第18旅第；52團和江都獨立團、高郵獨立團各1個營編組成第3縱隊，於官田、大施河一線阻殲由曹甸、寶應方向來援之敵；以第4軍分區特務團（2個營）和師教導團第1營編組成總預備隊，位於趙陽莊地域待命。

3月5日1時50分，擔任主攻車橋任務的第2縱隊部隊避開日偽軍外圍據點，直取車橋。在炮兵大隊的火力支持下，一舉突入車橋鎮內，經1夜激戰，全殲偽軍1個大隊，並將日軍壓縮包圍於核心工事。新四軍部隊對車橋的進攻，使駐守淮陰、淮安、泗陽、漣水等地區的日軍第65師團大為震驚，

立即以第 72 旅團 1 個大隊，由淮安分乘裝甲車和汽車增援。5 日 16 時許，第一批增援日軍 200 餘人乘汽車 7 輛，進至車橋西之韓莊、蘆家灘，遭擔任阻援任務的第 1 縱隊的沉重打擊，被迫退入阻援部隊預設之地雷區，阻援部隊乘地雷群爆炸奮勇出擊，將日軍全殲。隨後，日軍第二批至第五批增援分隊，每批一二百人，先後趕到，均遭沉重打擊，被迫蝟集於韓莊。黃昏後，第 1 縱隊向韓莊日軍發起攻擊，從四面突入敵陣，將其分割包圍，展開白刃格鬥，將日軍大隊長山澤以下大部殲滅。6 日晨，車橋之殘餘日軍乘隙逃竄。各縱隊乘勝擴大戰果，到 13 日，相繼收復曹甸、涇口、周莊、塔兒頭、望直港、張家橋，揚戀橋，螞蟻甸，蛤拖酥家莊等日僞軍據點 12 處，淮安、寶應以東大片地區獲得解放。在戰役過程中，「日本人反戰同盟」蘇中支部盟員勇敢地參加喊話，松野覺光榮犧牲。

車橋戰役，共殲滅日軍 460 餘人、僞軍 480 餘人，創造了華湘軍殲滅戰的範例。在此次戰役中，蘇中軍區部隊採取「掏心」戰術，擔任攻點任務的部隊繞過敵人的外圍據點，引周圍日軍來援，並以大部兵力殲擊援敵，從而取得了攻由援取勝利。這一戰役的勝利，打亂了日僞軍的「清鄉」，進一步溝通了蘇中與蘇北、淮北、淮南根據地的聯繫。

東北抗日聯軍和瓊崖抗日自衛獨立隊

在東北各地，也普遍出現了抗日游擊戰。東北的抗日游擊隊和抗日義勇軍轉戰於白山黑水之間，使用大刀、紅纓槍等各種武器，廣泛襲擊日軍，攻打日軍侵佔的城鎮，燒毀日軍的機場，破壞敵僞的鐵路和發電所，打得日軍惶恐不安。1933 年底和 1934 年初，在中國共產黨領導和影響下的東北各地抗日游擊隊總計達 20～30 萬人。1934 年 6 月份，中國共產黨領導的抗日游擊隊僅在遼寧省就作戰 709 次，7 月份增為 759 次，8 月份、12 月份再增為 1700 多次。在 1936～1937 年間，中國共產黨領導下的東北抗日游擊隊被人民稱為「十大聯軍」，聲勢浩大。1937 年初，抗日聯軍整編成以楊靖宇為總指揮的第 1 路軍。下半年，又組成周保中指揮的第 2 路軍和李兆麟指揮的第 3 路軍。這 3 路游擊部隊在東北地區積極打擊日軍，創造了無數可歌可泣的英雄業績。

在華南地區，國民政府軍隊撤走後，海南島紅軍游擊隊改編成廣東瓊崖抗日自衛隊獨立隊，在中國共產黨領導下開展抗日游擊戰，守衛著祖國的南大門。1937 年「七七事變」後，以馮白駒為首的中共瓊崖特委按照「團結抗

戰」的指示，於國民黨海南當局達成協議，於 1938 年 12 月在雲龍將原在島上的共軍游擊隊改編爲廣東省第 14 統率區民眾抗日自衛獨立隊。瓊崖縱隊1939 年 2 月日軍佔領海南島後，海南自衛獨立隊擴編爲獨立總隊，在極端艱苦的情況下，在海南開展游擊戰爭，創建了瓊崖抗日根據地。1944 年春，獨立總隊改爲瓊崖縱隊，部隊和根據地都得到進一步擴大。

第八篇 國民黨領導的敵後地方軍

河北民軍

　　抗日戰爭爆發，馮玉祥再次出山，鹿鍾麟於 1937 年底繼馮玉祥擔任了 3 個月第六戰區司令長官。1938 年 2 月，他被調任軍法執行總監。後在馮玉祥的努力下，蔣介石才給了他河北省主席一職。所領導的河北民軍總指揮的張蔭梧出任河北省民政廳長。1937 年至 1938 年間，中共抗日武裝與大多數國民黨系統的抗日游擊隊和地方政府保持了較好的友軍關係，共同抗日。中共派楊秀峰、張存實等一批共產黨人幫助張蔭梧成立深澤抗日學院，培養一批抗日幹部，從而才組織起龐大的河北民軍，駐守冀南、豫北一帶。1938 年 5 月 6 日晨，河北民軍總指揮部得到駐湯陰城內的日軍中隊要到大胡、窯頭一帶掃蕩的情報。爲了保護人民群眾生命財產的安全，打擊日寇的囂張氣焰，指揮部決定阻止日軍進犯，在東窯頭迅速包圍了日軍。日軍大尉中隊長騎在馬上指揮進攻時，被民軍戰士擊斃，其餘日軍掉頭後撤，5 月 6 日晨，扔下大批槍支彈藥和 16 具屍體，倉惶逃竄。

　　河北省保安司令張蔭梧經常製造磨擦和分裂活動。1939 年 8 月 24 日，八路軍第 129 師、冀南部隊和冀西游擊隊將張蔭梧部包圍消滅。鹿鍾麟、張蔭梧逃到林縣孫殿英防區，被保護起來。後喬明禮領導一支河北民軍。他爲河北省人，曾在國民二軍擔任旅長，「九‧一八」之後，又在抗日軍隊中任過副師長。「七‧七」事變後，喬明禮組織了抗日民軍，在華北地區打游擊，轉戰於河北、山西、河南一帶，參加過中條山戰役和豫西會戰。由於不是正規軍，民軍給養得靠自己籌措，故而經常與抗日力量聯合行動，經常應邀參加八路

軍的除奸等抗日活動，與活躍在這一帶的劉鄧部隊有過不少的往來。又由於不肯屈從於蔣介石對民軍的「整編」，蔣介石曾下令通緝過他。1945 年 10 月 30 日，喬明禮率領的河北民軍隨高樹勳的萬餘正規軍起義。起義後，高樹勳部改編成一個總司令部和民主建國軍第一軍，喬明禮的河北民軍縱隊稍加補充後編為民主建國軍第二軍，喬任軍長。

內蒙古敵後抗戰

1937 年，全面抗戰開始後，日本侵略者鐵騎踏入蒙古，橫行於草原。10 月，歸綏、包頭相繼淪陷，各盟旗陷入極度的恐懼之中，局面混亂不堪。面對日軍威脅，蒙古內部分崩離析。1938 年，以德王為首的一夥人趁著日軍節節西進，局勢不穩之際公開投靠日本，並組織了百靈廟偽蒙政會，經常與國民政府的抗日部隊展開拉鋸戰。

烏拉特前旗的箚薩克奇俊峰感念傅作義將軍的恩義，堅決不與傅作義的抗日隊伍為敵。她對德王一夥甘心充當走狗的行為十分不齒，對他們的賣國行徑無比憤慨。為了擺脫日軍的控制，她毅然率全旗奔赴五原，投身到抗日陣營中。她是第一個從日偽佔領區投向抗日陣營的蒙旗王公，是蒙古 48 家王爺中第一家參加抗戰者。在她的鼓舞下，東公旗額王的福晉巴雲英，茂明安旗奇王的福晉額仁慶達賴也冒著巨大的危險，毅然擺脫了日偽軍的壓迫，投奔到抗日陣營中。她們被尊稱為抗日戰爭時期的三位「女王」。

1938 年 6 月烏蘭察布盟東公旗已故額王福晉巴雲英女王請纓殺敵。巴雲英，蒙古名字叫德力格爾桑，是烏拉特後旗旗王的夫人。她出身於一個蒙古族沒落貴族家庭，因為家境困難，她從小放牧，還常跟隨著父親進山狩獵，練就了一身騎馬、打槍的好本領。23 歲那年她嫁給了烏拉特後旗的額王做福晉。因為她聰慧賢淑，又通曉漢語民風，見多識廣，深得額王的寵信和旗民的愛戴，許多政務都由她輔佐。抗日戰爭爆發時，額王已經因車禍死亡。於是巴雲英精心撫養年幼的小王子的同時，掌管了旗裏的軍政要務。可沒多久，日偽政權為了加強對蒙古族地區的統治，極力想控制在民眾中有很大影響的巴雲英。不甘心當亡國奴的巴雲英帶領 100 多人的旗游擊隊，輾轉到旗南部山區和包頭北部，宣傳抗戰，招兵買馬，很快組建了兩個團，積極開展對侵華日軍的游擊戰。

湖北敵後戰場和南澳島抗敵

湖北省第二行政區專員兼保安司令程汝佳令游擊第 5 大隊，保安第 8 團兩個營，配合第 172 師兩個營，在鄭氏祠左右高山佔領陣地，伏擊敵人。經過一整天激戰，游擊部隊打挎了敵人多次衝鋒，次日清晨，游擊隊反攻，殲敵 400 餘，活捉 6 人，繳獲「三八大蓋」搶 300 多支，大炮 5 門，機槍 13 挺，東洋戰馬 5 匹，指揮刀 30 多把。

1939 年 6 月初，日軍以飛機 10 多架，軍艦 1939 年 5 月中旬，駐漢口的日軍糾集千餘兵力，對鄂東游擊區進行掃蕩。5 月 19 日，出動軍艦 16 艘，汽艇數十艘，配合陸軍向大通一帶掃蕩，我第 21 軍軍長陳萬仞指揮部隊與敵激戰 10 餘天，將掃蕩之敵逼下長江。此役，打沉汽艇 20 餘艘，斃敵 900 多人。

1939 年 7 月 11 日，鄂東游擊隊集中主力圍攻黃梅縣城，與敵激戰竟日，擊斃日軍 140 多名，奪取縣城。

1940 年秋，21 軍 147 師組織了 6 個突擊隊，夜襲馬當，斃敵 150 多人，並焚毀了彈藥庫，將要塞內的日軍大炮掉過頭來，對準江中的日軍艦船開火，擊沉擊傷敵艦船多艘。此次夜襲戰，147 師部隊沒有一人傷亡，此為抗戰史上一大奇跡。

南澳素有「潮汕屏障，閩粵咽喉」之稱，歷來為兵家必爭之地。1938 年 7 月，南澳島發生了震驚中外的抗日血戰，地處西半島腹地的黃花山區成為此役的主戰場。據南澳縣委黨史辦調查，當年中國 157 師 940 團第 1 營的愛國官兵和潮、澄、饒、澳抗日自衛團組成的 300 多名義勇軍，渡海彙集南澳島。先光復南澳，然後與瘋狂反撲的日軍展開血戰，歷時 10 多天，戰績卓著，沉重地打擊了日軍南侵的囂張氣焰，在抗日戰爭史上譜寫了光輝一頁。當時的《大公報》發表社論讚譽為「南澳抗戰精神」。1938 年 7 月 15 日，第 157 師一部突襲南澳島，一度得手，戰至 8 月末，600 餘突擊隊僅剩 20 餘人生還，縣長洪之政殉職。此役殲敵 200 餘名。

魯西抗戰武裝

山東省第六區行政督察專員，保安司令兼聊城縣縣長范築先。1937 年七七」事變後，任山東省第六區游擊司令員，遂發動民眾建立抗日武裝，保家衛國。同年 10 月下旬，日軍進犯黃河北岸，山東省主席韓復榘電令撤退，為其斷然拒絕。並在聊城主持部下開會，通過了給全國抗戰軍民的通電，被全國各大報轉載。為堅持抗戰，在共產黨的幫助下，領導建立了魯西北抗日根

據地，成立了 20 多個縣的抗日政權，親自主辦軍事、政治幹部訓練班，組建了許多抗戰群眾團體，出版了《山東人》、《抗戰日報》、《先鋒月刊》、《戰線》等刊物，使魯西北成為堅強抗日堡壘。同年 11 月，日軍騎兵偵察隊竄入堂邑一帶活動，他率部隊到溧水鎮埋伏，全殲入侵的日軍。1938 年 3 月，率抗日部隊兩次攻入日軍據守的范縣，殲滅許多日軍。雖已年過花甲，但每戰必身先士卒，帶頭衝鋒殺敵。1938 年，徐州會戰期間，為配合中國軍隊作戰，率部阻擊了增援的日軍土肥原師團。後組織了濟南戰役，一度率軍突入濟南市。1938 年 7 月，在東阿縣黃莊阻擊日軍運輸隊，斃敵數十人，繳獲滿載大米的汽車 13 輛及其它軍用器材。8 月，其次子，青年抗日挺進大隊長范樹民在濟南戰役中光榮殉國。為表示與日寇血戰到底的決心，又把年僅 20 歲的二女兒范樹琨任命為挺進大隊隊長，並先後將長子、長女、三女兒都送到延安抗日軍政大學學習，表現了忠於民族，誓死抗日救國的愛國精神。11 月，日軍調集大批部隊，從濟南出發，進犯聊城。14 日，日軍將其所部六七百人包圍在聊城。率部應戰，打退了日軍多次進攻。15 日，日軍在得到大批增援部隊後強行攻擊，雙方血戰多時，他手臂負重傷，裹傷再戰，終因敵眾我寡，城門被日軍攻破。親率餘部與日軍展開激烈的巷戰。戰鬥中。身受重傷，壯烈殉國。犧牲後，國共兩黨都為其舉行了隆重的追悼會。

冀南豫北和晉東南的地方抗敵

梁漱溟先生親身經歷了冀南、豫北和晉東南敵後戰場的觀察體會。提到：

（築先）冀南以濮陽為中心，專員丁樹本領導的抗敵地帶。丁樹本所部極整齊，實力有兩萬人。人數少於范部，而魄力雄厚過之。丁樹本先前曾任濮陽縣長兩年，從訓練幹部，建立軍隊，地方秩序極佳，人民雖亦非常苦（負擔太重），而卻是有條有理。

在抗敵工作上，有兩點表現值得稱頌：一是改變地形。平原地帶，敵軍汽車騎兵運動迅速，最無法應付。於是將所有道路全掘成溝，寬五尺，深七尺，即以溝為路。此使敵騎敵車皆發生極大困難。再是空室清野，敵人將至，則城內人民悉行撤退，一物亦不留。敵人到時，因無從井取水之具，以致飲水不得。於是敵人到濮陽兩日自去。河北省（濮陽原屬河北省）大致均在八路軍範圍，只有丁樹本當時獨立一隅，到 1940 年亦站不住腳了。抗敵之初，各黨派多不分彼此，後來便分裂

不相容。就整個抗敵大前提來說，這都是削弱自己力量，極可痛惜的事。

豫北情形複雜，有八路軍，有反正的偽軍，有兩面奉迎的軍隊，有中央軍。形勢不如冀南。豫北和晉東南接連，為戰爭要地，中央軍朱懷冰部、龐炳勳部皆在此。經歷各處，都只看見游擊戰，沒有看見激烈的大戰爭。而到這裡卻是大戰地帶。敵我幾萬人開火，傷兵一下來就是一兩千，住滿了好幾個鄉村。其規模之大，情況之烈，聞之令人精神奮揚。例如晉城就是收復不久的。敵占我奪，奪而復占，往復已多次。每次皆拼好多兵力，好多時間。其時龐軍於收復晉城之後，又圍攻壺關，范漢傑軍則正攻陵川。龐軍攔車鎮一戰，最為老百姓所稱讚，沿路數百里，傳說不絕。

犧盟會是山西犧牲救國同盟會的簡稱，她是抗日戰爭時期活躍於雄偉壯觀的太行山之巔，戰鬥在偉大抗擊外來侵略者前沿陣地的統一戰線組織。堪稱先進典範的統戰組織——犧盟會在整個山西，乃至全國的艱苦卓越的抗戰中，曾發揮了巨大的模範作用，時至今日仍被人津津樂道。閻錫山還成立了「主張公道團」，自任會長。

論到地方情形，晉豫又自不同。晉省先有其多年以來的村政，後有公道團、犧盟會的民眾組織，迥非外間所能比。中央駐軍不問地方事，有事問縣長說話。而鄉間的民眾訓練，卻見有八路番號臂章的人，喊口令。民眾與軍隊的配合，在山西有的地方達於極好之境，但似亦不多見。

魯南蘇北敵後抗戰

開始魯南敵後抗戰的主力是 51 軍。徐州會戰後南調豫、鄂大別山北麓。後該軍又調赴魯南。1939 年 1 月成立蘇魯戰區，于學忠任蘇魯戰區總司令，率戰區總部及 51 軍 113 師進駐穆陵關長城沿線山區，牽制日軍。沈鴻烈領導的國民黨山東省政府也遷據穆陵關西南 35 公里的東里店。該戰區還轄在蘇北的繆徵流 57 軍。此後該軍處境錯綜複雜，該戰區駐有日軍、偽軍、八路軍還有中央系統的沈鴻烈部（後為李仙洲部）。既要打仗又要處理各方關係。

51 軍屬東北軍系統，對敵作戰堅決，不斷打擊日軍，大小數百戰。1938 年 6 月 51 軍 114 師師長方叔洪率部在魯南馮家場與日軍主力遭遇。方將軍

身先士卒，指揮部隊作戰，不幸中彈犧牲。1941 年春節，新年第一天的太陽剛剛出山，馬站的百姓還都沉浸在過年的喜慶氣氛中，沂水城與沭水據點的日偽軍五百多人就來進犯馬站，炮轟文昌山前的 51 軍陣地，然後分三路向我方陣地猛攻。駐守馬站的是 113 師 674 團，主戰場是 2 營陣地。2 營利用文昌山周圍的有利地形與工事，痛擊來犯之敵。1942 年 1 月底，在日軍華北派遣軍司令官畑俊六指揮下，調集 4 個師團和 3 個混成旅團 5 萬餘人，偽治安軍 5 萬餘人，共計 10 萬餘人，在 28 架飛機的掩護下，對駐守穆陵關東側南北兩道長城之間圈裏一帶的蘇魯戰區總部及 103 師發動鐵壁合圍大「掃蕩」。2 月 7 日，日本侵略軍從安丘南逸、賈孟一帶大舉南侵。103 師奮起阻擊。51 軍 113 師又在穆陵關阻擊掃蕩的日寇。時我軍中正流行瘟疫，得病者發高燒，幾乎每天都有一些病死者，戰鬥力大大削弱。儘管如此，51 軍依然頑強作戰，視死如歸，堅守穆陵關，與日寇血戰到底。日寇收買漢奸引路從西面繞道包抄，51 軍突遭日軍側後攻擊，處境危險，邊打邊撤，傷亡數百人。

徐州會戰之後韓德勤奉命留在蘇北敵後游擊。津浦鐵路以東，皖、蘇兩省交界的地區，南到長江邊，北到洪澤湖，東到高郵湖，西到津浦鐵路，其間包括安徽的來安、嘉山、天長、盱眙四個縣，江蘇的揚州、六合、儀徵三州縣。屬蘇魯戰區副司令兼江蘇省主席韓德勤的勢力範圍之內，情況十分複雜。還領導難以捉摸的蘇魯皖游擊總隊總指揮李明揚、李長江的部隊及稅警系統的陳泰運部的右路軍共 1.2 萬人。黃橋一戰第 89 軍被新 4 軍殲滅一萬一千餘人，從此一蹶不振。李長江於蘇北率領所部 8 個支隊投敵。韓德勤的部隊仍舊留在蘇北和蘇皖邊區，打了約一年的游擊，其後，第 89 軍軍部轉歸魯蘇豫皖四省邊區總部指揮，由顧錫九擔任軍長，所轄部隊為第 20 師和新編第 1 師。第 89 軍老部隊第 33 師和第 117 師，從蘇北根據地撤退後，轉移到了江南，歸第三戰區部隊序列。

國民黨敵後戰場犧牲也是很大。殉國的將領有：

方叔洪　第 51 軍 114 師師長中將 1938 年 6 月犧牲於山東馮家場。

劉桂五　東北挺進軍騎兵第 6 師師長中將。1938 年 3 月 27 日犧牲於綏遠黃油幹子。

唐聚五　東北游擊隊總司令中將。1938 年 5 月 18 日犧牲於河北遷安平臺山。

劉震東　第 5 戰區第 2 路游擊司令中將。1938 年 2 月魯南會戰中犧牲於山東莒縣。

周　復　蘇魯戰區政治部主任中將。1943 年 2 月 21 犧牲於山東張家驢西南城頂山。

王風山　第 34 軍暫編 45 師師長少將 1942、6、23 山西張翁村。

傅忠貴　魯北游擊司令少將。犧牲於山東省 1938 年 9 月 23 日在山東省惠民縣犧牲。

胡文臣　第 23 師游擊第 3 團團長少將 1938 年犧牲於江蘇宿遷。

馬玉仁　江蘇第 1 路游擊司令中將 1940 年 1 月 3 日犧牲於江蘇望鄉臺。

戴民權　豫南游擊第 5 縱隊司令中將 1940 年 5 月犧牲於河南遂平。

燕鼎九　游擊第 22 縱隊副司令少將 1941 年 1 月犧牲於河南汝南。

陳忠柱　魯蘇皖邊區游擊第 4 縱隊司令少將 1941 年 7 月 1 日犧牲於江蘇武家澤。

周致忠　山東保安第 22 旅旅長少將 1943 年 2 月 5 日犧牲於山東恩縣。

高道先　山東鐵道破壞總隊長少將 1943 年 5 月犧牲於山東津浦路段。

敵後戰場有敵、偽、國、共，關係錯綜複雜。老百姓十分困苦。梁漱溟先生經歷國軍敵後總括的三句話說；「若將巡歷各戰地後的見聞，總括來說，則我嘗有三句話。第一句是老百姓真苦。第二句是敵人之勢已衰。第三句是黨派問題尖銳嚴重。先說老百姓真苦。這個苦完全是從抗戰來的，與平時無可比照。其苦況深重，亦完全不是局外人所能想像。舉例言之，老百姓向來是受慣欺壓的，然而大致上是受一面欺壓。若不同的兩面來，已難應付，何況今天竟不知有幾多方面。敵我是不同的兩面，敵之外又有偽，其它複雜尚多。或此來彼去，或同時俱來，而都是拿老百姓出氣。而且有苦，沒處可訴。恐怕自古及今，誰都沒有受過這個罪，乃至亦沒有人夢想到有這樣罪受」。

第九篇　抗戰中的中國空軍

中國空軍力量

1928 年，國民政府開始設立航空署，下轄 4 個航空隊，共 24 架飛機。1931 年在杭州筧橋創辦中央航空學校，之後逐步收編各省軍閥的航空部隊，建立了統一的空軍。1932 年一二八淞滬戰中，中國空軍英勇參加對日作戰，有 159 位英烈血灑長空，被安葬在南京航空烈士公墓。在反抗日本侵略的 8 年時間中，中國空軍不失爲一支重要的力量。根據統計，總共有 870 名中國烈士、2197 名美國烈士和 237 名蘇聯烈士安葬在南京航空烈士公墓。抗日戰爭爆發 1937 年 7 月到 12 月，就有 24 位在上海、南京保衛戰中犧牲。其中包括擊落 11 架敵機的英雄飛行員劉粹剛。

抗戰爆發前，中國空軍設 9 個大隊，即 3 個轟炸機大隊、3 個戰鬥機大隊、2 個偵察機大隊、1 個攻擊機大隊，共轄 26 個中隊；此外還有 5 個直屬中隊。抗戰開始時，中國能夠作戰的飛機只有 300 架左右，能作戰的人員只有 700 人。此時，日本軍用飛機 90%由自己生產，而中國仍無一家航空工廠可進行批量生產。全面抗戰爆發後，中國設立了空軍前敵指揮部，周至柔任總指揮，毛邦初任副總指揮。

空軍在抗戰中有所壯大，發展了三路軍

第 1 大隊（轟炸機），下轄 2 個中隊：諾斯普羅-2E 型 18 架、弗力特-7 型教練機 1 架

第 2 大隊（轟炸機），下轄 3 個中隊：諾斯普羅-2E 型 27 架

第 3 大隊（戰鬥機），下轄 3 個中隊：霍克 III 型 9 架、波音 281 型 10 架、布瑞達-27 型 2 架、菲亞特-32 型 3 架

第 4 大隊（戰鬥機），下轄 3 個中隊：霍克 III 型 28 架、福克‧華夫型教練機 1 架

第 5 大隊（戰鬥機），下轄 3 個中隊：霍克 III 型 28 架、福克‧華夫型教練機 1 架

第 6 大隊（戰鬥機、轟炸機），下轄 4 個中隊：道格拉斯轟炸機 27 架、菲亞特-32 型戰鬥機 3 架、波羅尼-111 型轟炸機 7 架、德‧哈蘭——摩斯教練機 2 架

第 7 大隊（偵察機），下轄 4 個中隊：可塞型偵察機 27 架

第 8 大隊（轟炸機），下轄 3 個中隊：薩伏亞 S-72 型 6 架、道格拉斯轟炸機 6 架、亨格爾 111-A 型 6 架、馬丁型 6 架、福克‧華夫型教練機 1 架

第 9 大隊（攻擊機），下轄 2 個中隊：雪萊克 A-12 型 20 架

直轄大隊，下轄 5 個中隊：

第 13 中隊：道格拉斯轟炸機 7 架

第 18 中隊：道格拉斯轟炸機 9 架、可塞型偵察機 3 架

第 20 中隊：可塞型偵察機 11 架

第 29 中隊：霍克 III 型 9 架、霍克 II 型 3 架

第 31 中隊：道格拉斯轟炸機 9 架

首戰淞滬顯神威

1937 年 8 月 15 日，中國空軍分 8 批轟炸上海日軍陣地和日艦。同日，杭州空戰，我機擊落日機 10 多架。其中樂以琴駕駛的 2204 號飛機，連續擊落日機 4 架。同日，南京空戰，擊落日機 5 架，日軍於本日共損失轟炸機 30 多架。16 日，中國空軍轟炸上海日軍陣地和日艦。日海軍旗艦「出雲」號受創，易地修理。同日，南京空戰，擊落日機 9 架。17 日，第五大隊轟炸上海日軍司令部。飛行員閻海文座機中彈，乘傘下降而不幸落於敵陣，閻不甘作敵俘虜，以手槍斃敵多人後，用最後一顆子彈自盡。19 日，第二大隊轟炸長江口外日艦。分隊長沈崇海和轟炸員陳錫純的座機發生故障，他們不跳傘，駕機從 2000 米高空對準一艘日艦撞去，與敵同歸於盡。22 日，第四大隊代理大隊長王天祥率機 8 架，飛往上海瀏河轟炸日軍登陸部隊，與日機遭遇，王擊落日機後被敵擊中，英勇犧牲。同日，中國空軍首次對上海日軍目標進行夜襲。此後幾乎每日都出動夜襲，每夜至少以 3 機出動 1 次。

　　23 日，上海吳淞口空戰，日機 2 架被擊落，我機 1 架被擊落，我分隊長秦家柱陣亡。24 日，日航空母艦上的 105 架飛機全部出動，狂炸我陸軍陣地。25 日，我機 12 架赴上海羅店，攻擊日登陸部隊和轟炸日艦。空戰中擊落日機 1 架，我飛行員王志愷、張俊才、洪冠民和陳雄基壯烈殉國。31 日，廣州空戰，二十九大隊戰機 8 架迎戰日機 8 架，擊落、擊傷敵機各 1 架。中國空軍在半個月內，共擊落日機 61 架，殲滅了日軍號稱精銳的鹿屋及木更津兩個航空隊。中國空軍湧現出以高志航、劉粹剛、樂以琴、梁添成「四大天王」為代表的許多空中勇士。

　　10 月 12 日，日機 15 架來犯南京上空，四大隊 8 架戰機升空迎敵，經過半個多小時的激戰，大隊長高志航首開紀錄，擊落敵機一架，分隊長劉粹剛緊隨其後，也擊落一架，飛行員黃泮揚不甘落後，再擊落一架，三架敵機分別墜落在仙鶴門南側、龍潭北側和城南水佐營。這一仗我方損失戰機一架，混戰中，劉芳震烈士身中 17 彈，壯烈犧牲於芭斗山北麓的上空。這一仗劉粹剛擊落的那架敵機是日本號稱「四大天王」之一的加藤健夫駕駛的，當時數倍於己的敵機圍擊劉粹剛，敵人預設個死胡同，讓其鑽進去，但劉粹剛毫不畏懼，沉著應戰，以超人的膽略和過硬的飛行技能，向著為首的那架敵機佯撞上去，就在敵人遲疑的瞬間，急轉、抬頭、射擊，敵機應聲中彈墜落。劉粹剛就是用這項自創的特技先後共擊落 11 架敵機，使敵人聞風喪膽。這次敵人特派王牌飛行員加藤健夫來，與劉粹剛一決高下。後在加藤健夫的遺物日記裏發現有這樣一段：「我與 2401 號劉粹剛初戰時，就發現他的駕駛技術特別狡猾，射擊猶為準確，他有一個急轉、抬頭、射擊的絕招……他是中國趙子龍式的勇士……」。

　　11 月 11 日，響起一陣轟鳴聲，轟炸機隊隊長徐卓元下達了出擊的命令，3 架美製「諾斯羅普」式轟炸機，由南京機場起飛，在大戟洋海面轟炸日本「龍驤」號航空母艦。轟炸開始幾乎枚枚炸彈都命中目標。停在日艦甲板上的飛機頃刻間淹沒在一片火海中，有的當即被炸彈擊中，有的則被爆炸的氣浪掀翻，墜入大海，只有少數幾架敵機緊急起飛，逃過一劫。甲板上的日本水兵在極度混亂中，有的爬進救生艇逃命，有的則慌不擇路跳入大海。徐卓元見轟炸目的已基本達到，立即下令返航。返航的命令下達了不到 10 分鐘，徐卓元便發現身後有 6 架敵機尾追而來。對中國轟炸機實施攻擊。徐卓元命令機隊邊用機炮與敵格鬥，邊爬升高度急速向西北方向撤退。儘管如此，仍然有

兩架轟炸機被敵擊中，它們拖著濃濃的黑煙，墜入東海，有 4 位勇士壯烈犧牲。中國空軍重創日本航母的消息引起了舉國轟動，重慶的各大報紙以醒目的標題對這次行動進行了報導：「敵一母艦被我轟炸，十三敵機著彈起火」。這次突然襲擊雖然付出了一定的代價，也未將「龍驤」號炸沉，但摧毀了 13 架敵機，嚴重破壞了「龍驤」號的艦體，使其不得不駛回日本本土花費了兩個月的時間進行修理。更重要的是，在敵我空中力量極為懸殊的情況下，中國空軍的成功出擊極大地振奮了民族精神，沉重地打擊了日本侵略者的囂張氣焰。

支持臺兒莊大捷

在臺兒莊會戰期間，為了鼓舞守軍的士氣，第 5 戰區向軍委會請求，派中國軍隊飛機對徐州戰場作「象徵性參戰」，即不要求空軍承擔保衛指揮中心徐州市的任務，也不要求其長期配合陸軍作戰，只對臺兒莊一線敵軍陣地，作數次示威轟炸。30 日清晨，臺兒莊附近的空中傳來飛機馬達的轟鳴聲。不一會兒，碧藍的天空中果然出現了 9 架銀燕，日軍陣地上的鬼子們見有飛機來臨，以為又是他們的飛機前來助戰，便紛紛晃動太陽旗，以示前線敵人陣地的位置。豈料，飛機在陣地上空盤旋了幾周後，突然向日軍陣地俯衝投彈。日軍陣地頓時全面開花，濃煙滾滾。日軍在毫無戒備的情況下被這突如其來的轟炸弄蒙了，日軍嗷嗷亂叫著，四處亂竄。中國軍隊飛機完成轟炸任務後，相繼飛臨中國軍隊陣地上空，低飛擺翼，向堅守陣地的英勇官兵致敬。此時，已認出中國軍隊飛機的衛士們紛紛躍出戰壕掩體，舉槍脫帽，歡呼雀躍。許多兵士流下了激動的熱淚。中國空軍首次在臺兒莊上空的出現，對堅守陣地的我方將士起了很大的鼓舞作用。

保衛大武漢

「保衛大武漢」的戰鬥首先是在武漢的天空打響的。1938 年 2 月 18 日中午，武漢城區響起了尖銳的空襲警報聲，日軍驅逐機 26 架掩護轟炸機 12 架正向武漢飛來。駐防漢口王家墩機場的中國空軍第 4 大隊代大隊長李桂丹率29 架蘇製 E-15、E-16 戰機升空迎擊，在武漢上空與敵機英勇激戰，擊落敵機14 架。其餘日機狼狽逃竄，未能進入武漢市區投彈。中國空軍損失飛機 4 架。大隊長李桂丹、分隊長呂基淳、飛行員李鵬翔、巴清正、王怡 5 位勇士血灑長空，在這次戰鬥中英勇殉國。「2.18 空戰」是武漢抗戰時期的首次空中大捷。

戰後，武漢市 2 萬民眾舉行空前大遊行，慶祝空戰大捷，並沉痛追祭 5 位為國捐軀的忠勇「飛將軍」。

2 月 23 日，中國空軍與蘇聯志願空軍混合編隊使用 CB-2 型輕轟炸機由武漢起飛，首次出擊位於臺灣松山的日軍機場，炸毀日機 18 架後，安全返航。3 月 12 日，中國飛行員湯卜生駕駛單翼普式偵察機，低空飛入已被日軍佔領的南京上空，飛謁了中山陵，使南京同胞眼見中國空軍還在祖國領空巡衛。4 月 29 日是日本的「天長節」，也就是日本天皇裕仁的生日。日本空軍計劃在這一天用對武漢三鎮的狂轟濫炸作為他們向天皇祝壽的獻禮。中國空軍從幾天前擊落的日本偵察機獲悉到這一重要情報，提前進行了作戰部署，將中蘇兩個戰鬥機大隊由南昌調到武漢準備迎戰，並在戰術上預作了安排。果然，這一天，日軍出動了 36 架 96 型重轟炸機，由 12 架驅逐機掩護，分多層編隊，偷襲武漢三鎮。中國空軍健兒和蘇聯志願空軍早已嚴陣以待，出動了 2 個大隊 67 架戰機實行攔擊，在武漢上空 5000 多米與敵機展開了激烈的空中格鬥。中國機群起飛後，以 E-15 式戰機誘導日戰機脫離轟炸機群，以 E-16 式戰機痛殲日轟炸機，得手後，中國機群又聯手攻擊日戰機。一時間，「自武昌以至黃岡上空，漫天焰火，均屬被我擊墜之敵重轟炸機殘骸」。中國空軍第 4 大隊的 9 架 E-15 飛機，在武昌上空迎擊敵機，開戰僅僅 5 分鐘，中國少尉飛行員陳懷民抓住戰機，率先擊落一架敵機。隨後 5 架敵機發瘋似地圍過來，向他集中射擊，陳少尉的戰機中彈受傷，操縱不靈。此時，他本可以跳傘求生，但是，年輕的空軍少尉陳懷民卻作出了一個令天地為之變色，令敵寇為之膽寒的選擇，他駕駛著心愛的銀鷹，高速向一架敵機衝去，在一聲巨響中，與敵同歸於盡。英雄的壯舉激勵著他的戰友們英勇戰鬥。「4.29」空戰，中蘇兩國空中健兒共擊落日機 21 架，其中戰鬥機 11 架，轟炸機 10 架。中國空軍損失飛機 12 架。「4.29 空戰」不僅是武漢抗戰期間，也是全國 8 年抗戰時期最激烈的一次空戰。陳懷民烈士的鮮血灑在武漢的藍天，為中國空軍譜寫了一曲悲壯的英雄史詩。戰後，武漢各界在漢口總商會舉行隆重追悼大會，悼念陳懷民等在空戰中英勇殉國的空中勇士。中共中央和八路軍的代表周恩來、董必武、葉劍英等送來一副輓聯：「為五千年祖國英勇犧牲，功名不朽；有四百兆同胞艱辛奮鬥，勝利可期。」愛國將領馮玉祥將軍賦詩緬懷英烈，寫下「捨身成仁同歸盡，壯烈犧牲鬼神泣」的詩句。蔣介石也為武漢空戰犧牲的烈士送了輓聯：「搏鬥太空，非成功即成仁，無負十年教訓；死生常事，惟為國不

為己，永懷萬古雲霄。」陳誠送的輓聯是：「海外播英名，御氣排雲，爭顯龍城飛將勇；天空奮神武，粉身報國；何須馬革裹屍還。」于右任送的輓聯是：「英風得天地，壯氣作山河」。陳懷民的壯舉還引出了一則佳話，陳懷民犧牲後，他的妹妹在報上發表文章，紀念英勇殉國的哥哥，憤怒譴責日本軍國主義的罪行。被陳懷民撞毀的日機飛行員高憲一的妻子，也在日本發表文章，悼念戰死的亡夫。當時的香港《讀者文摘》將她們的文章同時刊載於一期上，並介紹她們通信，建立聯繫。此事產生了巨大轟動，在國際社會形成了強大的反法西斯侵略的輿論。

空軍健兒遠征日本本土

1938 年 5 月 19 日下午 3 時 23 分，兩架馬丁式 B10 轟炸機自漢口王家墩機場升空向東飛去，駕駛這兩架戰機的飛行員是中國空軍第 14 隊隊長徐煥升、第 19 隊副隊長佟彥博。轟炸機上搭載的不是炸彈，而是 20 萬張傳單，包括《告日本工人書》、《告日本各黨政人士書》、《告日本人民書》、《告日本中小工商業人士書》等，傳單上寫著：「中日兩國有同文同種、唇齒相依的親密關係，應該互相合作，以維持亞洲和全世界的自由和平；日本軍閥發動的侵略戰爭，最後會使中日兩國兩敗俱傷，希望日本國民喚醒軍閥放棄進一步侵華迷夢，迅速撤回日本本土。」這兩架飛機從漢口起飛後，經南昌、衢州，飛經寧波前進陣地加油後，直飛日本，於 20 日中午 2 時 45 分左右抵達日本九州島上空，一路奔襲，向長崎、福岡、久留米、佐賀等主要城市及四國的部分地區散發了傳單，然後，安全返回祖國，分別在玉山、南昌機場降落，完成遠征日本本土的任務。這次對日本的「空襲」行動使得「日本全國騷動，驚恐萬分」，被認為是「日本有史以來外國飛機進入其本土空前的奇跡」。參與這次奇襲行動的徐煥升後來回憶道：「當時，日本的防空哨戒能力相當幼稚，我們進入日本上空時，並未被發現；直到完成任務離開日本，俯視眼底的都市才剛剛在實施燈火管制。及至天明飛回到我國東海岸上空之際，接到地面聯絡，得知在上海、杭州一帶有多架日本飛機升空攔截我們，但我們則掩蔽在雲霧中安全返航。」這次對日本本土不耗一顆彈，不流一滴血的「紙彈轟炸」被稱為「人道飛行」，在國際上產生了巨大反響，一度使日本政府非常難堪。關於中國空軍這次遠征，當時國民黨中央社曾作如下報導：「我空軍一隊於 19 日夜 11 時許，由某地出發，飛往日本長崎、佐世保一帶，散發告日本國民書等傳單。我機於 20 日晨 3 時許到達該地時，敵人均在睡中，聞機聲

驚醒，倉惶放警報，實行燈火管制，但未放高射炮，敵機亦未起飛。我機投下照明彈，閃光照耀，宛如白晝，散發傳單數十萬份後，從容渡海，於 20 日晨 10 時安全返回某地。聞此次渡海空軍勇士，為大隊長徐煥昇，副隊長佟彥博，隊員蔣紹禹、蘇光華、安錫九、梅元白等 8 氏。勇士等今晨復由某地飛來漢口，當由軍政機關及各團體民眾，在機場熱烈歡迎。8 勇士由空中下降時，場中鼓掌聲及歡呼聲，歷十數分鐘不止，紛紛握手致敬。到孔院長、何部長、錢主任、蔣處長等數千人，各國駐漢記者及我國記者亦到場歡迎，為各勇士攝影，嗣在機場休息室共飲香檳以表慶祝。此為昨夏抗戰以來我空軍第一次遠征之記錄，我機未投炸彈者，為不欲傷害非戰鬥員。」

5 月 31 日，日軍又出動 36 架戰鬥機和 18 架轟炸機向武漢進犯，對襲擊日本本土進行報復。中國空軍派出強大戰鬥機群，在漢口北方上空截住日機，經過一番激烈格鬥，日機東逃，中國戰機乘勝追擊，一舉擊落日機 14 架，是為「5.31 空戰」。6 月中旬，當日軍沿長江而上，向安慶等地開始進攻後，中國空軍不斷以主力出擊轟炸長江日軍艦艇以及蕪湖等地日軍機場，並繼續抗擊日軍對武漢的空襲，直到主動放棄武漢。前後 5 個月的作戰，英勇的中國空軍健兒共擊落日軍飛機 62 架、炸毀日軍飛機 16 架、炸沉日軍艦艇 23 艘。8 月 3 日上午 9 時 54 分，日本轟炸機 18 架，驅逐機 50 餘架，由安徽境內向武漢侵犯，中國空軍與蘇聯志願軍起飛迎擊，一番激戰，一舉擊落敵機 12 架，並在嘉魚俘獲日本飛行員 1 名，在黃陵磯俘獲日本飛行員 2 名，均押解來漢。當敵我飛機在武昌南湖上空激戰時，一中國空軍飛行員駕機向敵機猛撞，敵機頓時起火墜地，人機均毀，我空軍勇士則跳傘降落，僅受輕傷。是為「8·3 空戰」。保衛大武漢期間的空戰，引起了全國各界的深切關注，贏得了國內外的一致稱譽，各界輿論普遍稱讚：中國最出色的部隊是空軍，他們是翱翔在大武漢上空的雄鷹。

「飛虎隊」威脅日軍

「飛虎隊」全稱為「中國空軍美國志願援華航空隊」，1941 年 7 月來中國參與抗日，當時美國尚未對日宣戰。「飛虎隊」的創始人是美國飛行教官陳納德，他招募美軍飛行員和機械師以平民身份參戰。這年 8 月 1 日，蔣介石下令將陳納德指揮的「飛虎隊」正式納入中國武裝部隊序列。「飛虎隊」在緬甸同古空軍訓練基地（中國租用）經過近 5 個月的訓練後，於這月正式投入戰鬥。1941 年 12 月 30 日該隊在昆明首次參戰，擊落 9 架來犯的日軍轟炸機。

這支隊伍以損失 500 架飛機的代價，共擊落日軍飛機 2600 架，擊沉或重創敵人 44 艘軍艦、223 萬噸商船，擊斃日軍 66700 人，成爲傳奇式的英雄群體，因此贏得了中國人民的尊敬，在中國家喻戶曉。「飛虎隊」的標誌是一隻從代表勝利的 V 字中飛撲而出的孟加拉國虎。1942 年 7 月 4 日「飛虎隊」解散。1943 年，志願航空隊改爲第十四航空隊，除了協助組建中國空軍，對日作戰外，還協助飛越喜馬拉雅山，從印度接運戰略物資到中國，以突破日本的封鎖，人稱「駝峰航線」。

11 月 10 日至 12 月 23 日，中國軍隊與日軍在常德地區會戰。中國空軍第 1、第 2、第 3、第 4、第 11 大隊和美國空軍第 14 航空隊以及中美空軍混合團 200 多架飛機參加作戰，共出動轟炸機 280 架次，驅逐機 1467 架次，連續襲擊常德、華容等地日軍，與日機發生多次空戰，共擊落日機 25 架，擊傷 19 架，炸毀地面日機 12 架。

1944 年 5 月日軍進攻長沙，盟軍第 13 航空隊 3 架飛機在空戰中受創迫降於方山洞、廖家祠及沙坪敵據點附近，臨湘游擊隊派員搶救，將飛行員安全護送至江西遂川機場，在國際上產生了良好的影響。

戰略空軍基地芷江機場的建立

芷江機場是第二次世界大戰時期盟軍遠東第二大軍用機場，爲反抗法西斯侵略，奪取抗戰勝利發揮了重要作用，影響極其深遠。1937 年 12 月 1 日，國民政府爲了全國軍事戰略布局需要，在芷江修築機場。國民政府航空委員會徵調芷江、麻陽、會同、黔陽、漵浦、沅陵、辰溪、鳳凰等十一個縣的民工 1.9 萬餘人修建機場。1938 年 10 月機場竣工投入使用後，武漢航空第九總站及南昌飛機修理第二廠相繼遷來芷江。從 1938 年冬到 1945 年 10 月，先後有蘇聯志願空軍中隊、美空軍第十四航空隊戰鬥機隊、運輸機隊、中國空軍第四大隊、第五大隊（中美空軍混合大隊）、第一大隊等空軍部隊進駐芷江機場。尤其是 1944 年至 1945 年 8 月，中美空軍一大批先進的戰鬥機、偵察機、轟炸機、運輸機聚集芷江機場，最多時達三、四百架，僅美軍空地勤人員就多達六千餘人。

芷江機場作爲二戰時期國民黨重慶政府的前進機場，盟軍的戰略空軍基地，駐場空軍除經常與侵華日機進行空戰外，還擔負著掩護從昆明機場起飛的重型轟炸機實施對華北、華中日軍駐地的戰略轟炸，切斷日軍後勤補給線，封鎖長沙、湘江和京廣鐵路運輸，阻止日軍進攻大西南等重要軍事任務。但

在當時，芷江機場是軍事保密的重點，凡涉及這一機場空軍作戰及戰果的報導，都是以「紅岩機場」、「湘西某機場」、「湘西盆地機場」等代號稱呼，給芷江機場蒙上了一層厚厚的神秘色彩。芷江機場在八年的抗戰中發揮了極其重要的作用。

一是直接參加空戰打擊侵華日軍。1938 年，蘇聯志願軍空軍第一大隊 20 架「短劍」式驅逐機進駐芷江機場，在首次對日機空襲芷江機場及縣城的空戰中，有 3 架日本轟炸機被駐守芷江機場的蘇聯空軍擊毀，9 名飛行員斃命，其它日機見勢逃逸。首戰告捷，取得了輝煌戰果，極大地鼓舞了湘西人民抗戰的鬥志。1944 年 7 月中下旬，駐芷空軍第五大隊——中美空軍混合大隊 3 個編隊的戰鬥機轟炸了汨羅新市的日軍兵站，擊落 6 架攔截日機。空軍第五大隊 3 個編隊戰鬥機，掩護美空軍第十四航空隊 24 架重型轟炸機轟炸了被日軍佔領的岳陽城，在空戰中擊落日機 4 架。三次襲擊白螺磯機場。日軍以湖北省監利縣境內的白螺磯機場為進犯湖南的主要機場，聚集了大批飛機，準備用以掩護地面部隊向湘西及川黔西侵犯。這一情報被芷江機場中美空軍混合大隊掌握後，決定以奇襲的戰略消滅日本空中飛賊。1944 年 7 月至 9 月，中美空軍混合大隊 3 個大編隊的 20 餘架「鯊魚」式機群第一次突襲了白螺磯機場，機場旁邊三個長方型機庫裏 110 餘架日機被擊毀，創造了抗戰期間中美空軍擊毀日機最高紀錄。時隔半月，偵察發現該機場跑道兩旁排列著 30 餘架日機，從芷江機場起飛的 3 個大編隊「鯊魚」式機群掠過洞庭湖水面，第二次襲擊了白螺磯機場，機場 30 餘架日機和幾百桶汽油被炸毀。事隔四日，混合大隊在配合美空軍第十四航空隊的重型轟炸機完成了對岳陽日軍兵站的轟炸任務後，趁前來攔截的日本飛機返回白螺磯機場加油之機，第三次對該機場、日軍高炮陣地和機場附近的油庫進行轟炸，炸毀日機 20 餘架和高炮陣地、油庫。白螺磯機場在近一個月時間裏連遭三次襲擊，日本空軍損失慘重，致使日機一個多月時間在湖南上空消失了蹤影，嚴厲打擊了日軍的囂張氣焰。

二是直接切斷日軍補給線。1944 年 5 月末，駐芷江機場的中美空軍混合大隊頻繁地向湘北日軍補給線發起攻擊，給日軍的水陸運輸以沉重的打擊。同年 8 月中下旬，從芷江機場起飛的戰機在汨羅新市、衡山附近公路上炸毀 110 餘輛日軍軍車，在衡山附近的湘江江面上炸毀 1 艘大型日軍鐵甲船，船上千餘名日軍斃命；在岳陽城附近船塢，用空投汽油彈燒毀日軍上千艘大小運輸船隻。次年 5 月，第五大隊戰機在岳陽、衡陽附近公路上擊毀日軍車輛 270

餘輛。中美空軍利用芷江機場對在湘日軍補給線實施有效打擊，大大增強了湖南人民的抗日鬥志。

三是直接參加遠程作戰。1945 年 2 月 25 日，從芷江機場起飛的中美空軍混合大隊的轟炸機穿越日本海，參加空襲日本東京，一枚炸彈投中了防衛嚴密的日本皇宮，挫傷了日本皇室的尊嚴，引起了日本軍政界的一遍混亂。同年 3 月末，中美空軍混合大隊執行了一次往返飛行 2100 多公里，攻擊南京日本大本營的特殊任務，先後對明故宮機場、大教場機場及大教場機場東南端新建的運輸機場等目標實施了連續攻擊，摧毀了機場上的機棚、指揮塔、掩體內的飛機及機場附近公路旁的大批卡車和機槍陣地，整個南京城接受了戰火的洗禮。芷江機場的戰機還先後飛至江西九江碼頭，炸沉日軍汽船 10 艘，炸毀 40 餘米長的日軍大汽船一艘，舢板 20 餘隻，擊毀九江機場日軍飛機 7 架；飛至廣東曲江，炸毀日軍倉庫 2 座，運輸船 70 餘隻、卡車 17 輛。

在抗日戰爭期間，駐紮在芷江機場的中國和盟軍的飛機，對日軍的兵站、機場、碼頭、後勤運輸線及日本本土不斷地實施突然襲擊，使日軍防不勝防，阻不勝阻，使侵華日軍不得不在臨近失敗前發出無奈的哀歎：「在中國戰場上，過去一直是由我們掌握絕對制空權作戰，現在則經受了完全新的體驗。」

芷江機場從開始修建起，日本人似乎已預感到它潛在的嚴重威脅，成了日本人的心腹之患。日本特務機關於 1938 年就派遣特務漢奸潛入芷江收集有關機場等方面的軍事情報，並企圖破壞機場的修建，其活動被中國軍方發現，並被駐芷江的憲兵司令部處死。日軍在派遣特務的陰謀失敗後，公然又於芷江機場竣工不到一個月就派出轟炸機 18 架，偷襲芷江機場和縣城，遭到駐場蘇聯志願空軍的沉重打擊，有 3 架日機被擊落。三天後，又有 18 架日機從常德飛臨芷江，突然向芷江機場發起攻擊，投下炸彈 124 枚，在機場上留下了上百個大小彈坑。在後來的幾年中，日機多次對芷江機場及縣城實施輪番轟炸。據縣府 1946 年對空襲損失的不完全統計，自 1938 年 11 月至 1945 年 12 月，日機共對芷江實施了 38 次轟炸，出動飛機 513 架次，投彈 4731 枚，炸毀房屋 3756 棟，損失糧食 30 萬擔，損失總值 163.17 億元（法幣）。在這 38 次轟炸中，攻擊機場的就有 23 次，投向機場的炸彈達 3109 枚。在整個抗戰期間，芷江城區共有 838 名同胞在日機轟炸下傷亡。儘管如此，芷江人民不畏傷亡，企盼和平，積極支持抗日。每當機場遭受日機轟炸後，成百上千的城鄉民眾，帶上鋤頭畚箕，自動去填修彈坑，搶修跑道，每遭受一次大的轟

炸，一天左右就可修復，機場的作戰飛機又可照常起飛降落。更有大批匠人，為機場趕製了許多木製飛機模型，排放在機場中央，用帆布蓋著，藉以蒙蔽迷惑日軍，以達到保全和掩護中國和盟軍飛機的目的。芷江機場經受了抗戰的洗禮，芷江人民為抗戰付出了代價，為和平作出了犧牲。

1944 年 4 月以後，隨著豫湘桂戰役的推移，鄭州、洛陽、長沙、衡陽、桂林、柳州等處機場，陷落到日軍之手。從這些地方撤下來的中美空軍飛機，大部分彙聚到了芷江空軍基地。當時芷江機場成了中美戰略空軍唯一的前進基地，成了捍衛大西南後方的堅強屏障和迎接全國大反攻的前哨陣地。這時的日軍大本營也已經覺察到，不掃平芷江基地，打開大西南的通道只是一種夢想；重新奪取制空權，徹底消除佔領區城市、交通線和日本本土空中的巨大威脅也只能是一句空話。因此，日本人決定不惜老本也要拔除芷江空軍基地這個眼中釘、肉中刺。

1945 年 4 月，中日雙方一場圍繞著芷江機場的爭奪戰——湘西會戰（又名芷江會戰）打響。日軍出動主力部隊第二十軍團，下屬 6 個師團，3 個獨立旅團，偽和平軍第二師和飛行師團第 44 戰鬥隊、獨立 54 中隊及炮兵、工兵 2 個獨立聯隊共 8 萬餘兵力。廣西、東安日軍向北，邵陽、雙豐日軍向西，寧鄉、沅江日軍向南，兵分三路向芷江形成合圍之勢。重慶國民黨軍事當局意識到穩定湘西，保住芷江基地，不僅關係到大西南及陪都重慶的安危，也直接關係到即將開始的全面反攻的整個戰略部署。因此，軍事委員會決定傾注大力，將日軍聚殲於雪峰山東麓地區，死守芷江戰略空軍基地。湘西會戰由陸軍總司令何應欽親自掛帥並擔任總指揮，參戰陸軍為 8 個軍 23 個師，約 12 萬餘人。駐紮在芷江空軍基地的黨空軍第一大隊、第四大隊、第五大隊及美軍第十四航空隊一部的所有轟炸機、戰鬥機、偵察機和運輸機，承擔起控制整個華中地區的制空權，攔截日機，轟炸戰區內敵後方的大小鐵路公路橋樑，保障中國守軍後備兵力的補充、後勤物資的補給、戰區情報的提供、從空中聚殲日軍地面部隊等作戰任務，全力以赴配合湘西會戰。4 月 9 日戰役正式打響後，日軍從安化、益寧鄉、雙峰、邵陽、東安、新宇、武岡 1300 餘里的扇形地段向湘西發起全面攻勢。經過近兩個月的戰鬥，在中國地面部隊頑強抵抗、英勇奮戰和中美空軍的猛烈打擊下，1945 年 6 月 7 日，參加「芷江攻略戰」（就是「湘西會戰」）的日軍被迫撤回原陣地。該戰役中國軍隊共殲滅日軍 28320 人，生俘 213 人，還繳獲大批武器彈藥。

　　侵華日軍大本營發動的這場寄予極大希望的「芷江攻略戰」，結果與意願背相逕庭，不僅未能觸動芷江機場的一根毫毛，反而給日軍第二十軍主力帶來了滅頂之災。同時也爲中國軍隊乘勝開展反攻、爲相繼收復桂林、柳州等城市創造了條件。促使日軍南方軍被迫縮短戰線。

第十篇　抗戰中的中國海軍

中國海軍力量

　　1888 年，北洋海軍正式編練成軍，有艦艇 25 艘，官兵 4000 人。到甲午戰爭前，北洋艦隊的大沽、威海衛（今山東威海）和旅順（今屬遼寧大連）三大基地建成。經過甲午戰爭，北洋海軍全軍覆滅。到民國時期以內戰爲主，主要使用陸軍奪取地盤。很少發展海軍。

　　到抗日戰爭前，中國海軍的編制、艦艇數量、裝備質量、官兵數量等均無法與日海軍實力相比。中國海軍經多年經營，戰前已有艦艇 100 艘，計巡洋艦 2 艘，驅逐艦 3 艘，炮艦 16 艘，內河炮艦 13 艘，魚雷艦及運輸船 8 艘，陸戰隊約 3800 人。艦艇總排水量爲 6.8 萬噸。艦艇編成 4 個艦隊。第一艦隊係沿海艦隊，陳季良任司令，第二艦隊係長江艦隊，司令陳以鼎，司令部均設在上海。抗戰開始，在江陰要塞戰鬥中，主要艦艇「寧海艦」、「平海艦」、「逸仙艦」等均被日軍擊沉。「中山艦」等在武漢戰場上受挫沉沒。中國海軍損失殆盡。第三艦隊係原東北海軍，抗戰之初駐青島。計有巡航艦「鎮海」，炮艦「永翔」、「江利」、「楚豫」和運輸艦「定海」，驅逐艦「同安」以及「海燕」、「海鶴」等艦。由於艦艇實力與日本海軍相去甚遠，不具備抵抗實力，在第三艦隊司令謝剛哲主持下，於 1937 年 12 月 26 日被迫自沉。把「鎮海」等艦沉塞於青島小港碼頭，而「海鷗」、「海清」等 4 艇沉塞於劉公島。青島海軍學校已先期搬遷湖北宜昌。29 日，第三艦隊全部撤出青島，陸戰隊帶著艦炮節節後退，節節抵抗，與第一、第二艦隊一起，在長江馬當要塞封鎖線血戰中拼光了。第四艦隊係廣東海軍，司令部設在廣州，陳策爲艦隊司令。

1937 年抗日戰爭爆發後，陳策任虎門要塞司令，負責廣東沿海防衛，主力防守虎門，數次擊退日海軍攻擊。1938 年與當時居往香港的李福林合演反間計，誘使日軍登陸虎門，在海上擊斃日軍數百人。陳策在這次戰役中被日軍炮火擊中，左腿截去，被稱為「獨腳將軍。第四艦隊由兩廣一直打到西江上游，全軍覆沒。

抗日戰爭時日本海軍當時的中等型號以上艦船就在 115 萬噸以上。中國海軍官兵總共為 2.5 萬人左右，僅為日海軍 12.7 萬人的六分之一。然而就是這支力量極其薄弱的海軍，卻勇敢的挑起了捍衛中華民族的重任。在江陰海戰，武漢會戰，鄂西會戰，及長達 8 年的長江抗戰中，英勇的國軍海軍為抗戰的最後勝利作出了卓越的貢獻。其犖犖大者有一下戰績。

重創日艦「出雲」號

1937 年 8 月，淞滬戰役打響。中國海軍的練習艦隊和江陰江防司令部所屬的電雷學校快艇隊負責防守上海，與日本海軍的實力相比，它們的力量十分微弱。然而，中國海軍不畏強敵，決定主動出擊，單艇對敵艦實施攻擊，目標直指日本侵華海軍第三艦隊旗艦「出雲」號。

1937 年 8 月 14 日晚，江陰江防司令部派出「史 102」號和「文 171」號兩艘快艇，偽裝成民船，沿內河赴上海，尋找機會行動。16 日晚 8 時，「史 102」號從上海新龍華出動，避過英、法、意等國艦艇的監視，衝向正停泊在郵船碼頭的「出雲」號，在距離它 300 米處發射了兩枚魚雷。隨著兩聲巨大的爆炸聲，一枚魚雷擊中了「出雲」號的防雷網，炸毀了敷網的駁船；一枚魚雷擊中了碼頭岸壁，但「出雲」號沒有被損傷。劇烈的爆炸聲使日本艦隊頭目大為震驚，他們發現了「史 102」號後便立即發炮回擊。「史 102」號被擊中油箱，頃刻失去動力，半沉半浮於九江路稅關棧橋附近，不得不撤出戰鬥。

28 日，海軍又派出士兵攜帶兩枚水雷，潛至長江碼頭，泅水至「出雲」號附近，施放水雷。兩聲巨響，「出雲」號終於被炸受傷。當時，日軍頭目正在「出雲」號上開會，水雷爆炸將他們震得東倒西歪，狼狽不堪。在以後的戰鬥中，「出雲」號又多次成為我海軍快艇和空軍襲擊的目標，但始終沒有被擊沉。

血戰江陰

正當上海戰事激烈進行之際，南京國民政府決定在江陰用沉船和沙石建立一道長江封鎖線，粉碎日軍水陸並進的作戰計劃。擔任這條封鎖線防守任

務的是中國海軍第一艦隊。艦隊司令陳季良是福建人，畢業於江南水師學堂，抗戰爆發時擔任海軍部次長兼第一艦隊司令。戰前他許下誓言：「心懷魚腹葬身志，誓將馬革裹屍還。

從 1937 年 8 月下旬開始，日軍對江陰封鎖線不斷實施轟炸。9 月 22 日，日軍大規模的轟炸開始了，陳季良和他的海軍將士們迎來了最難忘的一天。上午 9 時，日軍聯合航空隊的首批戰鬥機和轟炸機 40 餘架，攜帶重型炸彈向江陰襲來，打擊的主要目標是中國的防守艦隊，而旗艦「平海」號巡洋艦和它的姊妹艦「寧海」號則是重點攻擊目標。剎那間，彈如雨下，火光四起，「平海」號三面受敵，左舷和中後部當即中彈，艦體遭到破壞。陳季良臨危不懼，屹立甲板上，指揮各艦抗敵。全艦隊士氣高昂，沉著應戰，戰鬥異常慘烈。

親歷戰鬥的「平海」號槍炮指揮官劉馥在日記中寫道：「炮彈如洪水般攻來，如波浪的敵人一層退下去，又一層繼續衝過來。」經過 6 個小時的激戰，「平海」號擊落敵機 5 架，艦上陣亡 11 人，負傷 23 人。「寧海」號也受到嚴重損傷。

23 日晨，日軍偵察機偵察江陰江面，發現中國艦隊依然陣容嚴整，旋即離去。不久，敵機 70 餘架蔽空而來，衝向中國艦隊。「平海」、「寧海」兩艦再次成為敵人瘋狂轟炸的目標。

陳季良鼓舞大家堅持到底，用生命與敵人相拼。敵機一隊在領隊飛機的率領下瘋狂轟炸，雖然中國軍隊不斷對其射擊，但它們仍然不停地投下炸彈。當時，一些被允許觀戰的外籍軍事人員都歎為觀止。他們說，自第一次世界大戰以來，未曾見過如此慘烈的戰鬥場面。在敵機的瘋狂襲擊下，「寧海」號沉沒了。「平海」號受重傷，後艙進水，船尾下沉，船身傾斜。陳季良又率司令部移到「逸仙」號巡洋艦上指揮戰鬥。

25 日上午，16 架敵機又接踵而來，猛撲「逸仙」號，在兩艦附近投彈 20 多枚，彈片橫飛，水柱衝天，「逸仙」號彈藥消耗殆盡，反擊能力減弱，終於它的機柱被炸斷，舵艙進水，艦身向右傾斜，擱淺並下沉。陳季良再率司令部人員遷駐於「定安」號運輸艦上，繼續堅持戰鬥。至此，第一艦隊各主力艦均被擊沉。隨後，由曾以鼎擔任司令的第二艦隊和要塞海軍炮兵接替防守，繼續抗敵。

在保衛江陰封鎖線的戰鬥中，中國海軍先後擊沉日艦 2 艘，擊傷 10 餘艘，擊落日機數十架，阻遏了日軍沿江西上的企圖，粉碎了日軍 3 個月滅亡中國

的迷夢，保護了長江下游軍政機關、工礦企業的安全轉移，爲抗日戰爭作出了卓越的貢獻。

長江佈雷游擊戰

經過長江上游的一系列戰鬥，中國海軍艦艇受到很大打擊。然而，中國海軍沒有放棄戰鬥，他們編成佈雷游擊隊，繼續用水雷打擊日寇。

1939 年 1 月，中國海軍正式組建佈雷游擊總隊，主要活動於長江中下游。他們把長江中下游劃爲 3 個佈雷游擊區，第一佈雷游擊區從監利至黃陵磯；第二佈雷游擊區從鄂城至九江；第三佈雷游擊區從湖口至蕪湖，後擴大至江陰。佈雷游擊隊使用的水雷都是由中國軍隊自己生產的。佈雷是一個艱難而危險的過程。海軍往往將佈雷中隊分成若干個佈雷小組，每組有三五人。他們先從後方領取水雷，用肩扛車運等手段，隱蔽地將水雷運送至長江邊，然後在敵人控制薄弱的地方放下水去。運送一枚水雷到達江邊往往需要幾天，甚至十幾天的時間，這期間，他們要通過敵佔區，晝伏夜行，忍受飢餓，還要經常與遭遇的敵人作戰。在運送途中，有人被俘慘遭殺害，有人與敵人戰鬥壯烈犧牲。

他們的努力和犧牲，換來了豐碩的成果。據不完全統計，從佈雷游擊隊成立，到抗日戰爭結束，僅在第三佈雷游擊區就取得了以下戰果：共佈水雷 1370 枚，炸沉日軍大型軍艦 3 艘，中型軍艦 8 艘，炮艦 6 艘，運輸艦 32 艘，大汽艇 4 艘，汽艇 48 艘，炮艇 1 艘，大火輪 1 艘，小火輪 4 艘，還有其它一些小型船隻，共計 114 艘。另有汽車 20 餘輛，使 5000 餘日軍傷亡。難怪日軍驚呼：「最恐怖的就是中國海軍的機械水雷，一想起它我們就心驚膽顫……」。

中國海軍的佈雷游擊戰，不僅開創了海軍史上的新戰法，而且有效地削弱了日本海軍的力量，振奮了民族精神，將永遠被載入史冊。

中山艦金口喋血

中山艦原名「永豐」艦，是中國海軍名宿薩鎮冰將軍 1910 年考察日本海軍時，向日本三菱造船廠訂購的排水量 780 噸的炮艦。艦身長 68.3 米，寬 9.83 米，航速 13.5 節，配備主副炮 8 門。「中山」艦雖然噸位不大，但卻以它特有的歷史而成爲名艦。1915～1916 年，「永豐」艦響應孫中山先生的號召，參加了護國討袁運動，首創義舉。1917 年，它又投入反對北洋軍閥的鬥爭。1922 年，廣東軍閥陳炯明突然叛變，「永豐」號成了孫中山「蒙難」的座艦。1926

年 3 月，爲打擊共產黨，破壞國共合作，曾製造了著名的「中山艦事件」。全面抗戰爆發後，中國海軍因力量無法與強大的日本海軍抗衡，不能禦敵於國門之外，只能退守長江。淞滬會戰期間，在江陰要塞駐防的中國海軍主力「寧海」、「平海」兩艘輕巡洋艦被日機炸沉。不久，「逸仙」、「應瑞」兩巡洋艦也被炸沉。「海析」、「海躁」、「海容」、「海籌」4 艘巡洋艦已自沉用以構築江陰阻塞線。「肇和」號被敵炸沉於虎門。至此，戰前中國的 9 艘巡洋艘已損失殆盡。武漢會戰開始時，中國海軍的 59 艘艦艇，已被炸沉 30 艘、自沉於阻塞長江的 15 艘，海軍已經快要打完了！武漢會戰打響後，中山艦與「永績」、「江元」、「江貞」、「楚觀」、「楚謙」、「楚同」、「楚豫」、「民生」等艦船在海軍部長陳紹寬的指揮下，爲打破日軍的長江躍進戰略，在長江中游執行佈雷任務，並擔任長江航道空防、巡邏任務，往返護送各種船舶航行，以高射炮、高射機槍反擊敵機。時任中山艦艦長薩師俊，福建閩侯人，是薩鎮冰的侄孫。1938年 10 月，日軍已逼近武漢外圍，中國海軍司令部已遷至岳陽，中山艦經常往返於武漢、岳陽之間，護運軍政要員和戰略物資，幫助軍民轉移。10 月 24 日，中山艦奉海軍部令開赴金口。金口是武漢上游的一座古鎮，距武漢 26 公里，因發源於鄂南之金水在此注入長江而得名。金水上有著名的金水閘，爲民國時修建的較大的水利工程。中山艦剛泊金口，東邊就傳來了日機的隆隆聲，一架日機在軍艦上空盤旋，當進入火力射程時，薩師俊即下令炮擊。敵機隨即升入雲端逸去，原來這只是一架日軍的偵察機。敵機的偵察是一個信號，中山艦官兵預感到一場惡戰的來臨。薩師俊立即進行了作戰部署。果然，大約在 11 點多鐘，9 架日軍飛機分作兩個小分隊，呼嘯著飛抵中山艦上空。中山艦上響起了警報，薩師俊的令旗也在艦上昇起，但敵機並未展開攻擊，只是高飛盤旋了五分鐘，又一溜煙地飛走了。中山艦官兵並未懈怠鬥志。下午 3點，6 架敵機又飛臨中山艦上空，隨即變爲一字魚貫式，呈轟炸隊形，俯衝而下，不可避免的戰鬥來臨了。3 點零 6 分，電訊官張嵩齡向海軍部發出了最後一份電報，報告中山艦與敵遭遇。攻擊中山艦的飛機是日本海軍第 15 航空隊水上輕型轟炸機群，這場海空大戰進行了 1 小時又 15 分鐘，6 架敵機輪番在較高空域對中山艦投彈轟炸。長江上昇起了一個個的水柱，浪花四濺。中山艦在浪頭上起伏，迎戰敵機，艦首、艦尾和左右兩舷火炮齊發，向敵機反擊。起初敵機爲避開炮擊，只在高空投彈，不低飛俯衝，未命中艦體。艦上火炮也因敵機飛行過速，未能擊中敵機。正激戰間，艦首高射炮因發彈過熱，發

生卡殼，被迫停止了射擊。左右兩舷機關炮也發生了故障。此時，敵機見高空水平飛行進行轟炸不能命中中山艦，又見艦首火炮啞然失聲，乃改變戰術，開始輪番急速俯衝，低空投擲炸彈。第 1 顆炸彈落於艦尾左舷水下爆炸，船殼破裂進水，舵機損壞，轉動失靈，無線電房受損。緊接著的第 2 顆炸彈落於右舷水中爆炸，前鍋爐艙右舷水線下的船殼震破，進水甚洶，堵漏無效，爐艙、機艙均有損壞。第 3 顆炸彈落入右舷水中，因爆心離船較遠，受損不大。第 4 顆炸彈又落入左舷水中爆炸，後鍋爐艙水線下的船殼破烈嚴重，進水急劇，堵漏無效，大約在 3 分鐘的時間內，進水漫過 4 尺，鍋爐中的燃煤被水淹熄，軍艦動力操縱失靈，艦體開始左傾。第 5 顆炸彈命中艦首，駕駛臺被穿透，海圖室、甲板、前望臺的一磅炮被炸翻，8 名炮手英勇犧牲，彈藥箱爆炸，大火彌漫，海圖室、舵房均被炸毀起火，艦體逐漸失去中量，顛簸不已，無法控制。薩師俊艦長的右腿被炸飛，左腿被炸傷，左臂也受重傷，遍體血肉模糊，但他仍忍著巨痛，奮不顧身地敦囑官兵努力殺敵。副艦長呂叔奮和槍炮長魏振基、電訊官張嵩齡會同全艦官兵，一面奮勇作戰，一面組織力量堵塞破損艦體，撲滅艙室火災，救護受傷人員。此時的中山艦因失去動力，在波濤中旋轉，向下游漂流，完全失控。又因多處破損過重，堵漏失效，大量江水急劇湧入艙室，艦體繼續向左不斷傾斜，約傾至 40 度時，突然艦首稍昂，隨即轟然一聲巨響，水柱衝天，一代名艦——英雄的中山艦，終因負傷過重，於下午 4 時 30 分左右沉沒於金口龍床磯。在中山艦沉沒前，薩師俊忍痛靠在瞭望臺殘破的欄杆上，繼續指揮作戰。副艦長呂叔奮搶至薩師俊身邊，只見薩艦長坐在血泊之中，神志尚清楚，嘴中還在發出作戰指令，同時敦促將艦擱淺，以防沉沒。但因艦身機件被毀，不能轉舵和迅速移動，只向江邊靠攏了一段，無法駛向擱淺處。薩師俊令受傷官兵盡快離艦，本人則決心與中山艦共存亡，他說：「諸人盡可離艦就醫，惟我身任艦長，職資所在，應與艦共存亡，萬難離此一步。」呂叔奮和部下士兵強行將血流不止的薩師俊架離艦艇，乘舢舨駛向江岸，可就在此時，敵機又結隊而來，對江上舢舨進行瘋狂掃射，兩隻舢舨沉沒了，薩師俊頭部、喉部又中數彈，和多名官兵葬身在殷紅的江水之中。呂叔奮、魏振基等 10 多人躲過了敵機的掃射，掙扎到岸上，成為中山艦的倖存者。數十年後，呂叔奮在在回憶中談到中山艦沉沒的情景：「我敬愛的薩艦長遂與艦上傷員全部壯烈殉職……。我海軍中的一代名艦，此時亦傾斜 40 度，就在此一剎那間，突然艦首稍昂，轟的一聲

巨響，立即沉沒。」1938 年 10 月 24 日下午 3 時 50 分，「中山」艦沉於金口江底。在中山艦沉沒後的第 2 天，武漢淪陷。

血戰虎門

　　從 1937 年 8 月開戰，到 1938 年 10 月 5 日虎門要塞陷落，日軍先後對虎門發動過三次大規模的進攻。最初的日軍進攻並不順利，陳策深溝高壘，虎門要塞的岸炮艦炮配合，官兵對水道瞭如指掌，只要日艦靠近炮臺，便隨時發炮還擊，尤其肇和海周兩艦雖然陳舊，但在自己內線行駛，依託島礁活動，機動靈活，神出鬼沒，日軍無法捕捉其航跡而顧慮重重。日軍飛機偵察也因為天氣原因效果不好。9 月 1 日，因為急於立功，一架日機誤入虎門炮臺高射炮集火射擊範圍，當即被擊落墜毀於黃潭，兩名飛行員死亡，中國軍隊將飛機殘骸運回莞城，陳列在民眾教育館以鼓舞士氣。日軍收買水匪漢奸劉阿九等四人偵察水道情況，結果運用不慎被中國海軍陸戰隊抓獲，按照陳策快速斃人的習慣，即日被槍決，一時大小漢奸膽寒，不敢為日軍賣命。龐大的日軍艦隊和陳策對峙月餘，竟奈何他不得。見到虎門要塞堅固難以攻擊，日軍轉而攻擊周圍島嶼。

　　日海軍見此情景惱羞成怒，虎門口外各艦冒險深入，瘋狂炮擊虎門各炮臺，日軍轟炸機也從大鏟島、三灶島起飛，猛烈轟炸廣州虎門各地，此為日軍侵華以來對廣州最猛烈之轟炸。日軍火力極其猛烈，尤其以日軍重巡洋艦妙高級之 203 毫米艦炮威脅最大，猛攻虎門四方山炮臺和鵝夷炮臺（皆沙角炮臺屬臺）。金門炮戰期間，俞大維曾四飛美國，苦求美軍供給「巨無霸大炮」，就是這種口徑的火炮，可見其威力。陳策見守軍有所動搖，親臨鵝夷炮臺，指揮發炮猛烈還擊日艦，守軍見中將司令長官親臨前線，士氣大振，紛紛冒死登臺，和日艦炮戰。戰至黃昏，日軍「彰武隊」各船皆被擊沉，中國炮臺繼續開火，將落水日軍盡殲。日軍的報復火力也極為兇猛，四方山炮臺和鵝夷炮臺被炸成一片焦土，中國守軍傷亡慘重，陳策中將在指揮戰鬥中被日軍炮彈擊中，左腿炸斷，身負重傷。但日軍終於沒有足夠兵力攻佔虎門，只好恨恨而去。第二次虎門之戰落幕。

　　日軍在 1938 年 4 月，發動了對虎門要塞的第二次大舉進攻。這次戰役，中國軍隊設伏殲滅日軍「彰武隊」，挫敗日軍襲擊虎門陰謀，此後日軍有半年時間沒有嘗試過再攻虎門。實際上，日軍已經意識到虎門防禦的堅固，因此 1938 年 10 月襲擊華南的進攻，傚仿了淞滬戰役的金山衛登陸，改在虎門側面

的大亞灣實施登陸，先取廣州，然後攻擊虎門這顆硬釘子。但中國方面在有內應的情況下沒有得到日軍空投物資，也沒有能夠誘日軍降落天河機場予以消滅，是極大的遺憾。也暴露了陸軍戰鬥力薄弱的問題。此外，鵝夷炮臺和四方炮臺被毀後，一線炮臺幾乎失去作用，破壞了完整的要塞防禦體系。這個問題直接導致了 1938 年 10 月虎門要塞的失守。當時余漢謀在增城戰敗，廣州淪陷，虎門腹背受敵。要塞司令郭思演是陳策親信，依然有依靠工事死守的準備。

21 日，日軍佔領廣州，22 日，大舉進攻虎門，出動 110 架飛機轟炸，是爲第三次進攻虎門要塞。日軍從原鵝夷炮臺處進入大角炮臺射擊死角，用艦炮猛轟，進攻一晝夜攻下大角炮臺；海軍陸戰隊一個加強營全軍覆沒，炮臺失守。前面講過，虎門佈防是核桃殼狀的，內部兵力嚴重不足，因此郭思演司令官被迫下令撤退，堅守了一年多的虎門要塞至此失守。廣東重建的艦隊撤退到肇慶，此後沿江在三水、西江等處和日軍作戰，直到作戰艦艇基本打光爲止，在國軍中可算相當頑強。

第十一篇　中日戰局隨記

抗日戰爭中國人民損失慘重

常言說：以史爲鑒，可以知興替。我們回顧往事，不能忘記這段歷史、國恥，吸取經驗教訓，使中華民族發奮圖強，以自立於世界之林。對我國抗日戰爭損失狀況的報導中，有些數字提法不一，造成混亂。宋清渭在《求是》發表的文章「紀念抗日戰爭勝利 60 週年」稱：「整個抗日戰爭期間，中國被日軍佔領了 20 多個省、市，死傷人數達 3500 萬之巨。日軍所到之處，實行「三光」政策，姦淫燒殺，無惡不作，百姓慘遭蹂躪，陷入水深火熱之中。」現將軍事科學院和軍事博物館等單位的查檔提供的數字資料，摘抄如下：

在抗戰八年中，中國正面戰場軍隊總兵力維持 450 萬左右，犧牲 130 餘萬人，約占總兵力的四分之一。軍隊傷亡總計約 380 餘萬人，其中國民黨軍隊損失約 320 萬人，共產黨領導的軍隊傷亡 617069 人。財產損失約 600 多億美元。侵華日軍總兵力約計保持 150 左右，戰死的 48 萬餘人，也占總兵力的四分之一。關於中國戰場的戰績：敵後解放區戰場在八年抗戰中，斃傷日軍 520463 人、俘虜 6213 人、日軍投誠 746 人，合計 527422 人。斃、傷、俘、降僞軍 1186696 人。日軍向國民黨投降數：1283240 人。僞軍向國民黨投降數：正規僞軍 683569 人，遊雜部隊 779116 人，合計爲 1462685 人。據日本方面的數字，日軍在中國戰場死傷總計達 130 餘萬人。中國總兵力和戰死人數都是侵華日軍的三倍。說明中國軍隊的武器裝備在落後日軍的情況下，打敗日本侵略者，的確來之不易，犧牲是慘重的。

自 1937 年 7 月至 1945 年 8 月之八年間，中華民國政府軍發動大型會戰 22 次，重要戰鬥 1117 次，小型戰鬥 28931 次。陸軍陣亡、負傷、失蹤 3211419 人。空軍陣亡 4321 人，毀機 2468 駕。海軍艦艇損失殆盡。

因爲種種原因，中國沒有爲抗日烈士們設立忠祠，目前難於有更詳盡的記載，即使是統計數字也難以精確。在戰場上犧牲的將領相對來說比較容易統計，還可略知端倪。自盧溝橋事變至抗日戰爭勝利，國民黨軍中少將以上的將軍，共犧牲 115 人。其中上將 8 人，中將 42 人，少將 65 人。在共產黨人中，犧牲的高級將領有左權將軍和彭雪楓將軍。八路軍陣亡旅以上幹部 114 位、抗聯陣亡支隊以上幹部 42 位，新四軍陣亡團以上幹部 43 位，共計 199 位。臺灣方面稱：八年間，我國軍隊戰死的爲 1319956 人，日軍戰死爲 483706 人。日本權威歷史學家伊藤正德在他的書中，記錄戰死在中國的日軍，共計 789370 人，中國革命軍事博物館則採用建國後綜合統計後的數字 55 萬人。當然，也有對此持有異議的專家學者，比如社科院的劉大年教授，就根據國民黨軍戰地統計數字計算，日軍在中國陣亡人數超過 100 萬人。何應欽說中國共犧牲了 206 位將領。中國共產黨在 1985 年首次和公開承認者有 85 位，1986 年已經達到 115 位爲中國共產黨史學界倡揚，均以將軍爲標準，包括戰死後追晉（贈）爲將軍的。軍長以上的指揮官在戰場上犧牲的就有九人。有 33 集團軍總司令張自忠、36 集團軍總司令李家鈺、29 軍軍長陳安寶、第 3 軍軍長唐淮源、第 9 軍軍長郝夢齡、42 軍軍長馮安邦、67 軍軍長吳克仁、79 軍軍長王甲本、98 軍軍長武士敏。無論是一百還是二百，是否嫡系或非嫡系領導，都已表明戰將傷亡慘重。如果不是積極抗戰拼死抵抗，怎麼會如此慘烈？

中日雙方戰場成敗得失

就抗日戰爭期間，用雙方在不同時期、不同地點、不同情況，雙方將領的損失來代替分析、衡量整個戰場的成敗、得失，也可作爲參照的一個方面。常常有「損兵」和「折將」的兩方面的說法來說明戰場上的成敗。

抗日戰爭開始的 1937 年，我方犧牲將領占八年抗戰犧牲總數的 38.2%，而日方只占 4.5%。以後逐年向相反方向發展變化。1939 年以後，戰場形勢逐漸轉變，日方戰死將領人數和比例都超出我方。到戰爭後期的 1944 年，日方戰死將領占八年的 21.2% 了。如按雙方每年將領戰死人數相比較，1937 年我方爲 1，日方只爲 0.12。換句話說，開戰之初就是我方犧牲十個將領，才換他一個將領，代價是多麼的大。到 1945 年，比例就是 1 比 5 了，我們犧牲一個

將領，他們就得戰死五個將領。雙方軍隊的死亡人數最多是 1938 年～1940 年
三年間。特別是 1940 年我國軍隊多採用主動進攻，損失較大。可以說明中國
軍隊依靠自己力量也能抗擊日寇。1941 年太平洋戰爭爆發後，八年來，我國
軍人戰死人數是日軍戰死人數的 272％，接近 3：1。到 1943 年以後，我國軍
隊才有轉機，戰死人數比例明顯下降，與日軍死亡人數比逐步持平。

　　從戰爭空間關係的雙方將領戰死情況來分析戰爭得失。空間與時間關係
是密切相關的，但是也有區別。我國抗日將領在戰場上犧牲最多的是在晉綏
和京滬戰區，日軍將領被我軍打死最多是湘贛戰區。從各戰區雙方將領戰死
比例關係來分析，我方在晉綏和京滬戰區將領犧牲的比例高出日方一倍多，
而在豫鄂、閩粵桂、滇湎各戰區則大大低於日方，其它戰區基本持平。1940
年在棗宜、晉南、閩海、桂南等戰場，以及敵後戰場（如百團大戰）雙方均
採取進攻的態勢，軍隊損失在此時期也最大。

　　自 1937 年蘆溝橋七七事變以來，平津冀察首開戰場。我方最先戰死疆場
的是佟麟閣和趙登禹兩位抗日名將，首戰不利。我軍尉遲鳳崗將軍在保定阻
擊敵人時犧牲。日方少將淺野嘉一則於當年 11 月在天津地區被我軍擊傷斃
命。在這個戰區的北平、天津、南口、保定、滄州、張家口、正定等地開戰
之初，雖然都進行過激烈的戰鬥，但是一方面戰爭的規模相對較小；再者中
國軍隊處於節節後退狀態等諸多原因，因而各方將領戰死不多。

　　京滬戰區則為：當年 8 月 13 日開始了歷時三個月的淞滬抗戰。廣大愛國
將士，前撲後繼，奮勇殺敵，粉碎日本軍國主義一個月佔領上海的狂妄企圖。
日軍金山衛登陸成功以後，我軍被迫西撤。日寇則窮追不捨，兵分兩路，直
逼南京。我軍在南京保衛戰中，殊死抵抗，曾給敵人以重創。一將無能，累
死三軍，由於守城負責人指揮失當，12 月 13 日城破後，使十數萬官兵陷入魔
掌，日軍對我無辜百姓和徒手官兵進行殘無人道的殺戮。以上均為陣地攻防
戰。日寇在飛機、坦克、大炮等武器裝備和軍隊組建訓練各方面，都比我軍
佔有大的優勢。我軍以血肉之軀，抗擊日寇，取得了很大的戰果，鼓舞了全
國人民的抗日鬥志。但是，我軍損失也是慘重的。在淞滬戰場我軍犧牲的第
一位將領是黃梅興將軍。八一三事變當日午後，在上海攻擊日本海軍陸戰隊
司令部的戰鬥中，黃將軍身先士卒，不幸壯烈犧牲殉國。此後，在淞滬抗日
戰場犧牲的尚有：蔡炳炎、龐漢禎、秦霖、宮惠民、吳繼光諸將軍，為保衛
國土，抗擊外侮，血染沙場。我軍在西撤中，為阻擊日寇，掩護友軍，夏國

璋將軍犧牲在吳興城。川軍饒國華將軍率軍當年十月出川抗日，十一月到達廣德前線，立即投入戰鬥，以拱衛南京。但被敵軍包圍，軍內又有矛盾，忿而自戕，以死報國。我軍在南京保衛戰中犧牲的有：易安華將軍戰死在中華門，高致嵩將軍犧牲在雨花臺，司徒非將軍戰死在句容突圍戰中，蕭山令將軍在南京撤退時與敵軍激戰犧牲。而日軍氣勢正盛，在攻擊南京中，無一將領戰死。

此時期在晉綏戰場，繼平型關等戰役後，於十月初，中日雙方展開了忻口會戰，也正是南方上海戰場鏖戰之時。雙方均投入了大量的兵力：晉北日軍有三個師團約七萬餘人；中方有中央軍、晉軍、川軍，並有十八集團軍參加聯合對日作戰。聯合參戰部隊兵力前後約三十萬人，是國共兩黨共赴國難的典範。會戰是激烈的陣地戰，持續近一個月，雙方均傷亡慘重。是役我方雖然取得殲敵萬餘人的戰果，但是，我方將士也付出重大代價。第九軍軍長郝夢齡將軍壯烈犧牲，是七七事變以來，第一個陣亡的軍長。同時陣亡的尚有五十四師師長劉家麒將軍，獨立第五旅旅長鄭廷珍將軍。此前，姜玉貞將軍在原平守城戰中壯烈犧牲，梁鏡齋將軍犧牲於應縣阻擊戰。而日方則無將領戰死。

1938 年 1 月初日軍侵佔曲阜、兗州。佔領南京後的日軍由津浦路南段向北進攻。我軍雲集徐州，與日本侵略者進行了一次大會戰，持續到 5 月 19 日。我軍採取比較靈活的運動戰和陣地戰戰術，而取得臨沂、臺兒莊大捷，給包括侵華急先鋒板垣師團在內的日本侵略軍以沉重打擊，殲滅敵軍一萬一千九百多人，鼓舞了中國人民抗日的決心。此時期被我擊斃的將領有：中島榮吉死於曲阜南、野裕一郎死於臨沂。我軍將士們也作了較大的犧牲，王銘章將軍在滕縣守城戰中陣亡，周元將軍在蒙城巷戰中陣亡，扈先梅將軍在臺兒莊外圍與敵激戰中犧牲，李必藩將軍犧牲在菏澤，劉震東將軍犧牲在莒縣。我軍陣亡人數比敵軍亦高百分之五十。

徐州會戰結束後，於當年六月日寇進攻安慶起，進行了武漢會戰，歷時四個半月。會戰的規模是空前的，日軍使用海、陸、空總兵力約三十五萬，我方動用兵力約一百萬。日本侵略軍沿長江兩岸分五路進攻，我軍節節抵抗。雖然日軍佔領了武漢，但其戰線延長，兵力不足而深陷「泥潭」，打破了日本速戰速決的企圖，抗日戰爭逐漸進入了相持階段。武漢會戰戰場多為山地，敵重炮、坦克不便發揮作用，敵軍死亡達九萬六千多人。被我軍擊斃的日軍

將領有：飯冢國五郎死於東孤嶺，小笠原數夫在空戰中被擊斃於孝感，田中聖道死於南潯路金官橋戰役。我軍作出重大犧牲，戰死人數基本是一比一，相對比以前各戰役犧牲代價較小。我軍毛岱鈞將軍在廬山西激戰中犧牲。海軍方面，加藤仁太郎少將在巡江作戰中，被我軍擊斃。我中山艦長薩師俊將軍戰死在金口。

武漢、廣州失陷以後，戰爭處於相持階段。在 1939 年至 1943 年的五年間，基本在綏遠——晉南——豫西——鄂西——湘贛浙——粵桂一線相持。其間主要戰役有：南昌會戰、崑崙關大戰、三次長沙會戰、隨棗會戰、棗宜會戰、上高會戰、八戰中條山、常德會戰等。各次戰役的情況、結果各不相同。

1939 年 12 月中旬至次年一月中進行的崑崙關攻堅戰，殲滅日軍五千餘人，擊斃其將領中村正雄旅團長，世稱崑崙關大捷。我軍在攻擊中，也有重大犧牲。鄭作民將軍在側翼阻擊戰中傷重殉國。

1939 年 9 月至 1942 年 1 月約兩年半期間，日軍三次攻打長沙，均遭失敗。日軍將領山村治雄在第一次長沙會戰中被我軍擊斃。第二次長沙會戰我軍賴傳湘將軍劉世焱將軍在長沙保衛戰中犧牲，李漢卿將軍犧牲於支持長沙途中。雖損失較大，但保住了長沙。

1939 年 3 月至 5 月的南昌會戰，從南昌失守到反攻受挫，我軍損失較大。陳安寶將軍亦以身殉國。楊家驊將軍在阻擊戰中犧牲。王禹九將軍為南昌解圍與日軍激戰而殉國。日軍也付出一定代價，飯野賢十少將在安義戰場被擊斃。當年 6 月我軍攻打瑞昌，殲敵八百，藤堂高英中將被當場擊斃。次年我軍在鄱陽湖地區發動春季攻勢，擊斃日少將佐藤謙。

1939 年林英燦將軍在廣東戰場的花縣一帶陣亡。

1941 年 3～4 月份的上高會戰，雙方兵力基本相當。結果我軍大捷，斃傷日軍一萬五千餘人（一說二萬四千人），岩永少將重傷而死，濱田聯隊長被擊斃。我軍將領無殤。

武漢失守後，中日兩軍相持在其外圍鄂西的襄樊、棗陽、宜昌一帶，達七年之久，一直到抗戰勝利。日軍在戰場上付出慘重代價，被我軍擊斃的將領有：山田喜藏在大洪山死於地方部隊之手；井上官一死於宜昌戰場；下川義忠死於應城；左治直影死於荊州地區；與野山壽死於武漢地區。我軍也有重大損失，張自忠上將於宜城殉國，是抗日戰爭中我國犧牲級別最高將領。還有鍾毅將軍於棗陽苦戰中殉國。馮安邦將軍向襄陽轉移途中，被炸身亡。

　　自太原失守後，中日雙方軍隊一直在晉南、晉東南、豫北山地帶相持。日軍不斷進攻中國防區。由於我軍的抵抗，日軍付出一定代價。被我軍擊斃或傷重斃命的日軍將領有：木谷資俊、前田治、大冢彪雄。1940 年秋「百團大戰」曾給敵人以重創。日軍爲了打擊晉南抗日軍隊，1941 年 4 月下旬日軍以二十萬之眾，大舉進攻中條山的中央軍防地。由於力量懸殊，內部矛盾，疏於防守，指揮失當，中央軍損失慘重，犧牲達四萬人。第 3 軍軍長唐淮源以及寸性奇、王峻、梁希賢、陳文杞諸將軍殉國。日軍則付出較小代價，其將領上田勝在混戰中被我第 3 軍擊斃。9 月繼續堅持中山抗日的武士敏將軍、石作衡將軍亦壯烈犧牲。太原淪陷以來，晉西一直由晉軍防守。在對日作戰中，晉軍趙錫章將軍犧牲於隰縣，王鳳山將軍犧牲在萬榮，徐積璋將軍犧牲在聞喜。

　　七七事變後，傅作義部東進抗日，日軍乘隙進攻綏遠。擔任抗敵劉桂五將軍在殺敵中犧牲，敵酋龍野亦被我軍擊斃。1938 年底，傅部由晉回師綏遠，逐步收復失地。1939 年底至次春，連克包頭、五原等地，全部收復綏西河套地區。擊斃日軍將領小林一男、中將司令官水川伊夫。我軍取得了五原大捷。

　　1942 年初起，中國駐印軍和遠征軍在滇緬作戰達三年多之久。共殲滅日軍三萬一千餘人。被我擊斃的將領有：黑川邦輔、藏重康美、楠野豐重、原好三。水上源藏戰敗自戕。我軍陣亡二萬六千餘人。戴安瀾、齊學啓、胡義賓諸將軍殉國。

　　1943 年底的常德會戰異常激烈，常德失而復得。殺傷日軍二萬餘人，擊斃其將領布上照一、中佃護一、門間健太郎。我軍許國璋、彭士量、孫明瑾三將軍陣亡。

　　1944 年盟軍在太平洋戰場發動反攻，中國軍隊一部主力在印緬作戰。日軍海上交通產生危機，企圖打通陸上交通線，而向京漢、粵漢、湘桂線猖狂進攻。河南戰場中方盡失要地，日軍自晉越黃河入豫，激戰於陝縣一帶，威脅潼關。李家鈺將軍、王劍岳將軍在與日軍作戰中陣亡。日軍木村千代太中將在號略鎮（今靈寶）被地雷炸斃。

　　長衡會戰異常激烈。在衡陽我軍守城四十七天，擊斃了日軍將領和爾基隆及志摩源吉。外圍戰中橫山武彥在龍遊，大橋彥四郎在茶陵被擊斃。我軍王甲本將軍在東安與日軍遭遇戰死疆場。此後的桂柳會戰中，桂林守城戰闞維雍、呂旃蒙、陳濟垣、胡厚基四將軍殉國。

　　我軍方面，抗日戰爭開始，除中央軍、桂軍、粵軍較好外，其它軍隊裝備都很落後。像川軍出川到戰區已是秋冬季節，軍人還穿著草鞋，身背雨傘，曾引起當時國際人士的注目。其它如西北軍、東北軍、魯軍、晉綏軍、滇軍、黔軍等雖都有一定的戰鬥力，但軍隊裝備比較差。抗戰開始，部隊還攜帶大刀、老式地方造槍，訓練是老傳統式。所以，重大戰役沒有中央軍參加很難完成戰鬥任務。但中央軍與日軍相比，在抗戰初期，部隊的訓練、裝備等各方面，均有較大的差異，特別是空軍力量薄弱。在戰場上犧牲的將領，有九人是被日本空軍轟炸、掃射犧牲的，占犧牲將領總數的 12%。在武器裝備較差的情況下，陣地戰我軍往往付出較大的代價。在重大的陣地戰中，我軍將領犧牲達三十三人，占將領犧牲人數的 43%。進行運動戰和游擊戰往往犧牲較小而取得較好的戰果。在反掃蕩游擊戰中，我軍犧牲九位將領，而被我軍打死的日軍將領達十三人。

　　日軍方面，武器裝備，軍隊訓練比中國軍隊在戰爭之初，是佔有優勢。特別是像上海、南京的陣地戰，他們依仗飛機、坦克、大炮有明顯的優勢。但在運動戰、游擊戰中，特別是在利用地形日軍就有明顯的劣勢。像臺兒莊會戰、崑崙關會戰、上高會戰、湘西會戰日軍大敗。太平洋戰爭暴發以後，中國軍隊的武器裝備有明顯的改善；而日軍後續兵源逐漸枯竭，日軍精銳部隊大部分調到太平洋戰場，軍隊來不及訓練就送到前線，軍人素質大大降低。制空權逐漸不在日方。在八年戰爭中，攻城戰中日軍將領只死八人，占死亡總數的 12%；空戰及地面射擊而死的日軍將領十二人，占 18%；掃蕩游擊戰死其將領十三人，占 20%；其餘 60% 死於野戰。

　　日軍在世界上是最野蠻殘暴的軍隊。除依仗武器裝備優勢外，還經常在大小戰場上違背國際公約，使用毒氣殺傷我方的軍人和平民百姓。虐殺傷病員和放下武器的軍人以及平民。不分老人、婦女、兒童統慘遭殺害，這也是我國軍人犧牲較多的原因之一。例如，齊學啓將軍就是傷重被俘後，又被日軍殺害的。依靠瘋狂的殺戮，也算日寇取勝戰術的一籌。

不忘歷史接受教訓

　　八年來，全國軍民在艱苦困難的條件下，對日軍進行了殊死戰鬥，勝利來之不易。全體中國人民，不管現在、將來都要珍惜這次勝利，國家興亡也在於此。只有歷史才是真實的，既不能「製造」也不能「假設」、「如果」。無數將士為國家、民族的興亡而戰死疆場，他們創造了歷史的輝煌，

也為自己寫上了完滿的句號，沒有了人世間的是是非非。而現代人不能忘記他們，為了他們，更是為了自己。由於種種原因，對這一時期歷史不清楚，甚至對北伐戰爭也不清楚。近來，某城曾出現在北伐烈士墓上，建豪華遊樂園。特別是廣大抗日基層士兵，在物質條件極差的條件下，跨越關山，背井離鄉，以血肉之軀來抗擊武裝到牙齒的日軍，犧牲是很大的，後人絕對不能忘記。

中國軍隊另一個弱點是內耗比較大。七七事變以前，我國還是內戰頻仍。西安事變以後的 1936 年，桂、粵軍還準備聯合出兵討蔣。再有一幫漢奸助紂為虐，才使日本侵略我國有機可逞。派系矛盾也造成不必要的損失，在處決一些戰爭失利將士的問題方面，歷史上應給以適當的評價。如長沙失守，南昌不克等責任問題。常言說：當代不明當代事，前人是非後人談。現代人沒有經歷那次戰爭，但應當為國家前程來研究那一段關係國家生死存亡的歷史。記念為抗戰而犧牲的廣大將士，激發人們的愛國主義熱情來建設強盛祖國，使中國人民永不再受別國欺凌。

在戰爭環境惡劣或敵偽的誘惑下也有少數將領，不顧民族大義投敵叛國，抗戰前期的有騎 3 軍軍長鄭大章，以後有晉軍 34 軍軍長王乾元。祿林出身劉桂棠、李守信之流也是當土匪起家，反覆無常，淪為漢奸走狗。69 軍軍長石友三因與日軍勾結被處決。投降日寇，甘當漢奸多為舊軍閥的遺老遺少未任現軍職者，企圖倚靠日寇勢利東山再起，如齊燮元、劉郁芬、門致中、王永泉、王翰鳴、江朝宗、張璧、張嵐峰、唐荖、凌霄、黃大偉、劉培緒、孫良誠、郝鵬舉等。但表現民族氣節者，也不乏其人。如直系軍人將領王廷禎堅貞不屈，不作漢奸，以死報國。奉系將領唐聚五將軍在冀東組織民眾抗日，戰死疆場，使人尊敬。

抗戰期間因軍事問題處決過將領。韓復榘因不服軍令，擅自棄守濟南等要地，被處決。61 軍軍長李服膺命守天鎮，因軍力不濟，又無險可守，未能控制部隊隨之失守，被處決。但其部下有怨言。第 4 軍軍長張德能，在抗戰中曾立戰功。後因指揮不當，佈陣猶豫，而失守長沙，被處決。73 軍軍長陳牧農因長途行軍，行動遲緩，軍事部署不當，失守重鎮全州，損失慘重，經軍法審判被處決。86 軍軍長莫與碩在浙贛會戰中，擅自脫離戰場被撤職，後在聯勤部任職時因貪污被處決。兵役署署長程澤潤因貪污和虐待新兵被處決。騎兵第 4 軍軍長檀自新在抗戰時擅自撤退被處決。

　　抗戰勝利之後，絕大多數軍捲入內戰之中。內戰開始，趙壽山的 38 軍、高樹勳的新 8 軍率先起義。解放戰爭中先後起義的近有二十個整軍，起義將領 48 人，均編為人民解放軍。30 軍代軍長黃樵松起義失敗，在南京被處決。起義者絕大多數為原地方部隊，表現其與中央嫡系部隊的矛盾而在國內戰爭中反映出來。國民黨近八十個軍在短短四年解放戰爭中，被解放軍殲滅。解放戰爭基本結束時，由上海撤臺的只有：12 軍、37 軍、52 軍、54 軍、75 軍殘部；由福建撤臺的有 25 軍、73 軍、5 軍、18 軍、19 軍、55 軍、68 軍、96 軍殘部；由海南撤退的有：第 4 軍、32 軍、62 軍、63 軍、64 軍殘部；由雲南撤退的有：第 8 軍、26 軍殘部；由廣汕地區逃走的有：第 10 軍、23 軍、70 軍等殘部；由廣西撤走的有：14 軍、71 軍、46 軍殘部入越南。共 26 個番號軍殘部。內戰中戰死和戰敗自戕的軍長以上有：93 軍軍長甘麗初、第 5 軍軍長邱清泉、14 軍軍長熊綬春、90 軍軍長嚴明、20 軍軍長楊才幹、63 軍軍長陳章、83 軍軍長劉戡、25 軍軍長黃伯韜、35 軍軍長魯英麟、7 集團軍副司令 34 軍軍長彭毓斌、69 軍軍長胡長青、整編 67 師（相當軍）師長戴之奇、整編 74 師師長張靈甫、整編 76 師師長徐保、58 軍代軍長胡若愚、23 集團軍司令唐式遵、中將總指揮夏炯、42 集團軍總司令郝鵬舉等。67 軍軍長何文鼎、15 軍軍長武庭麟、天津警備司令部參謀長楚溪春為被俘後處決或自殺。89 軍軍長李守維則早在 1940 年黃橋戰役與新四軍的衝突中死亡。死亡軍長以上人數比抗戰期略多些。而被俘的卻是大量的，初步統計達 52 人。在抗戰期被俘者則少見，只有 40 軍軍長龐炳勳、第 10 軍軍長方先覺（後逃脫）27 軍軍長劉進三人被日軍俘虜過。軍長以上人員在抗日戰爭結束後辭去軍職未參加內戰者 24 人。

警惕日本軍國主義復活

　　至今日本一些政界人士，依然留戀「大東亞戰爭」，不時參拜供奉戰犯的靖國神社。奉告這些人，應回顧這一段歷史。雖然那時候中國還很弱，而且四分五裂，還是不可欺的。在抗戰之初，日軍最精銳的板垣師團（板垣征四郎又是九一八事變的急先鋒），在平型關、忻口曾被中國軍隊打的落花流水。接著又敗於臨沂、臺兒莊之戰。臭名昭著的土肥原賢二師團，在蘭封（開封東）周圍，幾乎被聚殲。後來均被國際軍事法庭判處死刑，而處決。連同他們二人，被國際軍事法庭、中國軍事法庭判處死刑的有二十餘人，大部被處決，少數自殺。日軍也傷亡二百餘萬，下場可悲。稱為「名將之花」的阿部

規秀，中將師團長沼田德重，中將飯田泰次郎，少將旅團長吉川資都被武器裝備較差的八路軍打死。山縣大將座機被擊落後，死於地方武裝之手。日軍因戰場上濫殺無辜，加上「慰安婦」問題，當年的軍國主義者以及當前的追隨者，在國內、外都受到譴責。懸崖勒馬才能回頭是岸。只有徹底的反省，才能取得受害國人民的諒解。希望窮兵黷武者，也應翻一翻這一段歷史，痛改前非，來洗刷滔天罪行。

附錄　抗戰期間敵僞軍兵力

入侵日軍概況

　　1933 年 5 月長城抗戰後至 1937 年「七七」事變前，駐在關內的侵華日軍主要是平津地區的日本中國駐屯軍 6000 餘人（作戰部隊是中國駐屯步兵旅團），駐上海地區的爲日本海軍第 3 艦隊上海特別陸戰隊 5000 餘人。挑起盧溝橋事端的是駐豐臺的日軍中國駐屯旅團第 1 聯隊步兵第 3 大隊。由日軍聯隊長牟田口、大隊長一木清直指揮下在盧溝橋攻擊中國軍隊。中國第 29 軍第 37 師第 110 旅第 219 團第 3 營，在團長吉星文和營長金振中指揮下，英勇抵抗。以此爲標誌，中國全國性抗日戰爭爆發。「七七」事變爆發後，7 月 11 日日本內閣正式通過向中國派兵的決定，意味著全面侵華戰爭的展開。當天，陸軍教育總監香月清司中將被任命爲中國駐屯軍司令，以接替病危的田代皖一郎。

盧溝橋事變首批來華的日軍

　　第 20 師團　是在盧溝橋事變後奉命緊急動員開赴華北的第一支部隊。該師團於 1937 年 7 月 19 日從朝鮮經東北抵達天津，參加 7 月 28 日南苑戰鬥。1937 年 8、9 月在平漢路北段作戰，10 月中旬沿正太路舊關、娘子關攻太原，不斷向南推進。1938 年到晉南作戰，師團長杵村久藏在運城被我第 38 軍擊斃。1939 年 11 月第 20 師團調回朝鮮。在中國期間的師團長是川岸文三郎、牛島實常、七田一郎。日本戰敗投降時隸屬南方軍第 18 軍在新幾內亞向澳軍繳械。

　　隨後侵略軍陸續大批調來，有第 5、6、10、14、16、108、109、3、11、9、13、101、18、114、26 師團，共 16 個師團侵入，參加平津、淞滬、平型

關、忻口、南京諸戰役。抗戰初來中國參戰部隊都是日軍常設、特設的精銳部隊，裝備精良，訓練有素，戰前動員訓練嚴格，作戰能力強。而且極端野蠻兇悍殘忍。最早入侵的這些師團，在中國犯下了滔天罪行。至今仍有人否認中國是抗日的主戰場，完全不符合歷史的真實。

臭名昭著的第 5 師團　師團長是板垣征四郎。與 1937 年 8 月中旬自日本登陸大沽加入中國駐屯軍，參加南口、張家口、平型關、忻口、太原諸戰役。1938 年 3 月參加臨沂、臺兒莊戰鬥。但該師團在平型關、臨沂都被中國軍隊打敗過。1939 年 12 月投入崑崙關爭奪戰，亦未得逞，其旅團長中村正雄在九塘被中國軍隊擊斃。三戰皆有敗績，號稱精銳之師並不是不可戰勝的。跳出中國後，在南太平洋馬魯古群島塞蘭島的比魯向澳軍繳械戰敗投降，板垣征四郎列為甲級戰犯，被處決。

第 6 師團　又稱熊本師團，組建於日本九州島的熊本，該地貧困且民風嗜鬥，男子往往以從軍為出路。1937 年 8 月中旬自大沽登陸，參加南口、保定作戰。11 月 4 日在金山衛以西登陸投入淞滬戰場，12 月攻打南京，是「南京大屠殺」兇犯之一，後編入第 11 軍於 1938 年 7 月參加武漢會戰。1943 年該師團被調到最艱險的布干維爾島，遭美澳軍兩年攻擊封鎖，殘部逃入叢林靠野果為食。當時隸屬第 8 方面軍第 17 軍，在布干維爾島向澳軍繳械。據終戰時接受他們投降的澳軍回憶，所看到的幾千日軍若不是眼珠還在轉動，以為都是些骷髏。首任師團長谷壽夫作為戰犯於 1947 年在南京被處決。

第 10 師團　1937 年 8 月中旬自日本本土登陸大沽於天津集結，後編入第 2 軍，9 月中、下旬在津浦路北段東路作戰，12 月占濟南；1938 年 1 月占兗州；3 月參加臺兒莊會戰嚴重受挫。武漢會戰後調回日本，師團長是磯谷廉介。後調往太平洋戰場，在菲律賓戰役被擊潰，殘部在呂宋島碧瑤以北山區向美軍繳械。

第 14 師團　在中國期間的師團長是土肥原賢二，著名的特務頭子，反華的急先鋒。1937 年 9 月上旬自日本到達塘沽編入第 1 軍，在平漢路北段作戰。1938 年 5 月徐州會戰擔任豫東蘭封圍攻。1939 年 9 月調回。後調往太平洋戰場，日本戰敗投降時隸屬南方軍帕勞地區集團在帕勞群島向美軍繳械。土肥原賢二列名甲級戰犯被處決。

第 16 師團　師團長是中島今朝吾。1937 年 9 月 11 日從日本抵達天津，9 月中、下旬在津浦路北段西路作戰；10 月 17 日參加淞滬會戰。12 月攻打南

京，和第 6 師團同是「南京大屠殺」主要兇犯。後參加徐州、武漢、隨棗會戰。1939 年 7 月調回日本。菲律賓戰役時隸屬第 14 方面軍第 35 軍，在萊特島戰敗潰散。全師團 13778 名士兵僅存活 620 人，這 620 人中包括著名的懺悔者東史郎先生。

第 9 師團　1937 年 10 月初自日本本土到達吳淞編入上海派遣軍，師團長吉住良輔，在蘊藻浜、大場一帶作戰，12 月沿金壇攻打南京，參加大屠殺；1938 年 5 月徐州會戰在蒙城一線擔任南路圍攻；後編入第 11 軍，1938 年 7 月投入武漢會戰贛西北方向；1939 年 6 月調回日本；日本戰敗投降時隸屬第 10 方面軍在臺灣新竹繳械。

第 18 師團　1937 年 9 月 9 日在日本本土重組，1937 年 11 月 4 日登陸金山衛以東在第 10 軍編成，參加淞滬會戰，11 月 13 日進佔嘉善，12 月攻打南京，參加大屠殺；後進佔杭州；1938 年 10 月 12 日調第 21 軍登陸大亞灣，10 月 21 日攻佔廣州；1940 年 1 月桂南作戰攻佔賓陽；1941 年 4 月登陸馬尾攻陷福州，11 月調南方軍第 25 軍。在中國期間的師團長是牛島貞雄、久納誠一、百武晴吉、牟田口廉也；1944 年 1 月，18 師團在緬甸康河谷內被孫立人指揮的新 38 師攻擊殲滅，日軍師團參謀長瀨尾少將及數十名軍官碾成了肉泥。日軍第 18 師團得到應有的下場。投降時隸屬緬甸方面軍第 33 軍在泰緬邊境向英軍繳械。

第 108 師團　1937 年 8 月 26 日在日本以第 8 師團預備役人員組建即編入華北方面軍第 2 軍，11 月參加冀南作戰攻佔邢臺。1938 年 3 月上旬，第 108 師團由邯鄲經東陽關向潞城、長治進犯，第 129 師奉八路軍總部命令，由正太鐵路附近進攻。當日軍 108 師團進入伏擊地域時，埋伏於神頭嶺北側的第 771 團從正面出擊；埋伏於公路西側的第 772 團和東側的補充團實施夾擊，將日軍截成數段，展開白刃格鬥。日軍遭到突然襲擊，頓時陷於混亂，且由於狹窄地形限制，兵力兵器難以展開，死傷慘重，隊長雁尾中尉被當場擊斃。日軍殘部逃至神頭村內，憑藉房屋、窯洞負隅頑抗。第 386 旅立即組織強攻。戰至 11 時 30 分，日軍除百餘人逃回潞城外，其餘全部被殲，濁漳河南岸的日軍亦被第 771 團特務連殲滅。由黎城出援的日軍，被阻於濁漳河北岸。由潞城兩次出援的日軍數百人，被第 772 團殲滅一部後撤逃。至 16 時戰鬥結束。斃傷日軍 1500 餘人，俘獲 8 人，繳獲長短槍 550 餘支、騾馬 600 餘匹及大批軍用物資，給侵入晉東南的日軍以有力打擊。108 師團 1939 年 11 月調回日本，1940 年 2 月 21 日撤編。

第 109 師團　1937 年 8 月 26 日在日本本土以第 9 師團預備役人員組建，1937 年 9 月 11 日抵達天津配屬第 2 軍，部分兵力參加津浦路北段東路作戰，10 月轉向平漢路占邢臺，部分參加太原會戰；1938 年 1 月部分兵力參加攻佔周村、博山；1939 年 9 月調回日本，1939 年 12 月 24 日撤編。

第 101 師團　1937 年 9 月 1 日在日本本土以第 1 師團預備役人員組建，1937 年 9 月 22 日開始到達淞滬戰場編入上海派遣軍，後隸第 11 軍 1939 年 3 月 18 日在德安南發起攻擊，佔領南昌。在戰鬥中損失慘重，101 聯隊隊長飯冢國五郎，被我 66 軍 160 師擊斃。另該師團 103 聯隊長飯野賢是在進攻南昌時亦被中國軍隊擊斃。第 101 師團 1939 年 11 月調回日本。

第 114 師團　1937 年 10 月 12 日在日本以第 14 師團預備役人員編組，1937 年 11 月 8 日在金山衛登陸，入列第 10 軍參加淞滬會戰，11 月 25 日攻佔長興，12 月攻打南京擔任南路，是「南京大屠殺」兇犯之一；1939 年 6～7 月參加魯南、魯西作戰，攻擊于學忠部隊及八路軍。戰鬥中師團長沼田德重被八路軍打傷，不治身亡。8 月該部調回日本。

第 26 師團　1937 年 7 月 11 日日軍參謀本部令關東軍獨立混成第 1、第 11 旅團向中國關內開進，9 月 30 日即以獨立混成第 11 旅團為基幹組建第 26 師團。駐軍今內蒙一帶。1938 年 2 月，第 26 師團及偽蒙軍一部，共 1 萬餘人，在華北方面軍第 109 師團一部的配合下，由平綏、同蒲鐵路和太原至汾陽公路沿線據點出動，分路向晉西北抗日根據地發動圍攻。八路軍 120 師經過兩個多月的戰鬥，日軍攻佔的晉西北 7 座縣城全被八路軍第 120 師收復。反圍攻戰役結束。八路軍殲滅日軍 1500 餘人。日本戰敗投降時隸屬第 14 方面軍第 35 軍在萊特島潰散。

（在中國戰場戰敗投降的日軍各師團中，只有第 3 師團與第 13 師團是從 1937 年參戰到底的部隊。）

第 3 師團　1937 年 8 月 23 日自日本本土登陸吳淞編入上海派遣軍。先後參加淞滬、徐州、蚌埠、武漢、隨棗、和三次長沙會戰。1940 年 5 月初棗宜會戰。1942 年後又參加浙贛會戰在南昌、臨川作戰；1942 年 12 月改為三單位制；1943 年 5 月參加鄂西、常德、長衡、桂柳會戰。1943 年在常德會戰中損失慘重，陸軍少將中畑護一被擊斃。第 3 師團經歷了中日戰爭全過程，後轉至鎮江繳械投降；第 3 師團即「名古屋師團」。歷任師團長藤田進、山脅正隆、豐島房太郎、高橋多賀二、山本三男、辰巳榮一。

第 13 師團　1937 年 10 月 1 日在吳淞口登陸，編入上海派遣軍。12 月攻打南京，亦是大屠殺的罪魁禍首。後參加過徐州、武漢、隨棗、長沙、棗宜、鄂西、常德、長衡、桂柳會戰。「八一五」在江西湖口繳械投降；歷任師團長荻洲立兵、田中靜壹、內山英太郎、赤鹿理、吉田峰太郎。

第 11 師團　又稱善通寺師團。813 淞滬戰爭調來上海。在羅店與中央軍精銳羅卓英第 18 軍苦戰。第 11 師團嘗到了苦頭。在他們面前是稱爲：「白色鐵牆」的堅固工事，難以攻破，攻防戰持續了近一個月，損失慘重。之後，第 11 師團沒有參加南京攻堅戰，途經臺灣回了國休整。1938 年 9 月被派駐滿東北。太平洋戰爭初期，第 11 師團仍在東北駐屯。1944 年 2 月，第 11 師團和第 1 師團的一部分兵力被抽調出來，編成了第 6 派遣隊派往關島。這支部隊後來改稱獨立混成第 10 聯隊，在關島全軍覆沒。

1938 年日軍在中國戰場增續師團

1938 年在中國戰場又增加了第 4、106、110、116、15、17、21、22、104、27、39 師團，調出了第 11 師團，實增 8 個師團。加強華中戰場的力量。

第 106 師團　1938 年 7 月投入武漢會戰在萬家嶺作戰，日軍佔領九江後分兵三路南犯：中路 106 師團向我南潯線正面發起猛烈進攻，動用了飛機、大炮、戰車，甚至毒氣彈，仍然逾越不過我軍從盧山北麓至金官橋一線的防禦陣地。金官橋血戰，第 106 師團首次兵敗，傷亡數千人。被中國的 74 軍等部隊打得潰不成軍，是被中國軍隊消滅最慘的一個軍。第 4 軍一部曾經搜索到萬家嶺 106 師團司令部附近不過百米，因天色太黑，沒有能夠發現和躲藏在草叢中的師團長松浦淳六郎中將。戰役結束後一名日俘供認：「幾次攻至師團部附近，司令部勤務人員，都全部出動參加戰鬥，師團長手中也持槍了。如果你們堅決前進 100 米，師團長就被俘或者切腹了。」沒有能夠生擒松浦淳六郎，成爲萬家嶺會戰中最大的遺憾。後在德安、長沙參加作戰。1940 年 3 月回國，5 月撤編。

第 4 師團　軍人來源於大版，又稱大版師團。士兵成份多爲商人，戰鬥力不強，多是應付戰爭。如 1938 年參加徐州會戰，當中國軍隊突圍過魯蘇皖邊境一條公路時人困馬乏，第 4 師團的南進支隊在公路兩側燒起飯來，因爲未得到命令，並未追擊。1939 年，參加蘇日諾門坎戰鬥，第 2 師團（仙臺師團）損失慘重，而第 4 師團先遣隊到達前線的當天即宣佈停戰。長沙會戰第 4 師團中打主攻，結果全線潰敗。後來又參加衡陽和芷江戰鬥，戰績不佳。1942

年4月,第4師團被調往菲律賓。1945年8月日本投降時,第4師團在泰國休整。成為日軍戰死最少、裝備物資保留最完整的部隊。投降回國後第二天,就跑到美軍兵營前,擺開攤位,兜售起戰爭紀念品來。

第110師團 1938年6月16日在日本本土以第10師團預備役人員組建,1938年7月在塘沽登陸隸屬華北方面軍,駐防石家莊地區。中原會戰時第110師團從洛陽北迂迴到洛寧以西,戰車第三師團一部則沿漯河向洛寧攻擊。1945年進攻南陽地區。第110師團佔領李青店、南召。由南召及南陽以南的三十里屯附近渡過白河。日本戰敗投降時在洛陽繳械。

第27師團 1938年6月21日以中國駐屯混成旅團為基幹組建,隸屬第11軍,1938年9月由華北到達瑞昌參加武漢會戰。1943年6月調往關東軍。1944年2月自錦州調回華北方面軍第12軍。「八一五」時抵達南昌附近,後轉至無錫繳械投降。

第116師團 1938年5月15日在日本本土以第16師團預備役人員組建,師團長武內俊二郎中將。即編入華中派遣軍,後隸第11軍。1943年該師團參加常德會戰,109聯隊在常德外圍攻擊。中國第44軍150師師長許國璋在率部出擊時不幸犧牲。三天後該聯隊長布上照一被中國守軍擊斃。1944年又參加衡陽作戰,在奪取大西門西南三岔路據點時,120聯隊長少將和爾吉龍被炮彈打死。1945年春進攻湘西,岩永汪師團長使用「特攻隊戰術」,兵士身纏炸藥。雖然一時得逞,隨即陷入數師中國軍隊的包圍之中。從芷江機場起飛的美軍飛機對該師團各聯隊駐地實施轟炸,拋下的大量炸彈將日軍炸得人仰馬翻,第109聯隊3000餘官兵幾乎被全殲,第133聯隊也遭美機低空掃射,死傷累累。該師在雪峰山地區被打殘。日本戰敗投降時,該師團在岳陽繳械。

第15師團 1938年4月4日在日本本土重組,來華作戰。1938年8月到達中國編入華中派遣軍,隸屬第13軍。1939年參加安徽南部的一次戰鬥中,該師團長田路朝一被中國軍隊擊斃。1942年5月浙贛會戰攻佔義烏、蘭溪,作戰期間師團長酒井直次中將又被中國軍隊佈設的地雷炸死,兩度傷了主將。1943年6月被編入在緬甸的第15軍,參加英帕爾作戰。在英軍追擊下,撤退的路上滿是日軍的屍體,稱之為「白骨的街道」。1944年撤到伊洛瓦迪河邊,又和英軍激烈戰鬥,損失了一半左右的兵員。後撤退到泰國,途中接到了無條件投降的命令。在泰國北碧向英軍繳械投降。

　　第 17 師團　1938 年 4 月 4 日在日本本土重組，7 月到達中國，編入華中派遣軍，1939 年 9 月隸屬第 13 軍擔任南京、蕪湖地區警備，後移防徐州、蘇州等地。1943 年 6 月 17 日調往南太平洋第 8 方面軍。日本戰敗投降時直屬第 8 方面軍在新不列顛島拉包爾向澳軍繳械。

　　第 21 師團　1938 年 4 月 4 日在日本本土組建，師團長盤井虎二郎少將，下轄步兵 1 個聯隊、1 個步兵大隊、炮兵隊、工兵隊、通信隊。8 月中旬到達中國直屬華北方面軍。後調到越南戰場。進攻菲律賓該師團由河內海運在黎牙實比，協同佐世保第 1，2 特別陸戰隊拿下那牙，從南面威脅馬尼拉。日本戰敗投降時第 21 師團隸屬南方軍第 38 軍在河內向中國軍隊繳械。

　　第 22 師團　1938 年 4 月 4 日在日本本土組建，7 月到達中國直屬華中派遣軍。後隸屬第 13 軍參加 1939 年冬季作戰。參與浙贛作戰。大本營曾決定該區域陸軍的軍事行動是以確保當時最重要的軍需物資的螢石，金華、義烏、武義一帶蘊藏有豐富的礦脈為要點，繼續佔領浙贛鐵路沿線的金華以北。接受這項任務的是第 22 師團團長大城治中將。當時作為 731 部隊派遣隊參加浙贛作戰出擊基地的榮 1644 部隊、也派遣了大量人員。通過繁殖特種跳蚤、促進了這次作戰的實施。因此在戰史上，該軍有參與細菌戰問題。

　　第 104 師團　第 104 師團師團長三宅俊雄中將，下轄第 132 旅團、步兵第 107 旅團、騎兵第 104 聯隊、野炮兵第 104 聯隊、工兵第 104 聯隊、輜重兵第 104 聯隊。1938 年 6 月 16 日在日本本土以第 4 師團預備役人員組建編入關東軍。1938 年 10 月 12 日轉隸華南第 21 軍登陸大亞灣，104 師團登陸後於 12 日佔領平海，13 日占稔山、吉隆，到達惠州南面，尾隨第 18 師團推進。向廣州以北推進，攻佔太平場，23 日佔領從化。後改隸第 23 軍。1944 年參加桂柳戰役，該師團攻佔德慶、梧州等地。日本戰敗投降時在惠州繳械。

　　第 34 師團，師團長伴健雄。轄第 34 步兵團，騎兵第 34 聯隊，野炮兵第 34 聯隊，工兵第 34 聯隊，輜重兵第 34 聯隊。曾參加上高戰役。第 34 師團被中國軍隊圍困，在第 33 師團和獨立混成第 20 旅團接應下，才突出中國軍隊包圍圈，擊斃該師團指揮官少將岩永及協同作戰的 33 師團聯隊長浜田以下 1.5 萬餘人，軍馬 2800 餘匹，各種火炮 10 門，步槍千餘支。

　　殘兵敗將極其狼狽。1945 年春日軍進攻湘西，第 34 師團兵分兩路，南路由新寧、武岡、武陽向洪江進攻；北路進攻新化、辰溪、漵浦。亦遭慘敗。

　　第 35 師團　1939 年 2 月 7 日編成後入侵中國。在河南省新鄉附近駐屯並負責警備和維持當地的治安。此外也參加了魯西戰役、晉東戰役等掃蕩討伐戰役。4 月下旬開始晉南作戰，將治安區擴展到平陸、沁水及澤州。1940 年華北方面軍命令前田治協助第一軍作戰，向守衛晉城地區的衛立煌部發起進攻。首任師團長前田治趕赴晉城地區進攻的時候，受到了衛立煌部的猛烈反擊。激戰中，前田治傷勢過重而死。1944 年 2 月，第 35 師團受命前往南洋。美軍在哈爾馬海拉本島登陸，第 35 師團殘部無條件投降。

　　第 39 師團　1939 年 10 月 1 日編成於日本廣島，首任師團長村上啓作。該部成立之後即被派往中國戰場。11 月到達武漢，歸 11 軍指揮。12 月下旬參加抵禦中國軍隊冬季攻勢作戰。先後參加棗宜會戰、豫南會戰。張自忠將軍在南瓜店被 39 師團主力圍攻而犧牲。在宜昌作戰中，日軍第 11 軍被殲滅六千多人，尤以橫山聯隊最為損失嚴重。1942 年 1 月配合第三次長沙會戰。1944 年參加常德作戰。後移防東北，815 向蘇軍投降。

太平洋戰爭爆發後日軍調出、調入師團

　　1941 年 11 月 17 日，襲擊珍珠港的聯合艦隊離開駐島錨地，太平洋戰爭序幕掀開。一、二流的主力師團不斷調出中國戰場，有第 5、18、21、33、4、48、6、38、41、51、15、17、36 近衛師團。在中國戰場則不斷補充、組建新師團。1941 年組建第 58、59、60、64、65、68、69、70 師團與戰車第 3 師團。1942 年至 1945 年 4 月 12 日，以在華日軍部隊為基礎，又組建了 62、63、114、115、117、118、131、132、133、129、130、161 師團。戰爭期間日本陸軍投入中國關內戰場先後共 62 個地面師團。此外，第 56 師團和第 2 師團，參加緬甸戰役，不屬於中國派遣軍系統。但是 1944 年 5 月至 1945 年 1 月參加了滇西會戰，在中國軍隊攻擊下遭重創潰敗退回緬甸。所以說，與中國軍隊作戰的共 64 個師團。

　　第 40 師團　1939 年 6 月 30 日在日本本土組建，1939 年 10 月編入第 11 軍，1941 年 9 至 10 月參加第 2 次長沙會戰，40 師團的一個聯隊被第 37 軍合圍於金井地區。第 37 軍正在圍殲敵軍之時，卻被第 40 師團主力衝開包圍，救出了那個聯隊，然而這個聯隊所剩人馬不過 20 人，而第 40 師團因為這一救援行動，又被第 7 軍纏住鏖戰，當天，奉命前來解救第 40 師團的獨立混成第 9 旅團在偷襲第 58 軍軍部時，整整一個大隊被中國軍隊全殲。1945 年編入第 23 軍。「八一五」時轉至蕪湖繳械投降。

　　第 47 師團，師團長渡邊洋，轄步兵第 131、91、105 聯隊，騎兵第 47 聯

隊，山炮第 47 聯隊，工兵第 47 聯隊，輜重兵第 47 聯隊。1945 年春參加湘西會戰，47 師團等由邵陽沿邵榆公路西進，圍殲洞口、武岡以北、沅水以東的中國軍隊，突入安江，企圖直取芷江。戰局結果慘敗。重廣支隊殘部歸第 47 師團指揮。該支隊在巴油附近被中國軍隊包圍，20 日經過苦戰到達後田。各美械師的榴彈炮、迫擊炮統統啓用，炮聲此起彼伏；芷江機場的所有中美空軍幾乎都曾輪番出動過，在湘西戰區上空盤旋、掃射轟炸，哪裏有日軍，哪裏便火光衝天，硝煙彌漫。該師團慘敗，潰不成軍。

第 58 師團　1942 年 2 月 2 日在華北以獨立混成第 18 旅團為基幹組建，編入中國派遣軍第 11 軍駐湖北應城地區。1944 年 10 月 28 日，日軍十幾萬人馬大舉進攻桂林，第 58 師團是進攻桂林部隊之一，城區巷戰也始終處於白熱化狀態。日軍第 58 師團師團長毛利末廣在日後的戰報中稱：「我師團在桂林遭到了廣西當地土著武裝的頑強阻擊，這些土著武裝的裝備雖差，但是極為兇悍，至死決心甚濃，其勇猛為我軍遠遠不及，我軍士氣低落到極點……」日軍還毫無人道的使用了大量的毒氣彈攻擊桂林各處守軍陣地。該師團後在九江繳械投降。

第 60 師團　1942 年 2 月 2 日在華中以重組的獨立混成第 11 旅團為基幹組建，編入第 13 軍擔任蘇州地區警備。1944 年日軍第 60 師團 55 旅團司令部設在了磐石鎮重石村，遭受了空前的災難。日軍將村民全部趕出村莊，將房屋當了兵營，飯鍋做了馬槽，寺院做了彈藥庫，並在此設立銀行、慰安所，抓村民修築公路、建機場，燒殺搶奸，無惡不作。日本戰敗投降後在蘇州繳械。

第 64 師團　師團長船引正之中將、參謀長齋藤敏雄大佐。下轄：步兵第 69 旅團旅團長岩切秀少將：獨立步兵第 51、52、53、131 大隊。步兵第 70 旅團旅團長岡村勝實少將：獨立步兵第 54、55、132、133 大隊。工兵隊、輕重隊。曾經從長沙南下攻打衡陽。第三次攻打衡陽城之師，配置於該城四周。1945 年春有參加湘西會戰，第 64 師團向寧鄉、益陽佯攻，以牽制中國湘北軍隊南下，企圖一舉攻下芷江。結果慘敗。「815」日軍第 64 師團師團長船引正之率其參謀長在湘陰向中國第 11 師投降，向師長楊伯濤呈遞降書，交出他們的配槍、戰刀等對象。

第 68 師團　1942 年 2 月 2 日在華中以獨立混成第 14 旅團為基幹組建，編入第 11 軍擔任九江地區警備。曾參加常德會戰，德山為第 68 師團攻勢與防線之樞紐，與中國第 10 軍交戰深激烈。1944 年 6 月到 8 月，日軍發起大

規模的豫湘桂會戰。國民革命軍第 10 軍軍長方先覺將軍率第 10 軍外加暫編第 54 師 1 個團 1.7 萬人，孤軍守城 47 天，抵抗日軍第 11 集團軍數十萬人的進攻。共斃傷日軍 4.8 萬餘人，其中擊斃高、中級軍官 390 餘人，傷 520 餘人，日軍 68 師師團長佐久間爲被擊斃，日 116 師團和 68 師團遭毀滅性打擊。而國軍全軍傷亡 17000 人，可稱眞正是戰鬥到了最後一人，衡陽百姓組織運輸隊、擔架隊、救護隊日夜活動於戰場，支持守城官兵，爲國捐軀的市民達 3000 多人。1945 年春又參加湘西會戰，由東安、零陵間向芷江進攻。被我軍打敗，退回衡陽。「815」第 68 師團在武岡投降。

第 69 師團　1942 年 2 月 2 日在華北以獨立混成第 16 旅團爲基幹組建，歷任師團長是井上貞衛、三浦忠次郎，編入華北方面軍第 1 軍駐臨汾地區。1944 年參加中原會戰。，在河南省秦嶺進攻時遭到中國第 34 集團軍的堅決反擊，損失慘重。該師團第 59 旅團長中將木村千代太在虢略鎮被地雷炸死。1945 年 5 月底轉隸第 13 軍，日本戰敗投降時在嘉定地區繳械。

第 129 師團　1945 年 4 月 12 日在華南以獨立混成第 19 旅團爲基幹組建，師團長鵜澤尙信，編入第 23 軍駐廣東惠陽。日本戰敗投降時在東莞繳械。

第 130 師團　1945 年 4 月 12 日在華南以獨立混成第 19 旅團爲基幹組建，師團長近藤新八，編入第 23 軍駐廣東汕頭，對中國人民犯下了滔天罪行，在掃蕩順德西海村時，將六位老太太推到火中燒死，在潮州掃蕩時還煮人心吃，野獸不如。日本戰敗投降時在順德繳械。近藤新八列爲戰犯，還狂妄拒不認罪，煽動所部不要降伏。於 1947 年在廣州被處決。

第 161 師團　1945 年 4 月 12 日在華中組建，師團長高橋壽慶，調防上海，劃歸日第 13 軍統轄，司令部設在市區內，成爲警衛上海的主力部隊。它轄下的第 101、102 旅團就是「八一三」時打頭陣的部隊，以兇殘嗜殺出名。第 102 旅團有炮兵和戰車大隊，由它守城意味著將動用重武器。遠東戰役發起後緊急北調，「815」時中止於南京，日本戰敗投降時在南京繳械。

戰車第 3 師團　1942 年 6 月 24 日在華北以騎兵集團改編組建，駐包頭，在第 12 軍序列內參加 1944 年 4、5 月豫中作戰，進攻秦嶺山區時遇到困難，戰車運轉不靈，損失慘重。1945 年 3～5 月老河口地區作戰，6 月直屬華北方面軍轉調華北，日本戰敗投降時在北平繳械，歷任師團長西原一榮、山路秀男。

日本戰敗投降時中國派遣軍屬下共有 26 個師團：即第 3、13、27、47、104、116 師團 6 個甲種師團，第 34、40、61、110 師團 4 個乙種師團，第 58、

60、64、65、68、69、70 師團 7 個丙種師團，第 114、115、118、129、130、131、132、133、161 師團 9 個丁種師團；以及戰車第 3 師團。

　　武漢戰役結束之後、由於戰場的擴大與戰爭消耗，日軍越來越多將三單位制師團與獨立混成旅團投入了第一線。因此、日軍進行了編制上的調整，將三單位制師團的後勤部隊予以補充，使總人數達到了 1.5～1.7 萬人。獨立混成旅團的步兵大隊改爲轄四個步兵中隊與一個機槍中隊，總人數達 6000～7000 人。該編制僅限於一線部隊，守備部隊仍爲原編制。另外又開始將四單位制師團改爲三單位制。

　　甲種師團有兩類、一類爲原有的常設師團、總人數爲 2.1 萬人；另一類爲原有的特設師團與三單位制師團，總人數爲 1.8 萬人。乙種師團也是三單位制師團、只是沒有炮兵聯隊與騎兵（搜索）聯隊，總人數爲 1.4 萬人。丙種師團即兩旅團制師團。丁種師團的建制定員與丙種師團大致相同，只是特種兵和自動火器、重火器很少。日軍普通師團的的編制爲 26354 人。

僞軍概況

　　當 1945 年抗戰勝利時，根據相關資料的數據，僞軍有一百餘萬人，也有說有近二百萬人。不是侵略者的主力，也不是抗日的的主要對象。但大量的僞軍存在說明了中國存在著嚴重的社會問題。推翻滿清後近代中國長期始終沒有形成一個統一的強有力的中央政府，各地軍閥割據，軍力內耗，各派勢力向外國找靠山，缺少向心力，是漢奸產生的基本原因。抗戰期間，日軍的殘暴，使中國加強了向心力和號召力。大家共唱了「義勇進行曲」，喊出了「一寸山河一寸血，十萬青年十萬軍」。

　　僞軍的上層，多爲遊弋於敵、僞、頑、我之間的軍人，找地盤吃飯求生存。很多下層僞軍人迫於生計，很多人不得不靠做僞軍來謀生養家糊口。中國近代經濟發展的落後，人們生活水平的極端貧困對漢奸的形成有重要影響。更多的下層漢奸是社會上的無業游民，如流氓、無賴、兵痞、土匪、失意軍人等。少數是被汪僞政權抓來的壯丁。五四以來全盤否定傳統，但又沒有建立起一種新的文化，外來文化的衝擊和市場經濟的發展，使當時中國人的思想意識及道德觀念出現某種程度的混亂，漢奸思想意識的流行與此也有一定的關係。倚靠、借助外力以上昇自己地位賣國求榮的歷史人物很多。金侵北宋張邦昌想當皇帝，滅南宋的是張宏範，領清兵入關的是吳三桂。中國政治缺少民主，國是不知協商，共同製造仇恨，妄想依賴外力，也是國人缺

少凝聚力的原因之一。

　　1938 年時，偽軍在中國的數量約為 78000 人，隨著 1940 年汪精衛叛離國民政府建立新的政府後，偽軍數量急劇上昇至 145000 人。汪精衛的投敵，影響很大。汪精衛是國民黨副總裁，有一定的號召力，汪偽政權的國民黨名稱、三民主義旗號、國名、國都、國歌、國旗等都未作改變。其「和平建國」理論頗能迷惑一部分民眾。因此在汪精衛投敵後，漢奸數量迅速增多。尤其在 1942～1943 年期間，偽軍有過猛烈的發展。這主要是國民黨軍隊大批投敵的結果。太平洋戰爭初期，日本暫時得勢，敵後的國民黨軍隊，已無多大戰鬥力，加上汪精衛「曲線救國」論的影響，在日汪的軟硬兼施下，紛紛叛國投敵。曲線救國使偽軍有所藉口和遮羞。在日本無條件投降後，經過統計，除「滿洲國」以外所有在華偽軍的數量被繳械的大約是 118.6 萬人，而偽滿洲國和偽蒙古軍當時，1945 年有 40 萬軍警。偽軍大致上屬於三個系統：汪偽中央軍、華北治安軍、蒙疆軍以及地方團隊。全國偽軍除偽正規軍外，尚有各省縣的偽地方武裝。全國偽正規軍 327400 人，偽地方武裝 299800 人，共計 627200 人。計華北偽正規軍 209400 人，偽地方武裝 178000，華中偽正規軍 94800 人，偽地方武裝 85000 人。華南偽正規軍 23200 人，偽地方武裝 36800 人。

蒙疆軍

　　第一股：李守信（蒙族）原為熱河土匪，東北易幟時投靠東北軍，被委為騎兵第 17 旅旅長。1933 年春於綏遠林西率部投靠日軍。被日方編為察東警備軍，下轄兩個師又一個炮兵隊。

　　偽蒙疆政府成立後所部改編為偽蒙疆軍第 1 軍，李守信任偽蒙疆軍總司令。下轄九個師又一個炮兵團、一個直屬炮兵隊、憲兵隊。實際兵力約五、六千人。所部除炮兵外，全部為騎兵。該總司令部駐綏遠。第 1 師師長劉繼廣，第 2 師師長尹寶山，第 3 師師長王振華（以上為漢人師），第 4 師師長寶貴廷，第 5 師師長依恒額，第 6 師師長寶音烏勒吉（聽說要打仗，便請了長假，烏雲飛擔任了師長），第 7 師師長穆克登寶，第 8 師師長包悅卿（後由札悄札布繼任），警衛師師長雄諾敦都布（後改為第九師，由包海明繼任師長），炮兵團團長王雲五，憲兵隊長劉建華。各師實際兵力皆不到一千人。抗戰勝利後李守信與德王依靠舊部另組西蒙自治政府。1949 年潛逃蒙古人民共和國後被逮捕引渡回國。1964 年 12 月被特赦釋放。1970 年病逝。

　　第二股：綏西土匪王英為長期盤踞綏遠。後任東北軍之師長、察北游擊

司令。1935 年投敵。於張家口召集舊部，編成五個旅。日方授予大漢義軍稱號。1936 年 11 月該部進攻綏遠傅作義第 35 軍，結果爲傅作義大敗，所部五個旅有四個旅反正。王英逃亡天津。1939 年日方委其爲綏西自治聯軍總司令王英。下轄三個師，師長由陳秉義、鄔青雲、常志義分任。駐包頭。兵力約四千人。1940 年 3 月該部又在綏遠五原遭受傅作義部重創，從此一蹶不振。日軍投降後被傅作義收編打內戰。解放後於 1950 年被逮捕，1951 年 1 月死於鎮反。

華北治安軍

齊燮元原爲直系軍閥吳佩孚部下。他是華北最早的漢奸之一，起家的時候只有 4 個連，1938 年發展爲 5 個團 5000 人。汪精衛投敵後隸屬於僞國民政府，華北治安軍總部設北平。發展到總兵力約六萬人。轄十二個集團軍，集團軍下轄團，各集團軍之主官及其分佈是：第一集團軍李潤泉，第二集團軍李瑛，第三集團軍盧鳳策，第五集團軍劉化南，第七集團軍馬文起，第九集團軍王斌，第一百零一集團軍錢富安。以上七個集團，均位於冀東之遷安、遵化、豐潤、灤縣地區。第四集團軍陳志平，位於魯西之東平、東阿、長清地區。第六集團軍齊榮，位於保定地區。第八集團軍徐貫一，位於膠東平度地區。第一百零二集團軍高德林，位於冀南豫北之安陽、邯鄲、武安地區。教導集團軍田申，隨總部住於北平。1940 年 3 月，僞華北治安軍改名爲「華北綏靖軍」，齊燮元任華北綏靖軍總司令。後齊升任華北政務委員會委員兼治安總署督辦。僞華北綏靖軍總司令爲杜錫鈞。1944 年杜調任僞河北省省長，由僞南京政府派門致中繼任總司令。下屬各集團軍（相當於一個師的兵力）的頭目不斷地更換，門致中掌權時，綏靖軍第一集團軍司令李海天，第二集團軍司令欒樂山，第三集團軍司令姜鳳飛（以上三部均駐北寧鐵路唐山一帶），第四集團軍司令李鴻漢（駐魯南），第五集團軍司令劉化南（駐保定、徐水），第九集團軍司令高德林（駐正定）。

汪精衛南京僞政府軍

根據馬洪武的《抗日戰爭事件人物錄》1945 年夏汪僞僞軍序列。

第 1 方面軍　總司令任援道：下轄：第 2 軍、第 3 軍、教導旅、獨立旅、特務旅。活動範圍：蘇南、淮南、皖中。原爲蘇北綏靖公署所轄：第 1 集團軍，總司令李長江。原爲蘇魯戰區游擊縱隊副總指揮，於 1941 年 2 月率部投

敵，該部下轄四個師兩個旅又一個獨立團。駐江蘇泰州、江都、靖江地區。兵力約 12000 人。1942 年 4 月 15 日該部改編為五師一旅制。1943 年 12 月 24 日被撤消番號，所部編入第 5 集團軍序列。其中又有第 24、25、26 師三個師於 1944 年 11 月調隸第 2 方面軍序列。轄暫編第 24 師師長顏秀五（兼）；暫編第 25 師師長秦慶霖；暫編第 26 師師長陳才福；暫編第 27 師師長何林春；暫編第 37 師師長丁聚堂（該師為暫編第 10 旅擴編）；暫編第 11 旅旅長孫瑞五。李長江被調任汪偽軍事委員會委員，抗戰勝利後寓居上海，1956 年 12 月 30 日病逝。第 2 集團軍，總司令楊仲華。1941 年 6 月 21 日江蘇省保安第 8 旅旅長楊仲華於蘇北率部投敵。該部原為地方武裝，抗戰爆發後改編為保安旅。所部被汪偽國民政府改編為蘇皖綏靖總司令部。該部下轄三個師又一個獨立旅。1942 年 2 月 18 日改編為第 2 集團軍，該部駐江蘇東臺、鹽城、如皋、南通地區。兵力約一萬人。轄暫編第 32 師師長徐紹南；暫編第 33 師師長孫建炎；暫編第 34 師師長陳同；獨立旅旅長田鐵夫（後擴編為暫編第 35 師）。1942 年 10 月 14 日因日方懷疑楊仲華暗中通「敵」（重慶國民政府）被扣押，集團軍番號撤消所屬各師直屬蘇北行營，1943 年 12 月 22 日又編入第 5 集團軍。

　　第 2 方面軍　總司令孫良誠轄趙雲祥第 4 軍、王清瀚第 5 軍。以及第 9 軍、第 38 師、獨立第 22 師、暫編第 19 師、獨立第 19 師、獨立第 20 旅。活動範圍：蘇中、蘇北。孫原為國民黨第 39 集團軍之副總司令，1942 年 4 月 22 日於山東定陶、菏澤地區率所部陳光然暫編第 28 師、趙雲祥暫編第 30 師、王清瀚獨立第 4 旅、黃貞泰新編第 13 旅、郭俊峰特務旅、于飛第 4 游擊縱隊投敵。（後獨立第 4 旅段海洲、孫興齋兩個團、于飛第 4 游擊縱隊在冀察戰區副總司令部參謀長傅二虞拉走，繼續抗日）兵力約 3 萬人。其中暫編 30 師、獨立第 4 旅、新編第 13 旅為 69 軍 2 個團擴編，第 4 游擊縱隊為地方武裝組建，暫編第 28 師為 181 師一部擴編。所部為汪偽國民政府授予第 2 方面軍番號，趙雲祥暫編第 30 師擴編為第 2 方面軍第 4 軍，王清瀚獨立第 4 旅擴編為第 2 方面軍第 5 軍。該部駐河南東明、考城。1944 年 11 月該部調駐江蘇揚州、泰州。汪偽第 1 集團軍李長江部調隸第 2 方面軍，改為第 9 軍，李長江被調任汪偽軍事委員會委員，軍長由孫良誠兼。轄第 24 師師長顏秀五；第 25 師師長秦慶霖；第 26 師師長陳才福。1945 年 10 月該部為國民政府收編為新編第 2 路軍。該軍最終在淮海戰場向解放軍投誠（其中第 260 師為起義部隊）。孫良誠於 1950 年在上海被捕，1951 年病逝於蘇州監獄。

　　第 3 方面軍　總司令吳化文。下轄：第 6 軍、第 7 軍活動範圍：魯南、魯中、淮北。1943 年 1 月 18 日國民革命軍新編第 4 師師長吳化文、新編第 1 師師長于懷安、魯西保安司令寧春霖於山東臨沂、萊蕪率領所部投敵。投敵兵力 12000 人。其中新編第 4 師爲原韓復榘第 3 集團軍手槍旅擴編。所部爲汪僞國民政府授予山東方面軍番號。新編第 4 師、新編第 1 師以及魯西保安部隊被改編爲山東方面軍第 1 軍。7 月又擴編爲第 6、7 軍兩個軍，第 6 軍，軍長于懷安，第 7 軍，軍長楊友柏。山東方面軍改稱第 3 方面軍。該部駐山東魯村、南麻、悅莊地區。

　　1945 年 9 月該部爲國民政府收編爲新編第 5 路軍，吳化文任總司令。下轄于懷安第 6 梯隊、楊友柏第 7 梯隊。同年 11 月該部兩個師被八路軍殲滅，第 6 梯隊梯隊長于懷安被俘，第 46 師師長許樹聲陣亡。1946 年 2 月該部被改編爲暫編第 7 縱隊，旋又改稱山東保安第 2 縱隊，司令吳化文。1947 年 5 月該部被改編爲整編第 84 師，吳化文任師長。下轄楊友柏整編第 155 旅、徐日政整編第 161 旅。1948 年 7 月該部整編 161 旅被殲，旅長徐日政被俘。旋以山東保安第 2 旅補充，旅長何志斌。9 月 19 日濟南戰役期間該部起義，被解放軍改編爲中國人民解放軍第 35 軍，吳化文任軍長。下轄楊友柏第 103 師、趙廣興第 104 師、何志斌第 105 師。該軍第 104 師 315 團率先攻佔南京總統府，並在門樓上昇起紅旗。吳化文在建國後曾任浙江省政協副主席，於 1962 年 4 月病逝。

　　第 4 方面軍　總司令張嵐峰。轄第 1 軍、第 8 軍及第 15 師等。駐紮地域爲淮北。張初投西北軍，累遷至炮兵團長。留學日本，入早稻田大學經濟科。後轉日本士官學校學軍事。回國後歷任旅長、師參謀長等職。馮玉祥甚爲倚重，將甥女張氏配之。西北軍中皆以少主視之。不意馮敗，張嵐峰亦失勢，累年依附於各軍間，不得志。七七事變後，經第 10 師團長磯谷廉介勸降，歸順日本。於商丘組僞豫東招撫使署，稱「招撫使」。任汪僞第 4 方面軍總司令。日本投降後該部被國民黨編爲先遣第 5 路軍總司令。在解放戰爭中被晉冀魯豫野戰軍擊破，張嵐峰被俘，突發腦疝死於獄中。但有兩個師起義。第一戰區游擊第 1 縱隊魏鳳樓，因蔣介石實行排斥異己被調離豫東，相繼到豫西、陝南把守黃河。在無援軍的情況下，多次與日軍血戰，屢受重創，終至全軍覆沒。魏本人也被日軍俘虜，由汪精衛交與僞第 4 方面軍總司令張嵐峰處理。因魏與張在西北軍中是老同事，張瞭解魏的軍事才幹，爲擴大自

己的勢力便委任魏為皇協軍 56 師（後改稱獨立 15 師）師長，駐淮陽縣西北部的柳林鎮，在淮陽、太康、西華一帶招兵買馬。經共產黨領導同意，魏接受了任命，並逐步組成了一支數千人的武裝。日本投降前夕，為瓦解偽軍，利用魏的特殊身份，決定爭取這支部隊率先起義。中共冀魯豫區黨委、第十二地委和淮太西縣委遵照黨中央的部署多次派人與魏鳳樓取得聯繫，傳遞情報，及時傳達黨中央的指示，終於做好了起義前的一切準備，並和魏取得一致意見，決定起義。又第四方面軍第 18 師駐紮永西柳城一帶，師部駐挪城，師長杜新民。該師下轄 4 個團。1 團團長邢劍吾，2 團團長李福元，3 團團長韓守澤，教導團團長蓋榮先。該部除駐挪城外，還分別駐周圍的裴橋、大王集、拓村集、龍崗、白廟、渾河集、書案店等村，計 5000 餘人。於 1945 年中秋節宣佈起義。新 4 軍第 4 師師長張愛萍，政治部主任吳芝圃親自前來祝賀起義成功。

　　第 5 方面軍　總司令龐炳勳。1943 年 5 月 10 日冀察戰區副總司令兼第 24 集團軍總司令、太行山游擊總司令龐炳勳，第 106 師師長李震汾於河南陵川被俘後通電投敵，所部第 27 軍、第 40 軍未及撤往黃河南岸者皆隨龐投敵。其中第 27 軍為北伐時的鄂軍第 1 師延續而來，第 40 軍為原西北軍暫編第 14 師延續而來。所部仍以第 24 集團軍番號稱呼，總司令龐炳勳。下轄第 27 軍、第 40 軍、暫編第 5 軍。第 27 軍和第 40 軍兩部實際只有一個師的兵力，故兩軍最初都只是空番號而已。雖然又陸續收編國民黨散兵，擴編為暫編第 23、46 師和暫編獨立第 14 旅和兩師一個旅，但兩個軍的番號最終還是沒有繼續使用。1943 年 12 月 23 日該部暫編第 5 軍脫離序列，另組豫北剿共軍司令部。1944 年 1 月所轄之暫編第 46 師改番號為暫編第 51 師。10 月 7 日經汪偽軍事委員會點驗，各師、旅皆取消「暫編」字樣。10 月 10 日改編為第 5 方面軍，總司令龐炳勳。該部駐河南新鄉、汲縣等地，後移防開封。兵力約 2 萬人。

　　第 6 方面軍　總司令孫殿英。1943 年 4 月 23 日暫編第 5 軍軍長孫殿英、副軍長楊汝賢、暫編第 3 師師長楊克友、副師長王瑞慶、暫編第 4 師師長王廷英、副師長王瑞亭於河南林縣率所部投敵。投敵兵力約 1 萬餘。暫編第 5 軍為原冀北民軍擴編。所部仍以暫編第 5 軍番號稱呼，隸屬汪偽第 24 集團軍，孫殿英任第 24 集團軍副總司令兼暫編第 5 軍軍長。該軍下轄孫殿英暫編第 3 師和王廷瑛暫編第 4 師。1943 年 12 月 23 日該軍脫離第 24 集團軍序列，為汪

偽國民政府授予暫編第 11 軍番號，隸屬由孫殿英新組建豫北剿共軍司令部。所轄兩個師分別改番號爲暫編第 7、8 師，師長未變。1944 年 9 月 16 日又將暫編第 7 軍縮編爲暫編第 9 師、暫編第 6 軍縮編爲暫編獨立第 16 旅，加入該部序列。10 月 7 日該部經汪偽軍事委員會點驗，所屬各師取消「暫編」字樣。10 月 10 日改編爲第 6 方面軍，總司令孫殿英。該部駐河南新鄉。1945 年 9 月該部爲國民政府收編爲新編第 2 路軍，孫殿英任總司令。1946 年初該部又縮編爲暫編第 3 縱隊，司令孫殿英。1947 年 5 月 2 日該部於河南湯陰被殲，孫殿英被俘。孫殿英被俘後於 1947 年夏病逝。

　　淮海綏靖公署　主任郝鵬舉。下轄：第 28 師、第 33 師、第 35 師、獨立第 11 旅、獨立第 12 旅、獨立第 18 旅。活動範圍：蘇北、淮北。

　　杭州綏靖公署　主任丁默村。下轄：第十二軍、獨立第 4 旅、獨立第 6 旅、獨立第 11 旅。活動範圍：浙江。

　　武漢綏靖公署　主任葉蓬。下轄：第 11 師、第 12 師、第 29 師、暫 5 師、獨立第 3 旅。活動範圍：湖北和河南、安徽的一部分。

　　軍委會直轄警衛軍　活動範圍：南京附近及淮南。

　　皖南獨立軍　活動範圍：皖南。

　　除以上幾個方面軍、地方軍外，還有一些規模略大部隊因爲種種原因投敵，有的死心踏地事敵，甘當漢奸；一部分是因爲戰爭失敗而投降，一有機會又反正。情況複雜。

　　榮子恒原爲東北軍 57 軍 112 師師長，於 1943 年春季在魯南費縣地區率部投敵。費縣土匪劉黑七眞名劉桂堂 1943 年 7 月遭到沉重打擊，一改過去四方流竄舊習，投靠榮子恒部，被編爲第三師，（後被 8 路軍擊斃）。1944 年 5 月該部爲汪偽國民政府擴編，授予暫編第 10 軍番號。下轄榮子恒（兼）第 52 師、劉國禎第 53 師。1945 年 2 月該軍於山東爲 8 路軍重創，榮子恒陣亡。所部由劉國禎率領於 1945 年 9 月爲國民政府改編爲一個獨立團，覆於淮海戰場。劉國禎本人於 1946 年 7 月 31 日被國民政府授予少將軍銜。

　　1938 年國民黨中央黨務訓練團軍訓處長劉夷被俘投敵。劉夷爲黃埔二期生、劉峙之侄。投敵後任汪偽軍官訓練團團長、軍事參議院參議。1942 年成立汪偽中央警備軍後任命劉夷爲獨立警備旅旅長。所部負責南京衛戍任務，裝備爲汪偽軍事之最。1945 年 10 月該旅被國民政府編入第 74 軍。劉夷被國民政府逮捕，經劉峙說情獲釋移居香港，後返回江西定居。

　　1939 年春第 19 軍 68 師副師長蔡雄飛和團長湯家謨於山西離石被俘投敵。蔡雄飛爲東北人，早年服務於東北軍，長城抗戰後隨 68 師轉入晉綏軍。日方將該部俘虜編組爲興亞皇軍，蔡雄飛、湯家謨分任正副司令。下轄兩個縱隊。兵力 500 人。所部後改編爲日僞河東道保安隊，指揮官蔡雄飛、副指揮湯家謨。兵力約三千人。該部駐山西趙城。1945 年 7 月所部爲閻錫山收編爲新編第 2 師，師長湯家謨。蔡雄飛因任僞職時未與閻錫山合作，於抗戰勝利後被逮捕槍決。

　　1939 年秋軍統忠義救國軍第 8 支隊支隊長丁錫山率部於淞滬地區投敵。1940 年所部被汪僞國民政府改編爲暫編第 13 師，師長丁錫山。1941 年 5 月 26 日該師編入暫編第 2 軍序列。1943 年 1 月該師改編爲浙江保安隊。5 月反正，繼續抗日。丁錫山下落不詳。

　　1940 年春東北挺進軍高參白鳳翔於綏西率所部千餘人投敵。白鳳翔原爲東北軍騎兵第 6 師師長，西安事變後擬升任軍長，因張學良南京被扣調任馬占山東北挺進軍高參。所部被改編爲僞騎兵第 6 師，到 1938 年白鳳翔又相繼收編傅作義所部投敵官兵千餘，乃受命成立僞東亞同盟救國軍總司令部，白鳳翔任總司令。所部擴編爲騎兵第 3、4、5、師。兵力約二千人。駐綏遠固陽。1942 年白鳳翔又擬率部反正，事爲日方知悉，乃將白毒殺。所部或解散、或分割使用。

　　1941 年 11 月第 69 軍軍長畢澤宇於山東韓城率領所部文大可教導師投敵。畢澤宇原爲第 69 軍參議，後於高樹勳聯合將準備投日的軍長石友三活埋，得以升任軍長。所部被日僞改編爲暫編第 31 師，師長文大可。1943 年 4 月 23 日該師被改編爲山東保安隊。1945 年 11 月爲國民政府徐州綏靖公署收編。畢澤宇投敵後調任汪僞軍事委員會參議。抗戰勝利後曾任哈爾濱市市長。1949 年逃臺。1968 年 1 月 8 日病逝。

　　1942 年 7 月 26 日騎兵第 1 軍代理軍長兼騎兵第 1 師師長趙瑞、副師長段炳昌、騎兵第 4 師師長楊誠、副師長何焜於山西淨化率領所部投敵。7 月 26 日所部被日方改編爲山西剿共軍，司令趙瑞。下轄第 1 師（師長趙瑞兼任，副師長段炳昌）、第 2 師（師長楊誠兼任，副師長何焜）。其中第 1 師師長後易爲李寶森。該部司令部駐太原，第 1 師駐山西武鄉，第 2 師駐山西嶧縣。兵力約五千人。1945 年 7 月該部爲閻錫山收編爲新編第 1 軍（軍長趙瑞）、新編第 2 軍（軍長楊誠）、新編第 4 師（師長段炳昌）、新編第 5 師（師長何焜）。10 月所部皆改爲省防軍。後又並編爲第 8 總隊，趙瑞任總隊長。太原解放前

夕，該部起義。

1943 年 2 月 25 日第 128 師師長王勁哉、副師長李德興、第六戰區挺進軍司令金亦吾於湖北咸寧被俘，所部第 128 師第 381、382、383 旅旅長趙天時、任蘭圃、薛豪平、第 5 戰區獨立 1、2、3、5 旅旅長潘勝富、蘇景華、張海平、蘇振東亦隨同投敵。汪僞國民政府欲改編爲暫編第 6 師、第 43 師，師長由金亦吾、王勁哉分任。暫編第 6 師於 1944 年經汪僞軍事委員會點驗取消「暫編」字樣。暫編第 43 師師長王勁哉堅貞不屈，欲自戕未成，後率領反正，於敵後開展游擊戰，堅持到抗戰勝利。金亦吾於內戰時曾任第 15 綏靖區高參、第 14 兵團參謀等職。1949 年 10 月向解放軍投誠。1951 年 1 月 13 日死於鎮反。王勁哉於建國後曾任山西省政協委員。

蘇魯地區僞軍較大的有以下幾股：1941 年春軍統忠義救國軍一部由蔡鑫元率領在江蘇泰興投敵。所部被汪僞國民政府改編爲暫編和平建國軍第 7 路軍，司令蔡鑫元。11 月該部改稱暫編第 19 師。1944 年 1 月 26 日該部被改編爲蘇北屯墾警備隊。1941 年 4 月第 33 師副師長兼團長潘幹丞、魯蘇戰區獨立團團長劉湘圖於蘇北率部投敵。所部分別被汪僞國民政府改編爲暫編第 28 師和暫編第 22 師，師長由潘幹丞、劉湘圖分任。這兩個師分駐江蘇高郵、寶應、興化地區，直屬蘇北行營。其中暫編第 28 師於 1943 年 9 月改歸僞淮海省節制。1942 年夏江蘇保安第 5 旅旅長徐繼泰率部投敵。所部被改編爲和平反共興亞建國第 3 軍，軍長徐繼泰。該部駐江蘇灌雲。兵力約 3800 人。1943 年 5 月山東保安第 5 師師長齊子修、山東保安第 8 旅旅長邱吉勝被俘投敵。所部被汪僞國民政府改編爲第 8 師。

因爲在抗日戰爭時期，敵佔區內的反抗活動此起彼伏，爲鎮壓地方反抗而牽制了大量的作戰用正規軍。日本當時以 62 師團爲例，師團佔領長治、陽泉地區，有正太和白晉兩條鐵路，約 500 公里鐵路，有 188 個大小據點，其中縣城就有近 20 個，師團是三等師團，有 8 個步兵大隊，42 個中隊，128 個步兵小隊，而控制的地域太大，128 個步兵小隊實在不夠分，因爲一個縣城起碼也得有一個步兵中隊，而兩個地區首府也得有駐軍，師團還得有機動的直屬部隊，所以這些據點都必須依靠僞軍來駐守。這樣就能解脫大量日軍部隊用於野戰目的。

從僞軍的組成來看，大量的是原地方部隊，華中忠義救國軍序列投敵的基本不屬於正規軍。中央嫡系投降的只有第 10 軍，在堅守衡陽 47 天後，死

傷慘重，外無救兵。軍長方先覺及所餘殘部被俘投降。日方欲改編爲先和軍。第十軍軍、師長陸續逃回。1943 年孫殿英裹挾 27 軍軍長劉進投降日軍，後於南陽逃脫。至於僞軍，鑒於日本不解決僞軍給養，靠僞政府自籌。跟抗日武裝做生意成爲他們重要財源，走私違禁物資，盜賣軍火彈藥，逼的日本人在冀中不得不按子彈殼來給僞軍核發彈藥。在德州，敵工部一次就向僞軍某部支付大洋 3000，黃金 50 兩，購買 65 子彈 50 箱，東北產手榴彈 10 箱和 20 響手槍 10 支以及其它物資一部，按這個價格，子彈幾乎是一毛錢一發，甚至僞軍出賣情報，丟棄彈藥槍械以換取生存的資格這更是常有的事情。給八路綠燈幾乎成爲大多數僞軍心照不宣的秘密。日本則不得不哀歎——靠不住。

抗日期間，有時是爲了應對敵人，給地方些辦事，建立敵僞承認的組織，像維持會不過是相當於鄉約地保，不能一律稱之爲漢奸。否則就會擴大敵人力量，僞軍也經常反正，「身在曹營心在漢」不甘心事賊的不少。現記錄以下幾起僞軍反正事例。

1937 年 7 月 29 日，駐通州僞冀東自治政府保安隊兩個總隊共四千人反正。殲滅日軍及特務機關人員共四百餘人。

1938 年 2 月 8 日威縣僞警備旅高希伯部向八路軍投誠。

1938 年 8 月僞皇協軍第一軍副軍長徐靖遠率部七千人在安陽水冶反正。擊斃軍長李福和及日軍植田大佐等軍官十六人，士兵三十二人。

1938 年 9 月河南濟源僞軍王興煥殺死日本官兵六十餘人，率部千餘人反正。

1939 年 8 月豫東僞軍李宣德率部四千六百人反正，國民政府委以游擊司令。

1939 年 12 月豫南僞和平救國軍第三師師長彭子文率部三千餘人反正。打死日軍官兵二百餘人。

1940 年 8 月漢陽僞自衛軍兩個旅一千五百人反正，參加新四軍。

1941 年 8 月清源僞警備隊二百人向八路軍投誠。

1941 年 2 月晉北岢嵐等五縣警備隊全部反正。